STUDIA
HUMANITATIS
문명지평

STUDIA
HUMANITATIS
문명지평
13

근대 한국 지식인의 여정

보편원리와 새로운 윤리의 모색

이혜경 지음

서울대학교출판문화원

STUDIA HUMANITATIS
문명지평
13

근대 한국 지식인의 여정
보편원리와 새로운 윤리의 모색

초판 1쇄 발행 2024년 5월 10일

지은이 이혜경

펴낸곳 서울대학교출판문화원
주소 08826 서울 관악구 관악로 1
도서주문 02-889-4424, 02-880-7995
홈페이지 www.snupress.com
페이스북 @snupress1947
인스타그램 @snupress
이메일 snubook@snu.ac.kr
출판등록 제15-3호

ISBN 978-89-521-3662-6 94190
978-89-521-1576-8 (세트)

이 저서는 2007년 정부(교육과학기술부)의 재원으로
한국연구재단의 지원을 받아 수행된 연구임(NRF-2007-361-AL0016).

✿ 머리말

한 사회의 도덕질서는 그 사회의 특성을 드러낸다는 찰스 테일러의 주장이 이 책을 구상하게 했다. 이 책은 지고선의 변화를 탐색함으로써 근대 한국에서 일어난 도덕질서의 변화를 추적한 책이다. 찰스 테일러는 모든 인간에게 스스로가 선하다고 생각하는 습성이 있으며, 스스로를 선한 사람으로 인정하기 위해서는 선의 위계를 정할 수 있는 가치체계가 필요하다고 주장한다. 다른 각도에서 말하면 지고선을 갖는 가치체계가 없다면 사람은 스스로를 좋은 사람으로 인정하기 어렵게 된다. 그러므로 만약 지고선을 갖는 기존의 가치체계를 잃었다면 필사적으로 새로운 것을 찾으려고 애쓸 것이다.

이 책은 구체적으로 유길준, 박은식, 이돈화, 신채호를 다뤘다. 이 인물들은 모두 하늘이 흔들리고 땅이 흔들리는 위기를 맞이했다. 그 위기는 잃어버린 국권을 다시 찾는다고 해서 해소되는 것이 아니었다. 그때까지 세상 전체라고 생각했던 세상은 전체가 아니었고, 지고선이라고 생각했던 것도 지고선이 아니었다. 이 책은 국권회복을 위해 심신을 아끼지 않고 헌신하는 한편 스스로를 선한 사람으로 이해하기 위해 새로운 도덕질서를 찾아 나가던 그들의 고투를 탐색한다.

이 책에서 다룬 유길준, 박은식, 이돈화, 신채호에 관해서는 이미 한국근대를 연구하는 학자들에 의해 많은 것이 밝혀졌다. 관심이 있는 독자라면 알겠지만, 이들을 평가하는 기존 연구의 대표적 언어는 근대성과 민족주의이다. 근대성과 민족주의는 그 시대 지구 공통의 과제였다. 오늘날 한국은 자명하게 그것들을 성취했고, 그리하여 그 이념들이 이제는 비판의 대상이 되기도 한다. 이 책은 근대성이나 민족주의를 묻는 대신 지고선과 도덕질서를 물었다. 이미 현실이 된 우리의 근대를 인정하고, 그 성격이 어떤 것인가를 묻기 위해서이다.

이 책의 마지막에는 이들 조선-한국인과 동시대를 살았던 중국인 량치차오를 다뤘다. 중화든 문명이든 주변일 수밖에 없는 조선-한국인이 지고선을 찾는 문제에서 중화라는 거대 문명의 중심에 있던 중국인과 어떻게 달라지는지를 설명하는 데 좋은 비교 대상이 되리라 생각해서이다. 량치차오는 필자가 박사논문을 쓸 때 중점적으로 다뤘던 인물이다. 해당 논문에서 필자는 중국인들의 오랜 세계관인 중화가 근대 서구 문명의 등장에 의해 잠시 흔들리는 일은 있어도 결코 포기되지 않는다는 것을 논했다. 이 세계관은 그들을 선한 사람으로 설명해 주었으며, 보편적인 것임을 표방하면서 민족주의적으로도 작동하는 편리한 것이었다. 중화의 주변으로서 조선-한국인은 이를 가질 수 없었다.

정치, 경제, 사회의 변화는 도덕질서 혹은 윤리의 변화도 동반한다. 옳음이나 선함에 대한 생각을 바꾼다. 그렇다면 오늘날 한국 사회에서 선으로 받아들여지는 윤리체계는 어떤 것일까? 누군가가 남긴 텍스트에 드러나는 윤리적 변화를 지적하는 것은 어렵지 않은데, 현대 한국인의 윤리관 혹은 도덕질서는 무엇이며 이에 어떻게 접근해야 하는가는 난감한 문제이다. 현재 한국인의 윤리체계가 무엇인지를 어떻게 알아내야 할지 궁리하다, 일단 기존의 윤리체계에 균열이 가기 시작한 시기의 사정은 어떠했는지를 먼저 살펴보고자 이 책의 집필을 시작했다. 공부할수록 알아야 할 것이 점점 늘어나니, 침침해지는 눈과 빠지는 근육을 걱정하면서 여전히 스스로에게 숙제를 던지고 있다.

2024년 4월

이혜경

❁ 차례

제1장

서론

보편원리와 자기이해

1. 특수한 보편원리들

탈주술과 탈권위로 특징지어지는 유럽의 근대가 '문명'이라는 이름으로 전 세계로 퍼져 나간 결과, 현재의 한국 역시 세속적인 가치를 추구하고 윤리적 다원주의가 통용되는 곳이 되었다. 이러한 상황에서 이 책이 주제로 내세운 '보편원리'는 시대착오적인 것으로 보일 수도 있다. 그러나 다양성이 인정되고 보호되는 사회를 위해서라도 조정 기제의 역할을 할 보편원리가 필요하다는 실천적 문제의식은 지속적으로 제기되고 있다.[1]

특히 찰스 테일러(Charles Margrave Taylor, 1931-)는 실천적 관점에서 보편원리에 주목한다. 그는 인간이 자신이 놓여 있는 사회적 맥락에서 '좋은 삶'을 추구하며, '좋은 삶'이란 현재의 자기에 대한 이해뿐만 아니라 장차 어떤 사람이 되고자 하는 것과 관련된다는 아리스토

1 다원주의와 보편원리의 공존을 모색하는 실천적 시도는 박구용, 「윤리적 다원주의와 도덕적 보편주의」, 『사회와 철학』 8, 2004 참조.

텔레스의 윤리학 전통 위에 서 있다.[2] 테일러에 의하면, '자아'를 갖는다는 것은 '자기이해'를 한다는 것을 의미한다.[3] 그런데 사람은 스스로를 선을 추구하는 존재로 이해하려는 본성이 있다. 선을 추구하려면 무엇이 선인지 판단할 수 있어야 하는데, 선을 판단할 수 있다는 것은 선에 대해 질적 구분을 한다는 것을 의미한다. 그리고 선에 대한 질적 구분을 위해서는 종국적으로 다른 선들에 비할 수 없이 고차적일 뿐만 아니라 다른 선들을 저울질하고 판단할 기준을 제공하는 지고선이 있어야 한다.[4] '비교할 수 없이 고차적인 것'이 되려면 어떤 예외도 허용하지 않고 전체를 포괄해야 하므로, 이 지고선은 그 사회 혹은 그 시대가 파악한 보편원리의 체계를 갖는다.

세계체제론의 이론가 이매뉴얼 월러스틴(Immanuel Wallerstein, 1930-2019) 역시 실천적 관점에서 '참된 보편주의'에 대해 말한다. 그는 근대 유럽이 보편이라고 주장하는 유럽적 보편주의를 벗어나 '참된 보편주의'로 옮겨 가기 위해 사회에 대한 학문적 분석을 역사화하자고 제안한다. 유럽이 자처했던 보편성이나 타자에게 부여했던 특수성을 본질적인 것이 아니라 역사적인 것으로 대하자는 것이다. 구체적인 방법으로 그는 "관련된 전체를 이해하지 못한다면 세부 항목을 결코 이해할 수 없"으므로, "우리가 바로 가까이에서 연구하고 있는 현실을 더 큰 맥락, 즉 그 현실이 자리 잡아 작동하는 역사적 구조

---

2 Jürgen Habermas, *Justification and Application: Remarks on Discourse Ethics*, trans. by Ciaran Cronin, Cambridge: The MIT Press, 1994, p. 4; 한기철, 「Jürgen Habermas의 보편주의적 도덕성 개념」, 『아시아교육연구』 4(3), 2003, 10쪽에서 재인용.

3 찰스 테일러 지음, 권기돈·하주영 옮김, 『자아의 원천들』, 새물결, 2015, 75-93쪽.

4 같은 책, 61-75쪽.

속에 위치시키자"라고 제안한다.[5] 이는 그가 시종 제창하고 상술해 온 자본주의 세계체제론의 인식 위에서 미래 지향적으로 제안하는 실천 방법이다.

테일러나 월러스틴이 시사하듯이 보편원리는 현실에서 고정불변의 것이 아닌 어떤 상태일 것이며, '좋은 삶'이나 '가장 좋은 것'처럼 추구해야 할 실천적 가치이다. 월러스틴과 테일러는 시대에 따라 또 지역에 따라 다른 것일지라도 그 사회가 공유하는 보편원리는 있어야 한다고, 서로 다른 각도에서 주장한다. 유럽적 보편주의처럼 보편주의가 패권주의의 수단으로 사용되는 일도 흔히 일어나지만, 역설적이게도 보편주의라는 것이 그처럼 힘을 발휘하는 이유는 보편이라는 위상을 지닌 가치가 누구에게나 의미 있는 것이기 때문이다. 존재 전체에 대한 앎과 지고선을 향한 열망은 인간의 본성처럼 시공을 초월해 인간에게 달라붙어 있다. 다만 무엇이 지고선인지 알기 위해서는 전체를 알아야 하는데, 그 일은 우리가 처한 현실을 더 큰 맥락 속에서 봐야 하는 노력을 요한다. 나아가 현실은 늘 변화 중이므로 현실에 대한 파악은 끊임없는 반성과 비판을 동반하는 현재 진행형이어야 한다는 과제가 따라온다. 그래야만 보편원리를 지향하는 정신을 유지하면서 지역적 보편원리를 '진정한 보편원리'로 바꿔 나갈 수 있을 것이다.

보편원리가 역사적인 것이고 지역적인 것이라면, 한 사회에서 통용되는 보편원리는 그 사회의 특성, 즉 그 사회의 가치체계와 윤리

---

5 이매뉴얼 월러스틴 지음, 김재오 옮김, 『유럽적 보편주의: 권력의 레토릭』, 창비, 2008, 137-143쪽.

적 실천의 특성을 드러낼 것이다. 보편원리의 성격과 도덕질서에 대한 개념화가 그 사회의 특성을 드러내리라는 것이 테일러의 주장이다. 테일러는 도덕질서를 통해 근대 유럽의 성격을 이해하고자 했다. 도덕질서를 통한 접근은 테일러가 '다원적 근대성'이 부정할 수 없는 사실임을 전제하고 그것을 설명할 수 있는 다양한 형식을 시도하던 가운데 찾아낸 방법이다.[6] 근대 이후 서구 사회가 직면한 문제를 비판적으로 바라보고자 했던 테일러는 "서구 근대성의 핵심은 사회의 도덕질서에 대한 새로운 개념화"라는 가정에서 근대 서구를 파악하는 작업을 했다. 실제로 그 작업의 의도는 근대 서구의 도덕관이 감추고 있는 난점을 "명시화"하는 것이었다. 근대 서구의 윤리학, 즉 쾌락과 고통으로 선을 규정하는 공리주의나 법칙 중심의 칸트윤리학은 모두 가치의 질적 구분을 폐기한 윤리이론이다. 그러나 테일러의 주장에 의하면 지고선은 은폐될 수는 있어도 폐기될 수는 없다. 테일러는 근대 윤리학이 어떻게 지고선을 은폐했는지에 대해 다음과 같이 설명한다. 공리주의에서는 인간의 자연인 욕망을 긍정할 뿐만 아니라 박애를 지향하는 "사유와 감정" 역시 자연적인 것으로 전제한다. 이러한 시각은 이전 신에 의해 부여되었던 가치를 인간의 자연으로 바꾸어 놨을 뿐, 그 도덕적 지향을 없애 버리지는 못했다. 물론 이들의 도덕적 동기가 명백히 표명되지는 않는다.[7] 한편, 칸트는 단지 주어진 자연이 아니라 규범을 구성하는 이성적 삶을 통해 자유를 찾아

---

6 찰스 테일러의 작업들이 이러한 고민에서 시작되었다는 것은 다음을 통해 확인할 수 있다. 찰스 테일러 지음, 이상길 옮김, 『근대의 사회적 상상』, 이음, 2010, 295-297쪽, 「제14장, 유럽을 지방화하기」.

7 찰스 테일러, 『자아의 원천들』, 717-732쪽.

야 한다고 주장한다. 그리고 이성이 증가할수록 박애도 증가한다고 도덕성을 설계한다.[8] 세속을 넘어서는 도덕적 가치는 공리주의나 칸트윤리학에서처럼 세속화의 껍질을 쓰고 은폐되거나 낭만적 표현주의에서처럼 예술이나 문학 속에서 현현하는 방식으로도 돌출된다고 테일러는 지적한다.[9]

이 책은 테일러의 작업이 의도했던 바와 다른 지점에서 그의 주장을 수용한다. 즉 지고선은 인간에게 반드시 필요하며 그러한 지고선은 공동체의 특수성을 드러낸다는 그의 주장에 방점을 찍고, 그 시각에서 근대 한반도에서 살았던 조선-한국[10] 지식인들의 지고선과 자기이해를 탐색하고자 한다. 테일러가 다원적인 가치들을 포괄적으로 설명할 수 있는 것으로 선택한 도덕의 원천들, 지고선, 자기이해 등은 근대 유럽을 역사화하고 지역화할 수 있는 방법이면서 근대 한국의 특수성도 설명할 수 있는 틀이 될 것이다.

특히 근현대 한국인에게 도덕 또는 윤리[11]는 이 단어가 실을 수

---

8 같은 책, 732-741쪽.

9 같은 책, 717-741쪽. 그 작업의 끝에서 테일러는 건전한 자아를 위해서는 유신론적 존재론을 다시 받아들이고 공동체주의적인 선을 수용해야 한다고 제안한다. 같은 책, 1052-1053쪽 참조.

10 조선은 1897년 대한제국으로 국호를 바꾸고, 대한제국은 1910년 일본제국에 강제 병합 된다. 그 뒤에는 국호 대신 '조선'이라는 말로 한반도 주민을 일컬었다. 이 책에서 다루는 19세기 후반부터 20세기 초에 이르는 시기는 하나의 국호로 통칭할 수 없으므로 편의에 따라 조선, 조선-한국, 한국 등을 사용하기로 한다.

11 도덕(Moral)과 윤리(Ethics)는 철학자에 따라 구별해 쓰는 경우가 많으나, 근대 한국에서는 그 구별이 적용되지 않는다. 근대 유럽 학문이 수입되면서 윤리는 이론적 학문으로, 도덕은 실천의 덕목으로 구분되기도 했지만, 그 용법이 두드러지지 않은 채 성리학적 맥락에서 사용되던 '윤리'가 거의 의미 변동 없이 사용되었다. 도덕 역시 구별되지 않은 의미로 호환되었다. 이에 대해서는 Yi Hye Gyung, "Changes in the

있는 함의 이상의 의미를 부여받으면서 특별해진 개념으로 보인다. 근대 유럽인들과 달리 조선-한국인은 새로운 사회 형식의 등장에 맞춰 자발적으로 기존의 보편원리를 청산한 것이 아니었다. 나라의 존망이 위협당하는 상황에서 맞이해야 하는 변화는 당장의 생존을 위해 행위원리를 바꾸는 방식으로 이루어졌고, 열악한 현실과 유리된 기존의 보편원리, 즉 조선의 경영 이념이었던 성리학은 과도한 비난의 대상이 되었다. 그러한 와중에 한편에서는 근대 유럽 문명을 '물질문명'으로 규정하고 그것과 상대되는 것으로 '윤리문명'을 세우며 조선을 윤리문명에 치중한 나라라고 자평했다.[12] 나아가 "윤리사상"이 풍부한 우리 국민이 "도덕상의 제왕"이 되어 새로운 시대를 맞이하자는 이야기로 이어지기도 했다.[13] 성리학에 대한 비판이나 윤리문명의 자처 모두 절박한 현실에서 나온, 윤리와 그것을 지지하는 보편원리에 대한 과도한 애증이라고 생각된다.

19세기 조선인들은 성리학이 제공하는 형이상학을 공유했다. 그 사회 안에서 지고선은 명백했고, 사람들은 자신을 도덕적인 존재로 이해하고 실천이 향해야 할 방향을 정하는 데 어려움이 없었다. 근대

Concept of Yulli during the Enlightenment Period in Korea", *Seoul Journal of Korean Studies* 24(2), 2011 참조. 이 책에서는 둘을 구분 없이 혼용한다.

12 저자 미상, 「物質의 文明이 爲富強之基礎」, 『황성신문』 1908. 9. 27. "문명의 종류를 나눠 말하면 윤리의 문명과 물질의 문명이 있다. 윤리의 문명은 질서의 정제를 이룩하고 물질의 문명은 실업의 발달을 이루나니, 실업의 발달이 부강의 기초이다. (…) 우리 한국의 문명으로 말하면 유래된 교화가 윤리의 문명을 오로지 숭상하고 물질의 문명은 경시하여 일체 이용후생의 자질이 전적으로 결핍되어 있으므로 실업의 쇄락과 국력의 부패가 이에 극에 이르렀다."

13 문일평, 「韓國의 將來文明을 論홈」, 『태극학보』 12, 1907. 7. 24.

유럽 문명의 등장은 자신들이 전체라고 생각했던 세상이 사실은 전체가 아니라는 것을 알려 준 사건이었다. 성리학의 '리(理)'는 더 이상 보편원리가 아니게 되었다. 자기이해를 가능하게 했던 지고선이 무너지고 그로 인해 가치의 질적 평가도 가능하지 않은 상태가 되자 자신이 어떤 사람인지 더 이상 알 수 없게 되었다. 즉 무엇을 기준으로 자신을 좋은 사람으로 설정해야 할지 혼란스러워진 것이다.

지고선 혹은 보편원리 없이는 일상의 삶을 순조롭게 영위할 수 없으니, 지고선을 가져야 하고 그것이 흔들리면 다시 찾아야 한다는 것은 일상의 비근한 일이면서 반드시 필요한 일이다. 기존의 보편원리가 흔들리고 심지어 부정되는 상황에서 새로운 보편원리를 찾는 일을 포기할 수는 없다. 새로운 보편원리를 알기 위해서는 지금까지 자신이 몰랐던 나머지 세계를 알아야 했다. 그 학습의 시간은 혹독했다. 자아를 갖기 위해서는, 자기이해를 하기 위해서는 달라지고 넓어진 세계를 이해해야 했다. 자아를 다시 찾아야 했던 그 시간은 잃어버린 국권을 되찾는 숙제까지 겹친, 혼비백산의 시간이었다.

근대 유럽의 등장으로 나라의 존망이 위협받고, 이어서 실제로 그 우려가 현실이 되고, 그리하여 국권의 회복에 매달려야 했던 그 시기, 조선-한국인에게는 근대 유럽의 실용적인 윤리설이 가장 현실적이었을 것이다. 그러나 테일러가 설파하듯이 실용적인 윤리설로는 스스로를 가치 있는 인간으로 설명하기 어렵다. 이 상황에서 조선-한국인은 어떻게 넓어진 세계를 인식하고 생존뿐만 아니라 자기이해를 위한 길을 열어 나갔을까?

국권의 수호와 회복이라는 급박한 과제 앞에서, 놀라운 군사력으로 등장한 근대 유럽의 세계관을 '문명'이라는 이름의 보편원리로 받아들인 때도 있었다. 그러나 그 원리가 인간으로서의 존엄성을 지켜 주지 않는다는 것은 바로 인지되었다. 근대의 조선-한국 지식인들은 성리학이 그랬던 것처럼 자신들을 숭고한 존재로 이끌어 줄 수 있는 가치를 찾았다. 물론 더 이상 예전과 같은 의미를 갖지 못하는 기존의 보편원리를 폐기하는 일도 순조롭지는 않았다. 자신의 지고선이 달라져야 할 만큼 세상의 변화를 심각한 것으로 느끼지 못하는 경우도 있었고, 때로는 넓은 세상에 눈을 감고 자신이 감당할 만큼만으로 세계의 변화를 한정해 그 안에서 보편원리를 찾는 일도 있었다.

이 책은 근대 조선-한국 지식인들의 자기이해와 지고선의 탐색을 통시적으로 다루지는 않는다. 대신 한국 근현대 윤리의 역사를 다루기 전 시론의 성격으로서, 그 시기 자기이해 및 보편원리의 추구와 관련해 대표적이라고 할 만한 지식인들을 다룬다. 또한 테일러의 방법에 고무되어 시도되지만, 이른바 "사회적 상상"을 다루는 것이 아니라 사회적 상상이 되기 이전 지식인의 층위를 다룬다. 테일러에 의하면 새로운 도덕질서는 처음에는 소수의 이론가에 의해 이상적 관념으로 제시된다. 그리고 점차 변화의 범위가 확장되면서 세상 사람들은 그 질서가 자신이 몸담은 사회의 것이라고 여기게 된다. 테일러는 이를 '사회적 상상'의 단계라고 부른다.[14]

근대 조선-한국의 지식인들이 새로운 가치, 새로운 질서에 확신을 가졌던 것은 아니다. 그러나 자신을 둘러싼 세상의 변화를 인지하고, 그 안에서 자신이 어떤 사람이어야 하는지를 끊임없이 고민했다.

---

14 찰스 테일러, 『근대의 사회적 상상』, 43-53쪽, 「제2장, '사회적 상상'이란 무엇인가?」.

처음에는 공동체를 지키기 위해 자신이 갖춰야 할 능력을 묻지만, 결국은 그 능력, 그 실천을 정당한 것으로 설명해 주는 상위의 가치를 찾는다. 이 책은 가치관과 지고선의 교체 과정에서 일어나는 혼란과 갈등을 조명하면서, 근대 전환기의 지식인들이 자신들을 어떻게 이해하고 규정하려 했는지 살펴본다. 이 작업이 여전히 근대의 시간 위에 있는 현재 우리로 하여금 자신을 "명료하게"[15] 이해할 수 있는 시사를 주기를 기대한다.

2. 근대 한국의 보편원리의 전환과 특별한 '도덕'

자신이 누구인지 이해하는 데 지고선이 필요하다면 인간의 실존에 지고선은 물과 공기만큼 필수적이다. 그렇다면 그것을 잃는 것도 쉽지 않고 새로운 지고선으로 이행하는 일도 간단하지 않을 것이다. 새로운 지고선에 대한 판단이 어려운 것도 큰 장애이지만, 기존의 것을 그대로 유지하려고 하는 정서 또한 가벼울 리 없다. 더구나 새로운 세계를 받아들이는 것이 자신의 수백 년 역사를 부정하는 것을 의미한다면, 그 전환은 더욱 쉽지 않을 것이다. 그렇다면 이미 지고선의 지위를 잃은 지고선을 그대로 부여잡고 스스로를 속이는 일도 있을 법하다. 성리학으로 무장한 조선 지식인들의 세계가 강고했던 이유도 있을 것이고, 근대 유럽 문명이라는 새로운 세계관으로의 전환이 '소중화'까지 자처하던 상층에서 '반쪽 문명'으로의 추락, 심지어

15 "자기이해" 혹은 "자기명료화(self-articulation)" 작업은 테일러가 근대 유럽의 문화적, 역사적 맥락을 파악하기 위해 지식인들을 이해하는 틀이다.

'야만'이라는 밑바닥으로의 추락을 의미하는 것이라면 그 전환은 쉬울 리 없다. 그로 인해 변화한 세상에 대한 반응의 층위가 생길 것이다. 그 층위는 시간의 변화를 반영하는 것일 수도 있지만, 다양한 인간군을 반영하는 것일 수도 있다. 이 책에서는 그 반응의 층위를 들여다보고자 한다.

찰스 테일러는 근대 유럽에서 형성된 윤리의 특징을 상호이익과 상호봉사라고 파악했다.[16] 그것은 초월적 가치 대신 세속 안에서 가치를 찾는 자유로운 개인들이 스스로를 존엄하게 느끼면서 살 수 있도록 만들어 낸 장치였다. 그러나 조선-한국인들이 근대 유럽인과 대면하면서 그들의 '문명'에서 가치로 느낀 것은 상호이익과 상호봉사와 같은 고상한 것이 아니었다. 상호이익과 상호봉사라는 가치를 실현하며 스스로를 존귀한 자로 자처하고자 하는 근대 서구인들은 조선-한국인에게는 생존을 위협하는 존재였다. 조선-한국인들에게 생존은 그 무엇보다 절실했기에 자신들의 생존을 위협하는 자들의 행위원리를 받아들였지만, 그것은 '상호이익'이나 '상호봉사' 같은 것이 아니었다. 조선인들이 서구인의 것이라고 받아들인 가장 강렬한 가치는 '힘'이었다. 경제든 군사든 생존을 위협하는 힘에 대적해 생존을 지킬 수 있는 '힘'이었다.

생존이 최대 목표인 삶의 공간은 사람의 윤리의식을 어떻게 변화시킬까? 현실의 무게에 억눌려 한동안 지고한 가치에 대한 사유는 상상도 할 수 없는 시기를 보낼 수도 있다. 그러나 현실 때문에 일그

16 찰스 테일러, 『근대의 사회적 상상』, 36-37쪽.

러지면 일그러진 대로 가치를 추구하는 존재로서, 인간은 스스로를 생존 이상의 존재로 자리매김해야 한다. 그렇기 때문에 도저히 극복될 것 같지 않은 열악한 현실에서 해방되는 한 가지 방법으로 도덕이 상상되기도 했다. 즉 '도덕' 또는 '윤리'가 조선-한국인이 가진 장점이라고 생각하고, 그것이 새 시대를 열어 갈 힘이라고 생각한 사람도 있었다. 윤리가 다원적일 수 있다는 사고가 부재한 상태에서, 근대 유럽 문명이 자신들의 관점에서 윤리적이지 않다는 판단이 겹쳐 '윤리'를 자신들만이 가진 특수한 자산으로 오해했기 때문이다. 이러한 오해에는 유학의 특징인 도덕주의의 영향도 한몫했을 것이다.

도덕주의는 도덕 혹은 윤리가 가치의 근원이며 동시에 사회의 변화를 추동하는 원동력이라는 생각이다. 근대 유럽 문명과 경쟁할 내부의 노력을 요청하는 과정에서 조선-한국의 지식인들은 일반인들의 노력이 원천이 되어 만들어질 경쟁력을 제고하기 위해 도덕주의에 의지하는 일이 드물지 않았다. 도덕주의의 역할은 일본 제국주의에서 해방되고 근대 국가를 수립한 뒤에도 끝나지 않았다. 민주화를 동반하지 않은 경제 개발 우선주의의 근대 국가는 개인의 인권을 유보하고 산업화를 위해 도덕의 이름으로 개인의 희생을 요구했다.

근대 이후 우리는 정치와 경제를 비롯해 모든 면에서 조선 시대와는 다른 제도와 양식 속에서 살고 있다. 그 제도와 양식은 서구의 것과 다르지 않아 보이나, 사회 변화와 연동되어야 할 윤리-도덕질서의 모습은 분명하게 파악되지 않는다. 즉 현대 한국인이 어떤 가치체계에 도덕이라는 이름을 부여하는지 분명하지 않다. 어떤 가치보다도 경제적 가치가 우선적으로 추구되고 신자유주의적인 흐름이 자연스럽게 주류로 자리 잡은 것 같으면서도, 아무 데서나 온정주의가 불쑥불쑥 튀어나오고 혈연, 학연, 지연을 비롯한 각종 집단주의는 여전히 완강하다. 오랜 독재 정권하에서 권위에 순응하며 마치 왕조의 신민처럼 민주적 가치의 향유를 경원하는 듯한 태도도 곳곳에서 감지된다. 그러나 한편으로 한국사회는 지속적으로 권력에 대항하며 자유와 평등에 대한 열망을 실현시키려 노력해 왔고, 그 결실을 성취해 왔다.

테일러가 근대 서구의 자아관과 도덕질서를 통해 보여 주듯이 세계는 하나의 이론체계에 의해 정합적으로 설명되지 않는다. 한 개인의 윤리의식도 정합적인 윤리이론의 발현일 수는 없을 것이다. 우리 사회 역시 한 방향의 윤리의식으로 정리되지 않으리라 생각한다. 그러나 어떤 흐름들이 병존하는지는 이야기할 수 있으며, 그 흐름들의 경로에 대해서도 파악할 수 있을 것이다.

이 책은 현대 도덕질서를 형성하는 데 큰 부분을 차지하며 여전히 현재적인 힘으로 작동하고 있다고 판단되는 100년 전 윤리 형성의 역사를 거슬러 올라가고자 한다. 순식간에 부정된 기존의 보편원리, 생존이 지상 과제였던 시간들, 국권상실이라는 경천동지의 고난, 그 시간들을 뚫고 어떤 윤리의식이 형성되어 갔는지 엿보려 한다.

이 책에서 다루는 조선-한국의 지식인은 유길준(兪吉濬, 1856-1914), 박은식(朴殷植, 1859-1925), 이돈화(李敦化, 1884-1950), 신채호(申采浩, 1880-1936) 네 사람이다. 시대적으로는 대략 1890년대부터 1930년대까지의 약 40년을 다루는데, 이 시기는 이 땅의 사람들에게 지속적인 충격의 시기였다. 처음에는 근대 유럽인 역시 때때로 중화를 위협하던 군사력을 가진 오랑캐와 비슷한 부류라고 생각했다. 그런데 중화를 위협하고 중원을 차지했던 오랑캐들이 중화를 멸시하는 일은 없었다. 오히려 그들은 중화를 배워 중화 안으로 들어왔다.[17] 그러나 서양인들은 종래의 오랑캐들과 달리 중화를 존중하지 않았다. 그들의 '문명'은 전혀 새로운 것이었고, 단순한 군사력이 아니라 중화와 맞먹을 새로운 문화체계였다. 전대미문의 변동을 겪고 심기일전해 그들의 '문명'을 새로운 가치로 받아들이겠다고 결단하자마자, 조선은 동아시아에서 그 '문명'을 선점한 일본에 국권을 빼앗겼다.

유길준은 조선에서 가장 먼저 근대 유럽 문물을 체계적으로 소개한 사람이라는 것이 정평이지만, 실제로 그는 세계관의 변화도 지고선의 흔들림도 경험하지 않은 것으로 보인다. 그는 유학자의 윤리관을 유지하고 있었던 것으로 생각된다. 그에게서는 유럽 문명을 적극적으로 받아들이려 하면서도 아직은 강건하게 유지되는 기존의 가치체계를 볼 수 있으며, 동시에 기존 세계관의 어디에서 균열이 일어났는지 엿볼 수 있을 것이다.

박은식은 열성적이고 강직한 학자이며 실천가였다. 그 역시 처음 사회에 목소리를 냈을 때는 유길준과 같은 유학자였다. 그러나 풍전등화와 같은 조국의 운명을 마주하자 바로 문명학습의 필요를 인정하고, 문명을 수입하고 퍼뜨리는 일에 종사한다. 그런데 문명에 이르기 위한 행위원리로 받아들인 사회진화론은 기존의 실천원리와 달리 그 스스로를 가치 있는 존재로 느끼게 하지 않았다. 조국의 운명을 구원하는 동시에 지고선을 추구할 수 있도록 하는 실천원리를 찾

---

17 가령, 중원을 차지한 만주족이 한족의 종족적 중화주의를 문화주의로 변환해 중화의 주체가 되어 가는 과정에 대해서는 이혜경, 「청인(淸人)이 만난 두 '보편' 문명: 중화와 시빌라이제이션」, 『철학사상』 32, 2009 참조.

기 위한 박은식의 편력은 계속된다.

일본제국의 영향력이 농후해진 세상에서 청소년기를 보낸 이돈화는 강제병합 이후에도 조선 안에서 활동한다. 그는 조선의 분발을 위해, 일본 국력의 총화를 위해 일본 중심주의와 도덕주의를 구사한 일본 국가주의자의 이론을 수용한다. 도덕주의는 조선-한국인들에게 익숙한 것이지만, 약탈자의 권익을 위해 재가공된 이론을 수용할 때는 또 다른 난관에 맞닥뜨릴 수밖에 없다. 근대를 돌파하는 수단으로 도덕주의를 호출할 때의 난관과 더불어 침략자의 이론을 차용하는 피침략자가 빠지게 되는 나락을 이돈화를 통해 확인할 수 있을 것이다.

박은식은 새로운 지고선을 찾으려 애쓰면서도 유학적 가치에 대해서는 특별히 친밀함을 느꼈다. 반면 신채호에게 유학은 여러 가치 이론 가운데 하나일 뿐이었다. 신채호는 열성적으로 구국운동에 헌신했지만, 자신의 어떤 행동에 대해서도 가치의 위계를 명료화하고 평가해야 하는 사람이었다. 지고선에 대한 지향이 남달랐기 때문일 것이다. 스스로를 가치 있는 사람으로 이해하기 위해서는 현실의 구국운동도 지고선을 향한 지향과 일치시켜야 했고, 그는 마침내 그 길을 찾는다.

네 사람은 시간적 차이를 대표한다기보다 그 시대에 공존한 반응들을 대표하는 인물이라 할 수 있다. 이들이 각각 보여 주는 새로운 윤리의식에 대한 모색은 현대의 우리를 이해하는 데도 실마리를 줄 것이다.

3. 보편적 보편원리와 지역적 보편원리들

네 사람의 조선-한국 지식인에 이어 마지막 장에서는 이들과 동시대를 산 중국인 량치차오(梁啓超, 1873-1929)를 다룬다. 량치차오는 중국에서뿐 아니라 동시기 조선-한국의 애국지식인들에게도 큰 영향을 주었다. 조선 지식인들은 중화문화권의 종주국이지만 조선과 마찬가지로 근대 유럽 문명 앞에서 국권을 위협받는 중국에 동병상련하며 량치차오의 말에 더욱 귀 기울였고 더욱 깊은 울림을 느꼈다. 그런데 조선의 지식인들이 아무리 량치차오의 문명론과 애국론을 열심히 읽고 그것을 조선에 적용하려고 노력해도 배울 수 없는 한 가지가 있었다. 바로 량치차오는 중화의 주체라는 사실이다. 비록 한때 소중화를 자처하기도 했지만, 조선인은 중화의 주체가 아니었다. 중국이 더 이상 세계의 중심이 아니고 중화가 더 이상 세계관으로서의 역할을 할 수 없게 되었을지라도, 중화의 주체인가 아닌가는 변화한 세상을 맞이하고 받아들이는 데 큰 차이를 낳았다.

필자는 다른 책에서 량치차오와 그와 동시대의 중국 지식인을 다루면서 그들이 근대 유럽 문명 앞에서도 자신들의 기존 세계관인 천하관을 끝까지 포기하지 않았음을 논한 적이 있다.[18] 유럽의 근대 문명 앞에서 흔들린 것은 중국인도 마찬가지였다. 그러나 중화의 주체인 중국인들은 흔들리면서도 중화를 완전히 놓은 적이 없었다. 량치차오는 그 시대의 누구에게도 뒤지지 않을 만큼 열성적으로 근대 유

18 이혜경, 『천하관과 근대화론: 양계초를 중심으로』, 문학과지성사, 2002.

럽 문명을 학습하고 소개했다. 그러나 그 노력 속에서도 중화적 보편원리와 완전히 절연한 적이 없으며, 종국에는 중화주의를 서양까지 확대된 새로운 세상에서 통용될 보편주의로 재해석했다. 중화주의는 실질적으로 중국 중심주의이면서 보편임을 주장했던 '중국적 보편주의'이고, 중화의 주체들은 현대에도 그 생명의 현재성을 주장한다.

그리하여 중화주의의 주체는 지금도 새로운 보편원리를 필요로 하지 않는다. 유럽의 민족주의에 맞서 중화는 민족주의를 추동하는 역할을 했고, 세계평화의 구호에 호응해 세계주의로 윤색되었다. 그렇게 중국인의 중화주의와 유학은 근대를 뚫고 살아남았다. 중화가 편의에 따라 중국의 민족주의와 보편주의를 오갈 수 있다는 것을 량치차오에게서 분명하게 볼 수 있다.

중화주의가 민족주의로도 작동하고 세계를 포괄하는 보편주의로도 주장될 수 있기 때문에, 중국인들은 보편주의의 상실을 경험하지 않았다. 그러한 사정으로 중국인들은 '중국적 보편주의'에 대해 반성할 기회를 갖지 못했다. 그들의 중화주의가 과연 보편적 보편주의가 될 수 있을지 여부는 차치하고, 중화주의는 근대 유럽 문명의 위협 속에서 인간으로서의 존재 의미를 회의하게 하는 일에서 그들을 지켜 주었다. 자신들을 가치를 추구하는 존재로 만들어 주는 보편원리가 흔들리지 않았기에 그들의 삶도 덜 흔들렸다.

그러한 상황은 그때까지 그들과 마찬가지로 중화적 세계 속에서 살아왔지만 더 이상 중화를 보편주의로 받아들일 수 없었던 한반도의 지식인들과 극명하게 대조된다. 소중화를 자처할 만큼 심정적으로는 중화주의의 주인일 작정이었던 조선-한국의 지식인은 근대 유럽이 전해 준 '문명'이라는 새로운 세계관 앞에서 흔들렸다. '문명'의

무자비함과 부도덕함을 비판하며 유학의 도덕성에 의지해서 새로운 세상을 헤쳐 나가려는 시도도 해보았다. 그러나 이미 유학은 예전의 그것이 아니었다. 민족국가의 시대였고, 중화주의는 중국의 민족주의였던 것이다. 그러므로 이들은 다른 보편을 찾아야만 했다. 조선-한국의 지식인들은 국권의 수호와 새로운 보편의 모색이라는 이중의 과제를 떠안고 진정한 보편을 찾아야 했다. 그 점에서 조선-한국의 지식인들은 유학이라는 전통을 중국인보다 명료하게 객관화하고 평가할 수 있는 환경에 놓였다. 물론 모든 사람이 그처럼 전통을 객관화하고 새로운 보편원리의 필요성을 분명하게 의식한 것은 아니지만, 그러한 사람이 등장해야만 하는 상황이 되었던 것이다. 이 책에서 다루는 신채호 같은 사람이 그러하다.

조선-한국의 지식인들이 극단적인 상황에서 임했던 구국운동은 피할 수 없는 당면 과제였지만, 그 자체가 지고선은 아니었다. 이들은 구국운동에 종사하면서 지고선을 물어야 했다. 근대 서구가 공격적으로 국경을 침범하기 직전까지 그들은 자명한 보편원리를 품고 살았다. 그 마음을 바로 거두기에는 너무나 짧은 시간 안에 직전과 너무나 다른 활동을 해야 했기에 자신이 하는 행위의 정당성을 묻지 않을 수 없었다. 이는 기존의 탈속적인 보편원리를 순조롭게 버리지는 못하더라도 어쨌든 세속적 가치 추구를 자신들의 시대정신으로 삼았던 근대 서구인과도 구별되는 상황이었다.

이 책에서 다루는 네 사람의 조선-한국인이 중화적 보편원리, 새로운 보편원리와 관련해 모두 명료한 '자기이해'를 하는 것은 아니다. 유길준은 기존의 유학적 도덕의식과 언어로 새로운 경험을 소화한다. 그에게는 그가 경험하고 조선에 소개한 새로운 것들이 기존의 도덕의식과 양립하지 못한다는 자각이 없었던 것으로 보인다. 그러나 박은식과 신채호는 기존의 유학적 세계관과 새로운 세계관이 서로 다른 가치체계라는 점도 알고 있었고, 나아가 기존의 보편원리가 실제로 보편이 아니라는 것도 인지했다. 박은식과 신채호는 유학과의 친연성에서 차이를 보이지만, 두 사람 모두 유학이 이미 보편으로서 역할을 하지 못한다는 것을 인지하고 진정한 보편을 찾아 나선다.

이돈화는 식민지 주민으로서 굴절된 자기이해를 보여 주는 인물이라고 생각된다. 일본 제국은 조선의 정복자지만 서구 열강에 대해서는 열등감과 위기감을 느끼는 존재였다. 그들은 그로부터 벗어나기 위해 충효와 애국심을 천성으로 요구하는 새로운 도덕주의를 구축한다. 국력 신장을 위해 일본인의 애국심을 끌어모으는 정신적 방법을 구사한 것이다. 이돈화가 조선인을 구제할 방법으로 구축한 새로운 세계관은 일본의 그 도덕주의를 배워 닮은 것이었다. 일본에 대한 애국을 보편주의로 수식하려는 그 세계관은 그대로 조선이 승리하는 세상을 미래의 보편으로 그리는 것으로 변주된다. 현실에 대한 돌파 없이 상상되는 보편이 어떻게 끝나는지는 이후 이돈화의 친일 행적이 대신 이야기해 주는 듯도 하다.[19]

오해를 방지하기 위해 한마디 덧붙이자면, 누군가 스스로를 가치를 추구하는 존재로 이해하는 것이 모두 윤리적으로 선한 사람이라는 결과로 이어지지는 않는다. 실제로 사회적으로 비윤리적이라고 지탄받는 사람도 자신을 윤리적인 사람으로 이해하기 위해 여러 가

19 이돈화의 친일 행적에 관해서는 김정인, 「친일 인물 소개: 천도교의 친일 논객 이돈화(李敦化)」, 『민족문제연구』 13, 1996 참조.

지 장치를 동원한다. 실제로는 새로운 문명 세계에 잘 적응해서 자본과 권력을 획득하는 데 능력을 발휘하고 그 권력의 끝에서 탐욕을 감추지 않는 사람도, 자신의 세계관 안에서는 자기를 선한 사람으로 정리하고자 한다. 보편적이지 않은 보편원리가 횡행하는 것처럼 선하지 않은 윤리가 횡행하는 현실 또한 사람은 스스로를 선한 사람으로 이해하고자 한다는 테일러의 주장이 옳다는 것을 방증하는 것이 아닐까.

4. 범위와 의의

이 책에서 다루는 네 명의 근대 한국 지식인을 포함해 이 시대 지식인에 대한 그간의 연구에서는 그들의 사상과 주장이 얼마나 근대적이었는지가 주된 관심사였다. 처음에는 타의로 근대 유럽 문명을 받아들였을지라도 조선-한국인은 점차 스스로의 선택에 의해 유럽 문명을 사회의 형식으로 받아들였다. 그러므로 당연히 그 시대의 사람들이 전개한 사상의 근대성 여부를 묻고 그에 대한 대답을 얻을 수 있다. 그러나 그러한 질문이 현재의 우리를 이해하는 데 얼마나 도움을 줄지는 미지수이다. 근대 유럽 문명을 받아들이면서도 당시는 물론 현재도 여전히 유학적인 가치관과 정서가 건재한 분야가 있다. 실제로 여러 면에서 현대 한국인은 가령 유럽의 영국인이나 독일인과 다르다. 상당수의 한국인은 민주주의를 지지하고 자본주의를 받아들이면서도 여전히 유학적 인륜을 가치라고 생각하는 것으로 보인다. 우리 사회는 신자유주의의 선단에 서 있을 만큼 이미 자본주의가 왕성하게 전개되었지만, 유럽에서 자본주의와 함께 공고해진 개인주의는 유럽에서만큼 일반적인 정서가 아니다. 이러한 상황들만 보더라도 근대성 평가만으로는 우리 사회의 성격을 정확히 파악하기 어렵다.

또한 민족주의적 시각 역시 이 시대 인물을 평가하는 중요한 요소였다. 민족주의적 시각은 근대성과 다르지만 근대와 분리되지 않는 시대의 상황을 반영한다. 특히 가치로서 민족주의가 기준이 되면 다른 가치는 조명되지 않는 문제가 생긴다. 민족주의가 하나의 가치일 수는 있지만, 모든 것을 평가하는 지고선은 아니다.

근대성을 묻는 시각은 유학을 대표로 하는 전통에 대한 평가와 동행했다. 유학이 계급 사회를 지지하는 이념으로 오랫동안 작동한 역사 탓에, 유학은 전근대의 상징처럼 되었고 유학적 성격의 잔존은 근대성 지표에 마이너스로 작용했다. 그러나 이론적으로 유학이 전근대적이라고 할 만한 확실한 근거는 없다. 성리학의 리(理) 또는 인(仁)이라는 가치는 모든 존재를 포괄하는 보편원리이다. 따라서 대단히 추상적이므로 특정한 가치에 위배되는 일이 거의 없다. 그렇기 때문에 자유나 평등 등의 새로운 가치가 등장해도 유학 역시 그러한 가치를 포용할 수 있다는 해석이 가능하다. 민주주의와 유학이 양립할 수 있다는 주장도 가능하며, 실제로 현재 우리 사회에는 두 이념이 공존하고 있다. 어쩌면 이 시기 이들의 자아의식과 지고선, 보편원리를 둘러싼 고투는 유학과의 관계를 어떻게 재정립했는가로 바꿔 물어도 되는 문제일 수도 있다. 유학적인 이념이 사회가 동의한 가치의 실현에 방해가 된다는 인식이 확산되거나, 굳이 유학적인 가치에 의지하지 않더라도 지고선을 실천해 갈 방법이 명확해진다면, 유학의 이름은 차츰 사라질 것이다. 반대로 유학적인 실천 방식이 지고선을 실현하는 데 여전히 의미 있다고 여겨진다면, 존속할 것이다. 이러한 시각에 의한다면 전통의 수호와 근대 문명의 수용을 상호 공존 불가능한 대립으로 다루지 않아도 된다. 나아가 보편적인 가치가 구체적인 시공간에서 어떻게 특수하게 실천되는지 볼 수도 있을 것이다.

이 책은 근대성이나 민족주의를 묻는 대신 지고선과 도덕을 조명한다. 이러한 접근에 의해, 근대를 가치로 설정하고 그 기준에서 역사를 재단하는 시각에서 벗어나 이미 우리의 현실인 근대를 인정하고, 그것의 성격이 어떤지 묻는 일을 시작하고자 한다. 도덕은 세계에 대한 이해와 맞물려 있으면서 구체적인 행위를 위한 지침이 된다. 그러므로 도덕 역시 그 시대 사회의 성격을 드러내는 단면이 될 것이다. 다른 성격을 가진 도덕질서들이 정합적이지 않게 병존한다면, 왜 그런 동거가 필요했는지, 그러한 부정합적인 동거가 낳은 현실의 모습은 어떤지 밝힐 수 있을 것이다.

제2장

유학적 보편원리와 이익 추구의 공존

유길준의 『서유견문』을 중심으로

1. 문명과 욕망

유럽의 근대화는 세속화의 과정이었다. 모든 가치의 원천이었던 신의 존재가 근대 유럽인의 삶에서 점차 배제되고, 그들은 신의 존엄성 없이도 인생의 가치를 추구하는 생활을 설계했다. 이제 새로운 인생을 설계하는 주체는 신이 아니라 이성을 가진 개인이었다. 개인주의는 자본주의의 등장이라는 경제적 상황과 주권자로서 인민의 탄생이라는 정치적 상황과 맞물려 힘을 얻고 성장했다. 세속화는 개인주의의 성행과 분리되지 않는다.

르네 데카르트(René Descartes, 1596-1650)는 독립적인 개인을 위한 철학적 기반을 제공했다. 데카르트는 기독교의 목적론적인 자연 이해를 거부하고 자연을 기계론적으로 이해했으며, 인간의 이성이 그 기계적 대상을 이해하고 통제할 수 있다고 주장했다. 대상을 합리적으로 통제할 수 있는 이성적 존재로서 인간은 삶의 목표와 행복에 대해서도 스스로 정의했다. 신의 존엄성에서 눈을 돌린 인간은 일상 속에서 삶의 목표와 행복을 찾았다. 그리하여 일상의 생산과 재생산, 즉 노동과 가정이 중요한 가치의 근원이 되었다. 개인의 이성이 세계를 인식하고 통제할 수 있다는 믿음에 기반을 두고 성장한 개인주의는 자율성을 높이 평가하고 평등주의적 권리를 보편적인 것으로 생각할 뿐 아니라 물질적인 쾌락과 그것의 실현을 중요한 것으로 인정했다.[1]

자본주의가 등장하기 전까지는 자신의 이익을 위해 애쓰겠다는 욕망, 많은 것을 소유하겠다는 탐욕이 긍정적으로 평가되리라고는 상상조차 하기 어려웠을 것이다. 특히 탐욕은 중세 말까지 가장 사악한 죄악으로 여겨졌다고 한다. 그러나 자본주의의 등장과 함께 악덕으로 평가되던 이익 추구의 욕망은 재평가되었다. 애덤 스미스(Adam Smith, 1723-1790)는 이전까지 탐욕, 물욕 등의 부정적 의미를 갖던 이익 추구의 욕망을 '이해관심(interests)'이라는 중성적 용어로 대체했다. 부정적 의미를 탈피한 이익 추구의 욕망은 공공복리에 보탬이 될 수 있는 긍정적인 것으로 논의되기 시작했다. 즉 개인이 이익 추구의 욕망에 충실해 이익을 창출하면, 의도하지 않았더라도 사회 전체의 이익이 되며 나아가 인류의 진화에 공헌하게 된다는 주장이 널리 퍼졌다. 18세기 유럽의 지도적 철학자들은 이익 추구의 욕망이 사회의 안전을 위협하는 인간의 나쁜 성향을 억누르고 좋은 면을 활성화시킨다는 논리로 자본주의를 찬양했다.[2]

유길준(兪吉濬, 1856-1914)은 조선에서 가장 먼저 일본 유학과 미국 유학을 경험하고 근대 유럽 문명을 비교적 체계적으로 소개하는

---

1 찰스 테일러, 『자아의 원천들』, 293-322쪽, 「제8장 데카르트의 거리를 둔 이성」 참조.

2 앨버트 O. 허시먼 지음, 김승현 옮김, 『열정과 이해관계』, 나남출판, 1994, 17-74쪽. 이 번역서에서 '이해관계'로 번역된 용어를 '이해관심'으로 바꾸었다.

책을 발간했다. 1895년 일본에서 발간된 『서유견문(西遊見聞)』이 그것이다. 유길준이 이 책을 구상하기 시작한 것은 일본에 간 이듬해인 1882년이었으며,[3] 탈고한 것은 미국에서 돌아온 뒤인 1889년이다.[4] 국내의 정세 때문에 출간 기회를 갖지 못하다가, 일본 유학 때 인연을 맺은 후쿠자와 유키치(福澤諭吉, 1835-1901)의 도움으로 1895년에 일본에서 1,000부만 출간했다.

『서유견문』 머리글에서 유길준은 "자신이 듣고 본 것에 따라 논의를 세운" 것을 책 안에 담았을 뿐만 아니라, "다른 사람의 책을 참고하고 번역한 것"도 있다고 밝힌다.[5] 그러나 참고한 책과 그 범위를 명시하지는 않았다. 선행 연구들이 이미 밝혔듯이 후쿠자와 유키치의 『서양사정(西洋事情)』(1866-1870)에서 일부분을 그대로 가져오기도 했다.[6] 유길준은 기본적으로 근대 유럽 문명에 대해 긍정적으로

---

3 유길준, 『西遊見聞』, 「西遊見聞序」, 1895, 2쪽. 이 글에서 텍스트로 사용하는 『서유견문』은 유길준전서편찬위원회 엮음, 『兪吉濬全書』 제1권, 일조각, 1971에 수록된 것이다. 이하 『서유견문』의 인용은 본문 괄호 안에 책명과 쪽수만 밝힌다.

4 같은 글, 1-6쪽에서 『서유견문』의 출간 경위를 밝히고 있다.

5 같은 글, 3쪽, 「西遊見聞備考」.

6 김영작의 「한·일 양국의 서양수용에 관한 비교연구」(『한국·일본·'서양'』, 고려대학교 아세아문제연구소, 2008, 90-185쪽)는 김태준이 일본의 신문에 실은 글 「『西遊見聞』と『西洋事情』—比較文化的硏究のための問題提起」(『讀書新聞』, 1974. 10. 27)를 대표적으로 지적하며, 기존의 연구에서 유길준에 대한 후쿠자와의 사상적 영향이 과장되어 있다고 주장한다. 김태준의 「유길준의 『서유견문』에 대하여」(『한힌샘주시경연구』 17, 2004)는 任展慧의 『日本における朝鮮人の文學の歷史』(法政大學出版局, 1994, 45쪽)가 수행한 항목 비교를 인용하며, 『서유견문』의 항목 가운데 3분의 1가량이 『西洋事情』을 번역한 것이라고, 앞의 신문 기사에서보다 축소된 번안 범위를 제시한다. 유길준이 후쿠자와와 비교되는 것은 당연하나, 김영작이 두 사람의 "국제정치관을 [각각의] 상황과 관련해서" 비교 분석을 시도했듯이, 실제로 그들의 사상은 다양한 각도에서 각자의 특색이 밝혀져야 할 것이다. 月脚達彦의 『朝鮮開化思想とナショナリズム』(東京大學出版

평가했으며, 조선 역시 이를 가능한 방식으로 수용해야 한다는 생각이었다. 즉 『서유견문』은 근대 유럽 문명을 긍정적으로 평가하는 기조에서 집필되었다고 할 수 있다.

유럽 문명 국가 외부 어디서나 근대 유럽 문명이 던진 가장 강렬한 자극은 부유함과 강함, 더 정확히 말하면 부유함으로 인한 강함이었다. 최소한 중화주의의 강한 자장 안에 있었던 중국이나 조선에서는 그러했다. 그들에게는 근대 유럽 문명의 군사력이 자국의 안전을 위협하기 전까지는 그다지 의미 있는 것으로 인지되지 않았다.

유길준에게도 문명이 가진 가장 중요하고 긍정적인 특징은 그들의 부유함이었다. 그가 『서양사정』을 참고한 사정과 함께 문명이 부유함을 가져다줄 것으로 기대했던 상황을 고려하면, 유길준 역시 영국 자유주의 경제관을 접했을 것이라 짐작된다.[7] 『서양사정』은 개인

會, 2009)은 두 사람의 사유 방식이 달라진 맥락을 검토하고 있다.

7 후쿠자와 유키치나 유길준 모두 격변의 시대를 산 사람들로서 그들의 생애 전체를 하나의 사상 경향으로 규정하는 것은 어려우며, 짧은 기간에조차 하나의 사상을 가진 사람으로 규정하는 것도 불가능에 가깝다고 생각한다. 본고에서는 『서양사정』에서 개인의 이익 활동에 대해 긍정하고 옹호했다는 것을 지적할 뿐, 『서양사정』이 일관되게 자유주의를 견지하고 있다고 주장하는 것은 아니다.
『서양사정』, 「외편」은 스코틀랜드 계몽주의 학자들에 관한 연구 업적을 남긴 스코틀랜드 학자 존 힐 버턴의 *Political Economy: For Use in Schools, and for Private Instruction*(1852)을 참고했다고 한다. 이를 근거로 당시 스코틀랜드 계몽주의가 일본에 수입되었으며, 유학과 상통하는 점이 있어 아시아에 쉽게 수용되었다고 주장하는 연구도 있다. 가령 Paul B. Trescott, "Scottish political economy comes to the Far East: the Burton-Chambers *Political Economy* and the introduction of Western economic ideas into Japan and China," *History of Political Economy* 21(3), 1989 참조.
關口すみ子의 『國民道德とジエンダー』(東京大學出版會, 2007, 5-13쪽)는 버턴의 영향으로 후쿠자와가 사회경제의 기초를 가족으로 설정하고 국민국가의 단위를 가족으로 설정했다고 설명하면서, 후쿠자와의 도덕에 유학적 요소가 섞여 있음을 논증하기도

의 자유를 천부의 권리라고 이해했으며,[8] 개인이 재산을 사적으로 소유하고 그것을 자유롭게 처분할 권리를 문명의 중요한 요소로 주목했다.[9] 후쿠자와는 개인이 경쟁적으로 자신의 이윤을 추구하는 것에 대해 당시 막부 관료들이 부정적으로 생각하고 있음을 지적하며, 그들이 상인들에게 "국가를 위해 대가 없이 장사하라"라고 요구해서는 안 된다고 저항했다.[10] 그러므로 후쿠자와를 적극적으로 학습한 유길준 역시 사적인 이익 추구가 긍정적으로 평가되는 사정을 알고 있었을 것이다.

그런데 유길준이 근대 유럽 문명을 긍정적으로 평가하고 그 수용을 고려했다고는 하지만, 그것이 유가적 세계관을 대체할 정도로 전폭적인 것은 아니었다. 바꿔 말하면, 그에게 문명을 수용하는 일은 유가적 세계관을 포기해야 하는 일로 받아들여지지 않았다. 이는 후쿠자와가 유학을 근대에 적합하지 않은 윤리-정치 이론으로 규정하며 문명 세계에는 부적합하다고 분명하게 선을 그은 것과는 다르다.[11] 유길준에게는 근대 유럽 문명이 유가적 세계관과 충돌한다는 생각이 없었던 것으로 보인다. 그가 『서유견문』의 초고를 고종에게 바쳤다는[12]

한다.

8 福澤諭吉, 「西洋事情外篇」 제1권, "人生の通義及びその職分"; 『福澤諭吉著作集』 제1권, 慶應義塾大學出版會, 2002, 90쪽.

9 福澤諭吉, 「西洋事情外篇」 제3권, "私有の本を論す"; 『福澤諭吉著作集』 제1권, 199-206쪽.

10 福澤諭吉, 「福翁自傳」, "幕府の攘夷主義"; 『福澤諭吉著作集』 제12권, 2003, 230쪽.

11 후쿠자와 유키치의 유학에 대한 비평은 이혜경, 「주자학이 전근대의 대표이념이 되기까지: 후쿠자와 유키치와 이노우에 데쓰지로의 유학을 둘러싼 공방」, 『동양철학연구』 108, 2021의 「Ⅱ. 후쿠자와 유키치의 유학 비판」 부분 참조.

12 허경진, 「『서유견문』에 대하여」; 유길준 지음, 허경진 옮김, 『서유견문』, 서해문집,

사실만 고려하더라도 『서유견문』 안에서 그가 제시하는 문명의 수입은 유교국가의 군주가 허용할 수 있는 테두리 안에 있을 것이라고 짐작된다. 유길준은 근대 유럽 문명을 체계적으로 소개한 조선의 첫 지식인이지만, 유학적인 세계관을 떠나지 않았다. 기존의 많은 논문이 전통과 근대가 유길준에게서 어떻게 공존하고 있는지 논한 이유도 그 때문일 것이다.[13]

기존의 것과 함께 새로운 것을 공존시키려는 노력과 그 노력 속에서 피하기 어려운 모순과 불협화음이라는 사정은 그 시대를 성실히 마주하려고 한 사람이라면 누구나 겪어야 했을 것이다. 나아가 어느 시대든 모두 변화 속에 있으며, 기존의 것과 새로운 것의 충돌은 일상적이고, 어떤 생활인도 논리적인 정합성을 유지하면서 일상을 영위하기 어렵다. 하물며 유길준처럼 급변하는 세상을 살면서 적극적으로 활로를 모색했던 사람의 윤리체계 혹은 질서체계 안에 여러 요소가 모순된 채로 공존하는 것은 너무나 당연하다고 생각된다.

근대 유럽 문명의 도래는 경제적인 변화, 정치적인 변화와 함께 도덕질서의 변화를 야기했다. 그 변화는 서로 맞물리며 사회의 가치, 개인의 가치관의 변화도 동반했다. 설사 경제적인 변화만 수용하려

2004.

13 최근까지의 유길준 연구사에 관해서는 최덕수의 「서거 100주년 유길준 연구의 현황과 과제」(『한국사학보』 53, 2013)를 참고하라. 그 가운데 그의 개화사상이 갖는 전통과 근대의 공존에 관해서는 안외순이 지적하듯, 1995년을 전후해서 이전에는 그 공존의 성격에 대해 소극적인 평가를 내렸다면, 1995년 이후에는 "근대화 논리"에 대한 비판적 시각에서 유길준의 혼합적 성격을 보다 긍정적으로 평가하게 된 변화를 볼 수 있다. 안외순, 「유길준의 해외체험과 민주주의의 유교적 수용: 전통과 근대의 융합」, 『한국문화연구』 11, 2006.

한다고 해도, 그와 맞물린 다른 가치체계의 변화 역시 연루되는 것은 피할 수 없다. 유길준이 근대 유럽 문명을 전폭적으로 수용할 생각이 없었다고 하더라도, 그것은 유길준의 기존의 윤리적 가치관에 균열을 가져왔을 것이다. 이 장은 근대 유럽 문명의 수용이 유길준의 윤리의식에 어떤 균열을 가져왔으며, 그러한 균열이 어떤 방식으로 새로운 도덕질서를 만들어 내는가 하는 문제의식에서 출발한다.

구체적으로 근대 유럽의 번영과 팽창을 추동했던 자본주의의 근원에 있는 '이해관심'이 유길준에게 어떻게 받아들여졌는지 조명한다. 이해관심과 이윤 추구는 당시 유럽을 배워 부강한 국가로의 도약이 절실했던 조선의 실정에서 가장 필요한 것이었다. 그러나 개인의 이윤 추구는 유학적 가치체계에서 허용되기 어려웠으며, 유길준은 유교국가의 틀을 벗어날 생각이 없었던 것으로 보인다. 그렇다면 유길준은 어떻게 '부유함'을 도모하려 했을까? 유길준이 개인의 이윤 추구라는 문제를 어떻게 받아들였는지 분석함으로써, 부유함의 추구라는 현실의 과제가 기존 윤리관에 어떤 균열과 변화를 가져오는지 살펴보려고 한다.

이 글에서 분석 대상으로 하는 『서유견문』은 앞서 언급했듯 단 1,000부만 인쇄되었다고 하며, 그조차 비매품인 탓에 고종을 비롯한 관료들에게 배부하는 것으로 소비가 끝났던 듯하다. 그러므로 당시 『서유견문』의 영향은 미미했을 것으로 짐작한다. 찰스 테일러에 의한다면, 이러한 시기는 사회적 상상이 되기 이전 지식인들의 이론화 작업 시기이다.[14] 즉 『서유견문』은 지식인으로서 새로운 시대를 전망하며 시도한 이론화 작업이라고 할 수 있지만, 유길준에게도 자신이 처한 상황을 전체적으로 이해하는 것이 어려웠던 듯하다. 그는 자신의 노력이 어떤 변화를 지향하는지에 대해서도 명료하게 그릴 수 없었다. 그것은 그 시대 사람들이 처했던 상황을 그대로 반영하는 것이리라.

2. 문명과 정치체제

유길준이 『서유견문』에서 'civilization'의 번역어로 주로 사용한 것은 '개화(開化)'였다. '문명'이라는 용어를 사용하지 않는 것은 아니나, '문명'에 '개화'를 덧붙여 "문명개화(文明開化)"[15]의 형태로 사용했다. '문명'을 단독으로 사용한 경우도 있는데 그때도 "문명과 인심(人心)의 개화를 흥작"(서유견문, 452)한다든지, "문명을 진기(振起)하야 개화"(서유견문, 194)한다는 식으로 '개화'와 동시에 사용했다. '문명', '문명개화', '개화'는 모두 후쿠자와가 『서양사정』에서 'civilization'의 번역어로 사용한 용어이다.[16] 일본에서 처음에 가장 많이 사용된 말은 '개화'였는데, 1880년대 말 무렵에는 '개화'가 자취를 감추고 '문명'이 정착하게 되었다고 한다. 그리하여 최초의 일본어 사전인 『겐카이(言海)』(1889-1891)나 20세기 초에 출간된 『지린(辭林)』(1907)에는 '개화' 항목이 실리지 않았다.[17]

유길준이 세 번역어 가운데 '개화'를 가장 많이 사용한 것은 그

---

14 찰스 테일러, 『근대의 사회적 상상』, 43-53쪽, 「제2장, '사회적 상상'이란 무엇인가?」.

15 유길준, 『서유견문』, 159쪽, 267쪽, 353쪽 등.

16 박양신, 「근대 초기 일본의 문명 개념 수용과 그 세속화」, 『개념과 소통』 2, 2008, 38쪽.

17 같은 글, 40쪽.

가 일본에 체류할 당시가 '개화'가 주로 사용되던 환경이었기 때문일 가능성이 크다. 그런데 유길준의 다음 글을 보면 '개화'는 그에게 'civilization'이 담고 있지 않은 의미를 담은, 번역어 이상의 용어였음을 알 수 있다.

> 개화라는 것은 인간 세상의 온갖 일과 온갖 사물이 지극한 선, 지극한 아름다움의 경지에 이르는 것을 말한다. 그러므로 개화의 영역은 한정할 수 없다. 인민의 재주와 힘에 분수가 있어 그 등급의 높고 낮음이 있다. 그런데 인민의 습속과 나라의 규모에 따라 그 차이가 생기며, 이것이 개화하는 과정이 한 가지가 아닌 이유이다. 그러나 그 핵심은 하는가 하지 않는가에 있을 따름이다.(서유견문, 375)

'개화'를 "온갖 일과 온갖 사물이 지극한 선, 지극한 아름다움의 경지에 이르는 것"이라고 정의한다. 이 인용문 뒤에는 "온갖 일과 온갖 사물"의 예가 이어진다. 그중 "오륜의 행위를 순수하고 독실하게 하여 이 도리를 아는 행실의 개화"라는 도덕질서의 개화가 가장 먼저 소개된다. 이어서 "만물의 이치에 이르는 학술의 개화", "백성에게 태평한 즐거움이 있는 정치의 개화", "법률을 공평하게 해서 백성이 억울한 일을 당하지 않는 법률의 개화" 등 학술, 정치, 법률의 예가 등장한다. 이러한 개화라면 유교 입국의 조선에서 추구해 왔던 방향과 다를 것이 없다. 그런가 하면 "사람의 쓰임에 이롭게 하는 기계의 개화"나 "조잡한 것이 없는 물품의 개화" 등도 있다. 근대 유럽의 문물에 자극을 받아 포함된 항목일 것이다. 유길준은 이처럼 구체적인 예를 든 뒤에 "이러한 여러 개화를 합해야 개화가 구비되었다"라고 할 수 있으며, "아직 개화의 극치에 도달한 나라는 없다"[18]라는 말로 이 단락을 마무리한다.

이 세상의 모든 것이 "지극한 선, 지극한 아름다움"에 이르는 것이 개화라면, "개화의 극치"에 도달한 나라가 없는 것은 당연하다. '지극함'은 완벽한 상태를 가리키는 말이기 때문이다. 따라서 개화의 "영역은 한정할 수 없다." 완벽함이란 어느 것도 제외되지 않는 전체에만 부여할 수 있는 평가어이기 때문이다. 근대 유럽인은 자신들은 이미 문명을 성취했으며, 자신들이 성취한 문명은 온 지구가 따라야 할 표준이라고 생각했다.[19] 그런데 문명개화에 대한 유길준의 서술을 보면, 유길준에게 근대 유럽인의 문명관이 그대로 접수되지는 않았음을 알 수 있다. 즉 유길준은 유럽 문명을 개화의 표준이라고 생각하지 않았다. 문명이든 개화든 그에게 그것은 이상적이고 보편적인 완전한 가치였다.

개화가 완전한 것으로서 이상적 상태라면, 당연히 "개화하는 과정이 한 가지가 아닐" 것이다. 여러 영역의 개화에서 설명되듯이 여러 영역에서 이상에 도달하기 위한 다양한 시도들이 있을 것이고, 이상에 도달하는 데 정해진 순서도 없을 것이다. 그러므로 개화의 과정은 근대 유럽이 보여 준 그 길만이 아니다. 다음 인용문에서 보듯, 유길준은 개화를 일방적으로 수입해야 할, 타인만이 가지고 있는 것으로 생각하지 않았다.

---

18 이상 유길준, 『서유견문』, 375-376쪽.

19 노르베르트 엘리아스 지음, 박미애 옮김, 『문명화과정 1-2권』, 한길사, 1996 참조.

> 개화란 타인의 장점만을 취할 뿐 아니라 자신의 좋고 아름다운 것을 지키는 데에도 있다. 타인의 장점을 취하려는 의도 역시 자신의 좋고 아름다운 것을 보충하기 위한 것이므로, 타인의 재주를 취해도 실제로 사용하게 되면 자신의 재주이다.(서유견문, 381)

타인에게서 취해야 할 장점과 자신에게서 지켜야 할 것이 무엇인지 명시하지는 않았지만, 타인의 장점을 취하려는 것도 본래 자신이 갖고 있는 것을 보충하기 위해서라고 하니, 실제로 타인에게서 취할 완전히 새로운 것은 없는 셈이다.

그의 세계에 새로운 것이란 없을까? 그는 "세대가 내려올수록 사람이 개화하는 길은 앞으로 나아간다"(서유견문, 383)라며 개화를 진보의 의미로 받아들이는데, 그가 말하는 진화가 그 시대에 흔히 알려진 그 진화론이 아님은 다음을 보면 알 수 있다.

> 사람의 지식이 세대를 거듭할수록 신기한 것과 신묘한 것이 겹쳐 나온다. (…) 그러나 이처럼 신기하고 신묘한 이치는 옛날에 없던 것이 오늘날에 비로소 생긴 것이 아니다. 천지간 자연의 근본은 옛날이나 지금이나 차이가 없지만, 옛사람은 그것을 미처 다 궁구해 내지 못했고 지금 사람은 궁구해서 파악한 것이다. 이를 보면 지금 사람의 재주와 식견이 옛사람보다 뛰어난 듯하지만 실상은 옛사람이 처음 만든 것을 윤색할 뿐이다.(서유견문, 383-384)

유길준에게 개화는 '완전한 것'이다. 완전한 것의 '발전'은 논리적으로 있을 수 없다. 그에게 개화란 완벽한 선과 아름다움을 의미하므로, 개화 자체는 발전의 도정에 있는 것이 아니라 이상으로서 있다. 위 인용문에서 지극한 좋음은 "자연의 근본"이라고도 표현된다. 이 역시 완전한 것이면서 항상적인 것을 표현한 말이다. 그러므로 "천지간 자연의 근본은 옛날이나 지금이나 차이가 없"다. 유길준에 의하면, 인간이 하는 일은 그 완전함을 알아채고 "윤색"하는 것일 뿐이다. 유길준의 사고에 '진화'가 있다면 '윤색의 진화'일 것이다. 유길준의 세계관에서는 근본적으로 새로운 것이 없다.

이러한 성격을 갖는 개화를 유길준은 여러 영역에서 일어나는 일로 이야기하는데, 실제로 『서유견문』에서 가장 중요하게 다룬 것은 "정치의 개화"였다. 그리고 정치의 중요한 임무는 '부강'의 추구였다. 유길준은 나라의 부강에 직접적으로 영향을 미치는 것이 정치체제라고 생각했다. 그는 현존하는 세계의 정치체제를 군주제, 입헌군주제[君民共治], 민주제[國人共和]의 셋으로 분류한다.[20] 그 가운데 입헌군주제를 "임금과 백성이 함께 다스리는 제도"라고 규정하며 "가장 아름다운 제도"(서유견문, 151)라고 평가한다. 입헌군주제는 "백성이 좋아하는 것을 좋아하고 싫어하는 것을 싫어해서 나라 안의 정치명령과 법률을 대중의 공론에 의해 행하니, 사람마다 그 의론에 참여"하기 때문에 "아름다운"(서유견문, 148) 정체라고 평가한다.

그런데 위의 내용보다 더 자주 언급되는 장점은 그 정치체제가 부강을 낳는다는 점이었다.[21] "여러 나라 가운데서도 영국의 정치체

---

20 실제로는 정부 형태를 다섯으로 나누는데, 둘은 현존하지 않는다고 한다. 그 하나는 "군주가 농단하는 정체"이고 다른 하나는 "귀족이 주관하는 정체"이다. 유길준, 『서유견문』, 142-145쪽.

21 같은 책, 148쪽 참조.

제가 가장 훌륭하고 대단히 잘 갖춰져 있다"(서유견문, 151)라고 평하는 것도 영국의 부강을 평가했기 때문이다. 그는 각각 입헌군주제와 민주제의 정치체제를 지닌 유럽과 아메리카를 다음과 같이 묘사한다.

> 하나의 큰 표준이 있으니, 상세히 탐구할 것은 왜 유럽과 아메리카 두 대륙의 여러 나라들이 아시아 대륙에 비해 백배 부강한가 그 이유이다. 누가 자기 나라의 부강을 바라지 않겠는가마는, 정부의 제도와 규모가 다르기 때문에 그러한 차등이 생기는 것이다.(서유견문, 148)

부강은 나라를 평가하는 중요한 지표이고, 부강을 좌우하는 것은 "정부의 제도와 규모"라고 유길준은 생각한다. 1881년에 처음으로 일본에 간 그는 일본의 부강을 눈으로 보고, 일본이 "근대 구미 여러 나라와 약속을 맺은 후로 교의가 친밀해짐에 따라 시대가 변해야 한다는 것을 살펴서 저들의 장점을 취하고 제도를 답습한 지 30년 만에 이처럼 부강을 이루었다"(서유견문, 1)라고 감탄한다. 일본의 "제도와 법규가 서양의 풍을 모방한 것이 열에 여덟아홉"(서유견문, 1)이라고 하는 것을 보면, 구미의 제도를 답습하는 것이 부강을 실현하는 길이라고 인정한 것이다. 그리고 일본이 답습한 제도 가운데 핵심은 입헌군주제였다.

그런데 유길준은 조선 역시 일본처럼 입헌군주제로 개혁해야 한다고 말하지는 않는다. 그 이유에 대해 그는 다음과 같이 말한다.

> 어떤 나라든 그 인민의 풍속과 국가의 상황을 불문하고 그 정치체제를 실행하는 것이 좋을 듯하지만, 결코 그렇지 않다. 나라의 정치체

제는 오랜 시간 인민의 습관을 이룬 것이다. 습관을 갑자기 바꿀 수 없는 것은 언어를 바꿀 수 없는 것과 마찬가지이다. 급한 소견으로 헛된 이치를 숭상하고 실정에 어두워서 바꾸자는 의론을 제창하는 자는 어린아이가 놀이하는 것과 같다.(서유견문, 151)

정치체제가 나라의 부강을 좌우한다고 인정하고 입헌군주제가 "백성을 위하"는 이념의 면에서나 부강을 성취하는 효용 면에서나 최고라고 평가하면서도, 그리고 가까운 나라 일본이 그 제도를 답습해 이룩한 부강의 효과를 직접 보고 인정하면서도, 유길준은 습관을 갑자기 바꿀 수는 없기 때문에 조선의 정치체제를 바꿀 수는 없다고 말한다. 민주제보다 입헌군주제를 더 높게 평가하는 것도 급격한 변화에 찬동하지 않기 때문일 것이다.[22] 그에게 유가적 군주제는 최선의 가치는 아니지만 일단 그대로 유지해야 할 정치체제였다.

유길준이 지고의 선 또는 지고의 아름다움을 설정하고, 그것을 현실이 지향해야 할 이상으로 삼는 것은 기존의 성리학적 세계관을 유지하고 있기 때문이라고 생각된다. 완전한 선으로서 개화는 성리학의 리(理)와 그 위상이나 성격이 다르지 않다. 즉 보편적 진리로서의 지고선이다. 보편적 진리로서 리의 세계는 현실에서 다양하게 전개된다. 리는 기(氣)와 함께해야만 구체적 현실세계를 구성할 수 있기 때문에 순수하게 리만이 전개되는 현실이란 가능하지 않다. 기의

22 그는 "정체는 어떤 것이든지 그 본의를 자세히 궁구하면 인민을 위한다는 한 가지에서 벗어나지 않는다"(서유견문, 148)라고 말한다. 이로 미루어 짐작하건대, '인민'을 정치의 객체로 생각하는 종래의 사고를 그대로 유지하고 있는 것으로 보인다.

존재로 인해 리는 현실에서 다양한 모습으로 전개되며, 리 즉 이상이 완벽하게 실현되는 일은 애초에 불가능하다. 이상은 늘 이상이며, 사람이 할 일은 그 이상에 한 발 더 가까이 가기 위해 노력하는 것이다. 그리고 이상의 세계에 가까이 가려는 노력은 유교국가로서 조선 역시 지속적으로 해온 일이다. 앞서 인용한 글에서 유길준이 개화하는 과정은 한 가지가 아니며 중요한 것은 개화에 다가가기 위한 노력을 하는가 여부라고 했던 것 역시 이러한 맥락에서 이해된다.

이러한 이해라면 근대 유럽 문명도 새로운 것이 아니다. 완전한 상태로서 '개화'가 "인간 세상의 온갖 일과 온갖 사물이 지극한 선, 지극한 아름다움의 경지에 이르는 것"(서유견문, 375)으로 규정된다면, 그 규정은 현실적인 정치체제의 성격 여하를 지정하지 않는다. 즉 '백성을 위한 정치'나 '백성에 의한 정치'의 여부는 그 선과 미를 판단할 필수요소가 아니다. 다만, 리를 이해하고 현실에서 그 실현을 "윤색"하는 일에서 우열을 둘 수는 있을 것이다. 조선의 현실이 아주 바람직하지는 않지만, 그래도 리의 존재를 알고 리를 향해 진화해 온 역사라고 한다면 근대 유럽 문명 앞에서 주눅 들 이유도 없을 것이다. 유럽이나 일본이나 조선이나 모두 이상을 향해 노력하고 있으며, 이상 앞에서 현실의 차이는 그저 미미할 뿐이라고 정리할 수도 있다. 『서유견문』 시기의 유길준은 근대 유럽 문명의 어떤 부분을 인정했지만, 그러한 인정이 기존의 세계관을 버리고 전폭적으로 새로운 세계관을 받아들일 이유가 되지는 않았다.

정치가 부강의 핵심이라고 생각한 것 역시 유학적 사고 안에서 자연스러운 일이다. 그런데 유길준은 정치가 부유함을 좌우하는 핵심이라고 생각하면서도 정치에서의 개혁을 도모하지 않는다. 그렇다면 그는 어떤 방법으로 부유함을 이루려고 하는가?

3. 정당한 생업으로서의 상업

상업은 근대 문명사회에서 가장 중요한 활동으로 등장했다. 상업을 통해 유용한 물건을 사회 내부에 공급해 생활을 윤택하게 할 뿐 아니라 평화적인 방법으로 외국의 부를 들여올 수 있었다. 즉 이전이라면 전쟁을 통해야만 가능했던 외부 물품의 유입이 전쟁 없이도 가능하게 된 것이다. 상업은 근대 이전의 군사적 활동이 가졌던 중요성을 대신해 사회의 주요 활동이 되었다.[23]

유길준 역시 상업이 문명과 밀접한 관계가 있으며 강대국의 중요 활동이라는 것을 인지했다. 상업이 과거 전쟁이 가졌던 의미를 대신한다는 시대의 인식을 받아들인 유길준은 "전쟁은 난시의 상업이며 상업은 평시의 전쟁"(서유견문, 364)이라고 말한다. "평시의 전쟁"으로서 상업은 '부유함'과 '강함'을 '부유함'으로 단일하게 한다. 즉 당시는 부유함으로써 강함을 유지하는 시대였다. 유길준은 상업을 권장해야 한다고 다음과 같이 주장한다.

> 상업은 국가의 큰 정치이다. 옛날과 지금이 일의 추세가 다른 것이 자연히 많다. 정부는 사람의 일을 살펴서, 시세(時勢)에 응해 옛사람이 억제했던 길을 오히려 오늘날 권장하는 정책을 시행해야 한

---

23 찰스 테일러, 『근대의 사회적 상상』, 65쪽.

다.(서유견문, 362)

농업을 기반 산업으로 하는 유교국가에서 상업은 물건을 생산하는 일은 하지 않고 이익을 취하는 업종으로 여겨졌고, 그 노동을 정당한 것으로 평가하지 않았으므로 상업으로 얻은 소득은 불로소득과 다름없었다.[24] 또한 공자(孔子) 이래로 이익 추구[利]는 개인의 이익 추구[私利]와 거의 동일한 의미로 취급되어, '옳음[義]' 혹은 '이치[理]'와 대립하는 것으로 여겨졌다.[25] 성리학의 집대성자 주희(朱熹, 1130-1200)가 내건 "천리를 지키고 인욕을 막는다[存天理遏人慾]"[26]라는 표어에서는 사람의 욕망이 천리라는 보편원리를 가로막는 악으로 정식화된다.

유가적 사회는 생산성의 향상보다는 적절한 분배를 중요하게 여겼다. 성실하게 일한다면 굶어 죽을 걱정을 하지 않아도 되는 정도의 안정된 기반에서, 자식을 교육시키고 부모를 부양하면서 인성을 키울 수 있는 삶의 터전을 만드는 것을 정치가 해야 할 일로 여겼다.[27] 이 사회에서 개인적 이익의 추구는 사회의 질서를 깨는 것으로 간주

24 蔣建平·柳恩維·朱堅貞·曾騫豊 編著, 『中國商業經濟思想史』, 中國財政經濟出版局, 1990 참조.

25 『孟子』, 「梁惠王上」 1에서 이익에 대한 이야기를 듣기를 원하는 양혜왕에게 "왜 꼭 이익을 말하는가, 인의가 있을 뿐이다(何必曰利. 亦有仁義而已矣)"라고 한 부분을 대표적인 예로 들 수 있다.

26 『朱子語類』 12:71, "孔子所謂 '克己復禮', 中庸所謂 '致中和', '尊德性', '道問學', 大學所謂'明明德', 書曰'人心惟危, 道心惟微, 惟精惟一, 允執厥中'. 聖賢千言萬語, 只是教人明天理, 滅人欲"이라는 구절이 이러한 사상을 단적으로 보여 준다.

27 『맹자』, 「양혜왕상」에서 "無恒產而有恒心者"로 시작하는 구절 참조.

되었다. 대표적으로 맹자(孟子)는 이익 추구를 인의(仁義)를 실현하는 정치와 대비시켰다. 인의의 정치란 인간 사이가 인륜이라는 윤리로 맺어지는 사회를 조성하는 것이었다. 인륜 대신 이익을 기준으로 행동하게 되면 부자(父子) 사이를 포함한 모든 인간관계가 무너질 것이라고 예상했으므로 이익 추구를 강하게 경계할 수밖에 없었다.[28] 이익 추구가 개인의 가치기준이 되면 인간관계는 부차적인 것이 되거나 고려되지 않을 것이기 때문이다. 유교 입국을 천명했던 조선 역시 민생을 안정시키는 정부의 임무를 확인하면서 상업을 억제하는 정책을 펼쳤다.[29]

상업이 근대 국가의 중요 사업임을 인지한 유길준은 지금까지 "억제했던 길"인 상업에 대해 "오늘날 권장하는 정책을 시행해야 한다"(서유견문, 362)라고 역설한다. 그는 상업이 물품을 제작하지는 않지만 "그 공과 효과는 농사에 뒤지지 않는다"(서유견문, 362)라며, 상업 역시 정당한 생업의 하나라고 변론했다.

> 상업은 생계를 구하는 방도의 하나이다. (…) 그 직분의 대강을 보면, 인생의 편리한 방도를 경영하는 것과 국가가 부유해질 기회를 도모하는 일과 큰 관련이 있다. 민간의 물자를 서로 통하게 하는 것은 다른 사람의 노고를 대행하는 것이고, 나라 안의 물자를 고르게 하는 것은 정부의 사무를 도와주는 것이며, 본국과 외국의 물자를 교역하는 것은 두 나라 사이의 화목한 교제를 도와주는 것이다.(서유견문,

28 『맹자』, 「양혜왕상」 1.

29 이헌창, 「경제: 유학 경제사상의 체계적 정립을 위한 시론」, 『국학연구』 3, 2003 참조.

366-367)

생업의 하나로서 상업의 직분은 생활에 편리함을 제공하고 나라에 부를 가져오는 것이라는 평가는 근대 유럽에서의 상업에 대한 평가와 상통한다. 그런데 유길준은 그 일이 타인의 노고를 대신하는 노동이라는 인정에서 끝내지 않고, 정부의 사무를 도와주고 나아가 외교도 도와주는 것이라고 평가한다.

더 분명하게 유길준은 "인민을 편리하게 하고 국가를 부유하게 하면", 그 상인의 공은 "나라를 지키는 장수에 비견할 만하고 그 덕은 정치하는 재상과 동급"(서유견문, 370)이라고 언명한다. 여기까지 들으면 앞의 인용문에서 "상업은 국가의 큰 정치"라고 한 유길준의 말이 수사가 아니라 직설적인 표현임을 알 수 있다. 다음 인용문을 보면 "상업은 국가의 큰 정치"라고 하는 유길준의 의중이 보다 분명하게 드러난다.

> 상인의 업을 자기 한 사람의 사사로운 일로 보지 말고, 전국의 공공의 뿌리[公本]의 관계로 생각해야 한다. 믿음[信]이 없으면 이 직분을 지킬 수 없고, 올바름[義]이 없으면 이 직분을 행할 수 없고, 지혜[智]가 없으면 이 직분을 유지할 수 없다. 이 세 행실이 구비된 후에야 상인의 직분을 다할 수 있다.(서유견문, 367-368)

유럽에서 근대를 여는 데 결정적인 역할을 한 상업은 개인의 활동으로서, 정치 밖에 속하는 사적인 영역이다. 그런데 유길준은 상업이 국가의 부유함을 추구하는 것이라 생각했고, 그렇기 때문에 공적인 일이라고 여겼다. 상업을 농업이나 국방 업무에 빗댄 것도 단순히 수사가 아니라, 농업과 마찬가지로 나라의 '공공의 뿌리', 즉 기간산업으로 받아들여야 한다고 생각했기 때문이다. 그렇기 때문에 국방과 마찬가지로 정부가 담당할 일로 받아들인 것이다. 즉 유길준은 상업을 개인의 활동으로 인지하지 않았다.

유길준에게는 후쿠자와가 수용한 자유주의의 핵심, 즉 개인의 사적인 이익 추구의 자유가 수용되지 않은 듯하다. 그렇다면 유길준은 자유와 권리를 어떻게 이해한 것일까? 근대 유럽인에게 자유와 권리는 무엇보다 상업을 통한 개인의 영리 활동과 밀접하게 관련된 것이었다. 개인의 이익 추구를 고려하지 않으면서도 상업의 중요성을 평가하는 유길준은 어떤 방법으로 상업을 장려하고자 했을까?

4. 실정법상의 권리

'권리'라는 말은 영어 'right'의 번역어로서, 한자문화권에서는 근대에야 비로소 등장한 용어이다. 'right'에 해당하는 라틴어는 'ius'인데, 'ius'의 본래 뜻은 자[尺]와 같이 물리적인 것의 '곧음'을 표현하는 말이었다고 한다. 이 의미가 윤리적 옳음을 비유적으로 지칭하게 되었고, 윤리적 옳음으로부터 법이 파생되었다.[30] 그리하여 영어 'right'에는 '법이 보장하는 이익'이라는 의미 외에 '올바름'의 의미도 들어 있다. 두 의미를 모두 반영한 'right'는 올바르기 때문에 정당한 이익이

30 김현철, 「권리에 대한 법철학적 연구: 권리 개념의 재구성을 중심으로」, 서울대학교 대학원 박사학위논문, 2000, 28-31쪽.

라는 의미를 갖는다.

그런데 한자 번역어 '권리(權利)'에는 '올바름'의 의미가 담겨 있지 않다.[31] 각각의 한자가 '권력[權]'과 '이익[利]'이라는 의미를 가질 뿐이다. 'right'의 번역어로서 '권리'가 정착되었기 때문에, 한자문화권에서 '권리'는 단순한 이익 주장이라는 이기적 관념이 필연적으로 보급되었다는 주장도 있다.[32]

후쿠자와 유키치는 『서양사정』에서 'right'를 '통의(通義)'로 번역했다.[33] 통의는 『맹자(孟子)』에 연원을 둔 단어로,[34] 한자의 뜻 그대로 '세상에 통용되는 올바름'이라는 의미를 갖는다. 후쿠자와는 'right'에서 '올바름', '정당함' 등의 의미를 포착해 '통의'로 번역한 듯하다. '인간 누구나 천부적으로 부여받았기 때문에 올바르고 정당한 권리'라는 의미를 살리고자 한 것으로 보인다.

---

31 1864년 청(淸)에서 출간된 번역서 『만국공법(萬國公法)』에서 처음으로 '權利'가 'right'의 번역어로 채택되었다. 번역자인 미국인 선교사 마틴(William A. P. Martin, 1827-1916) 역시 이 번역이 적절하지 않다는 것을 인지하고 있었으나, 꼭 맞는 번역어를 찾기 어려웠던 듯하다. 『만국공법』을 번역하고 한참 지난 1880년 『공법회통(公法會通)』의 「범례」에서 마틴은 다음과 같이 말했다. "공법에는 전용어가 있다. 원문의 뜻을 한문으로 전달하기 어려운 탓에 억지로 꿰맞춰 사용한 감이 있는 경우도 종종 있다. 예컨대 權이란 글자는 공법서 안에서 정부기관이 갖는 權을 가리킨다. 그러나 또 뭇사람의 應得之分을 가리키기도 한다. 이 경우 뭇사람의 본유의 권리라는 식으로 理란 글자를 첨가한 예도 있다. 이들 자구를 처음 보는 사람들의 눈에 쉽게 들어오지 않을 수도 있으리라. 그러나 자꾸 보면 그것들을 사용하지 않을 수 없었던 이유를 이해할 수 있게 될 것이다." 김봉진, 「서구 '권리' 관념의 수용과 변용: 유길준과 후쿠자와 유키치의 비교 고찰」, 『동방학지』 145, 2009, 74쪽에서 재인용.

32 熊谷開作, 「權利という言葉について」, 『學習院大學校法學部硏究年報』 14, 1978, 23쪽.

33 福澤諭吉, 「西洋事情外篇」, 『西洋事情』, 卷之一, "人生の通義及びその職分"; 福澤諭吉, 『福澤諭吉著作集』 제1권, 90쪽.

34 『맹자』, 「滕文公上」: "治於人者食人, 治人者食於人, 天下之通義也."

그런데 『서유견문』에는 '권리'와 '통의'가 모두 등장한다. 유길준은 "인민의 권리는 자유와 통의를 말한다"(서유견문, 109)라며 '자유'와 '통의'를 '권리'의 하위 개념으로 두었다. '자유'와 '통의'에 대해 유길준은 다음과 같이 설명한다.

> 자유란 마음이 좋아하는 것이 어떤 것이든 따르면서 생각이 꺾이거나 구애받지 않는 것이다. (…) 국가의 법률을 삼가 받들고 바르고 곧은 도리를 지키면서 자기가 해야 할 세상의 직분으로 타인을 방해하지 말며 타인의 방해도 받지 않고, 하고자 하는 바를 자유롭게 하는 권리이다.(서유견문, 109)

> 통의는 한마디로 당연한 바른 도리[正理]이다. (…) 가령 관직을 맡은 사람이 그 책임을 행하는 데 상응하는 직권을 보유하는 것이 그 당연한 바른 도리이다. (…) 만물의 당연한 도(道)에 따라 고유한 상경(常經)을 잃지 않고 그에 맞는 직분을 지키는 것이 통의의 권리이다.(서유견문, 109)

첫 번째 인용문에서 유길준은 자유를 설명하면서 "국가의 법률을 삼가 받들고 바르고 곧은 도리를 지켜"야 한다고 말한다. 두 번째 인용문을 보면 그 "바르고 곧은 도리"가 바로 "통의"로 명명되었음을 알 수 있다. 첫 번째 인용문에서 그는 "자기가 해야 할 세상의 직분"이 자유의 권리를 실현하는 테두리라는 뜻을 드러내는데, 두 번째 인용문에서 그 의미가 보다 분명하게 드러난다. "당연한 바른 도리"인 통의의 제한하에서 마음이 좋아하는 것을 구애받지 않고 하는 것이 "권리"인바, 권리는 '올바른 자유'라고 요약할 수 있다. 유길준은 권리의 하위 개념으로 올바름과 자유의 두 의미를 둠으로써, 'right'의 대표적 의미인 이익과 올바름을 모두 담으려 한 것으로 보인다.

유길준이 '통의'로써 자유에 제한을 두려는 것은 사회 안에서 개인의 자유를 실현하고자 할 때 당연히 거쳐야 할 고민이다. 대표적인 자유주의자 존 스튜어트 밀(John Stuart Mill, 1806-1873) 역시 타인에게 해를 끼치는 것을 막기 위해서 자유는 제한될 수 있다고 생각했다.[35] 어떤 사회에서든 자유는 제한될 수밖에 없다. 앞에서도 언급했듯이 근대 유럽의 중요한 특징 가운데 하나는 올바름에 대한 새로운 규정이다. 근대 이전에는 현실을 초월하는 가치기반으로서 신이 존재했으며, 사회 안의 모든 질서는 신에 의해 정당화되었다. 반면 근대는 신을 포함해 사회를 초월하는 모든 가치기반을 거부하고 모든 질서를 세속 안에서 추출하고자 했다. 민주주의 정신의 원류가 된 '자기입법에 의한 자율'[36]이라는 정신은 법에 의해 제약받으면서도 자유일 수 있는 논리를 제공하는 한편, 법의 원천 역시 인간임을 천명한다. 즉 개인의 자유는 제한될 수 있지만, 주권재민을 천명한 근대 국가라면 개인의 자유를 제한하는 일은 원리적으로 주권을 가진 개인들의 합의에 의해 세워진 법에 의해서만 가능하다.

---

35 존 스튜어트 밀 지음, 서병훈 옮김, 『자유론』, 책세상, 2005, 19쪽, 「머리말」에서 "나는 이 책에서 사회가 개인을 상대로 정당하게 행사할 수 있는 권력의 성질과 그 한계를 살펴보고자 한다"라고 집필 의도를 밝히고, 「제4장 사회가 개인에 대해 행사할 수 있는 권한의 한계」에서 중점적으로 논한다.

36 임미원, 「윤리적 개념으로서의 자율성: 칸트의 자율성 개념을 중심으로」, 『법학논총』 33(3), 2016 참조.

그러므로 자유의 성격을 파악하기 위해 물어야 할 것은 어떤 근거로 자유를 제한하는가가 되어야 할 것이다. 즉 유길준이 자유를 제한하는 기준으로 내세운 "당연한 바른 도리"는 어떤 것인가? 유길준에게 자유를 제한하는 통의, 즉 올바른 도리의 근거는 무엇인가?

일단 유길준은 "천하의 모든 인민이 공동으로 향유하는" "천성"적인 권리를 인정한다.

> 이 자유와 통의의 권리는 천하의 모든 인민이 공동으로 향유하는 것으로, 각자 일신의 권리는 태어나면서 구속받지 않고 독립하는[不羈獨立] 정신으로, 무리한 속박을 받지 않고 불공정한 방해를 받지 않는다. 그리하여 말하기를 일신의 자유를 스스로 지키는 것은 모든 사람에게 공통된 천성으로, 명리부귀(名利富貴)에 비할 바가 아니라고 한다.(서유견문, 99-100)

모든 인민이 예외 없이 누려야 하는 천부의 권리는 인정된다. 그 권리는 "무리한 속박을 받지 않고 불공정한 방해를 받지 않는다"라고 선언한다. 그런데 "무리한" 것이 아닌 속박, "불공정"하지 않은 방해 등은 받을 수 있다고 한다. 그러므로 그 속박과 방해를 정당한 것으로 만드는 것은 무엇인가가 여전히 문제이다. "인생의 제반 권리가 비록 천생으로 타고난 것이지만, 인위적인 법률의 관계로 그 분한(分限)의 증감이 있다"(서유견문, 127)라며 유길준은 천부적 권리를 제한할 수 있는 것을 '법률'이라고도 표현한다. 그러므로 자유를 제한하는 정당성에 대한 물음은 법률의 근원, 즉 법률의 정당성은 어디에 있는가의 문제로 귀결된다. 유길준은 법의 정당성에 대해서 다음과 같이 말한다.

> 세상에서의 자유는 사람마다 이 세상에 처해서 각자 한 사람의 신분으로 향유한다. 그리하여 천부의 자유에 인위적인 법을 더하여 그 본래 취지와 큰 의도를 대략 바꿔서 천하에 두루 같은 이익을 도모하기 위한 것이다. 이 이치에서 생각하면 법률을 세워, 남을 방해한 자의 죄를 금하고 제재하는 것이 그 범법자 일신이 천부적으로 받은 자유를 줄이고 없애는 것 같지만, 사실은 세상에서의 자유를 크게 증가시킨 것이다.(서유견문, 112)

"인위적인 법을 더하"는 것이 "천하에 두루 같은 이익을 도모하기 위한" 것이라는 말을 각자의 자유를 공평하게 보장하기 위한 것이라고 해석한다면, 사회 안에서 개인의 자유는 타인의 자유를 침해하지 않는 한에서 보장되어야 한다는, 자유주의의 격률과 크게 다르지 않은 내용으로 읽힌다.[37] 그런데 "신분"이라는 용어가 등장한다. 앞의 '자유'와 '통의'를 설명하는 인용문에서는 "직분", "직권" 등의 용어가 등장했다. 이 용어 사용을 의미 있는 것으로 받아들이면 신분에 따라 직분이 정해지고, 그 직분에서 갖는 권리가 바로 유길준이 인정하는 실정법적인 권리가 된다. 실제로 그가 말하는 신분이란 "지위의 등급

---

37 자유주의자 스펜서가 제안한 '정의의 원칙(The Formula of Justice)'으로 알려졌다. Herbert Spencer, "Every man is free to do that which he wills, provided he infringes not the equal freedom of any other man", Ch. 6, The Formula of Justice, Part IV: The Ethics of Social Life: Justice, *The Principles of Ethics*, NY: D. Appleton and Company, 1897.

과 차이로 각각 점유한 정도에 따라 이름이 이루어지고 존귀비천의 계급이 비로소 나뉘"는 바로 그것이다. 그는 "부귀한 자는 부귀를 행하고 빈천한 자는 빈천을 행하여, 각 그 지위의 권리에 따르는 것"[38] 이라고 말한다. 이렇다고 한다면, "천성적인 권리"가 어떠하든 현실에서 "인위적인 법을 더했"을 때 평등한 권리란 없게 된다.

근대 유럽의 평등한 권리에 대해 모르지 않았던 유길준은 한편에서 "사람이 되는 권리는 현우, 귀천, 빈부, 강약의 분별이 없으니, 이것이 '대단히 공평하고 지극히 올바른[大公至正] 원리'"(서유견문, 104)라고 말한다. 그러나 그 원리는 현실에서 그 모습 그대로 실현되지 않는다.

> 천지 사이에 태어나 각각 그 사람 되는 리(理)로 보면 사람 위에 사람 없고 사람 아래 사람 없으니, 천자도 사람이고 필부도 또한 사람이다. 그런데 천자라 하고 사람이라 함은 인간 세상의 법률과 기강[法律大紀]으로 지위의 구별을 세우고, 이를 따라 그 차제와 순서를 시행하고, 지위의 등급과 차이로 각각 점유한 정도에 따라 이름이 이루어지고 존귀비천의 계급이 비로소 나뉜다. (…) 그 지위의 권리는 각각 대소의 차이에 따라 그 적절한 배합이 있으니, 사람이 사람 되는 권리와 달리, 고하의 질서와 대소의 상황을 정하고 형세의 변천득실에 따라 없어지거나 생기거나 하는 것이다.(서유견문, 114-115)

38 이상 유길준, 『서유견문』, 104-105쪽.

"사람 위에 사람 없고 사람 아래 사람 없다"라는 말은 후쿠자와의 표현을 그대로 가져온 것이다.[39] 이는 후쿠자와가 근대 유럽의 평등관을 요약한 명제이다. 근대 유럽의 법은 이상 세계에서가 아니라 지금 여기에서의 권리를 보장하는 역할을 했다. 근대 유럽에서도 후쿠자와에게도 평등한 권리의 이념은 현실의 법률과 차원을 달리하는 순수한 리(理)가 아니다.[40]

앞에서 보았듯이, 유길준은 개화를 이상적인 것으로 설정하고 현실은 그 이상을 실현하는 윤색이라고 설명했다. 유길준이 이상적인 '리'와 현실을 다른 차원으로 다루는 방식은 성리학의 '리일분수(理一分殊)'를 연상케 한다.

성리학에 의하면, '리일(理一)'의 세계는 이 세상의 모든 존재가 보편원리를 자신의 본성으로 갖는다는 점에서 모두 완전하고 모두 평등하다. 평등하고 완전한 그 차원은 '기(氣)'가 개입해 현실이 되기 전 순수 원리의 세계이다. 현실의 기반을 이루면서 운동의 계기이기도 한 '기'가 개입하면, 각각의 개별자는 '기'가 제한하는 범위에서 신분을 갖고 직분을 갖게 된다.[41] 리는 하나이므로 온 세상이 그 하나의

---

39 福澤諭吉, 『學問のすすめ』, 「初編」: "天は人の上に人を造らず人の下に人を造らずと云へり.(하늘은 사람 위에 사람을 만들지 않고 사람 아래에 사람을 만들지 않는다고 한다.)"; 『福澤諭吉著作集』 제3권, 29쪽.

40 이혜경의 「'직분' 개념으로 보는 유길준의 주권의 원천: 후쿠자와 유키치와의 비교를 통해」(『동양철학연구』 101, 2020)는 후쿠자와가 'duty'를 번역한 용어인 '職分' 개념을 유길준이 어떤 함의로 사용하는지 추적함으로써, 유길준이 천부인권을 수용하지 않았고, 그에 바탕을 둔 국민주권을 고려하지 않았음을 밝혔다.

41 구스모토 마사쓰구 지음, 김병화·이혜경 옮김, 『송명유학사상사』, 예문서원, 2005, 276-285쪽, 「제5절 주희」의 "2. 인간관" 참조.

원리대로 존재하고 움직이지만, 그 하나의 전체 안에서 각각의 리는 "서로 다른" 각자의 리를 갖고 있다고 할 수 있다.[42] 다르게 표현하면 처한 자리에 따라 리의 작용이 다르다.[43] 성리학의 '리일분수'는 현실의 차별상을 설명하면서 그 차별적 존재들이 하나의 원리 안에서 운동할 수 있는 근거를 제공한다. 성리학에서는 개체적 존재들이 어떻게 전체로서 하나가 되는가가 중요한 문제의식이었는데, 이는 한편에서 현실의 차별상을 원리 차원에서 정당화하는 역할도 했다. 이러한 세계의 원리는 "개물이 각각 이 리를 갖추고 있지만 개물마다 그 작용은 다르다"라는 말로도 표현된다. 현실로 드러나는 "작용은 다르"지만 "모두 하나의 리의 흐름"[44]이기 때문에, 각자 "처한 자리"를 기꺼이 받아들이는 것은 하나인 리에 참여하는 것이 된다.

유길준은 "인생의 권리"와 "지위의 권리", 또는 "안에 있는 진리"와 "밖에서 온 세력" 등의 용어로 이상의 차원과 현실의 차원을 구분하는데, 이러한 구분은 '리일분수'의 논리 안에서 설명이 가능하다. 이 논리대로라면 성리학을 입국의 원리로 삼는 조선은 "사람 위에 사람 없고 사람 아래 사람 없다"라는 이념을 진작부터 실현하고 있었다고 말할 수 있다. 현실에서는 직분에 따라 달라질 뿐, 원리 차원에서는 모두 평등하다고 할 수 있는 것이다.

---

42 "만물의 하나의 근원에서 논하자면 리는 같고 기는 다르다. 만물의 각각 다른 몸에서 보자면, 기는 오히려 가깝고 리는 전혀 다르다.(論萬物之一原, 則理同而氣異. 觀萬物之異體 則氣猶相近而理絶不同也.)", 『朱熹集』 46, 「答黃商伯」.

43 『주자어류』 18:28: "만물이 모두 이 리를 가지고 있고 리는 모두 근원이 하나이다. 그러나 처한 자리가 다르기 때문에 그 리의 작용이 한 가지가 아니다(萬物皆有此理, 理皆同出一原. 但所居之位不同, 則其理之用不一)."

44 『주자어류』 18:28: "物物各具此理, 而物物各異其用, 然莫非一理之流行也."

자유와 권리를 리의 차원으로 설정함으로써 기존의 현실을 크게 변혁하는 일 없이도 그 가치를 수용할 수 있었다고 한다면, 현실의 통의, 현실의 권리를 실질적으로 규정하는 실정법의 정당성은 어떻게 확보되는가? 유럽의 근대 국민국가라면 법은 주권을 가진 인민이 스스로 입법한 것이라는 점에서 정당한 것이 된다. 유학적 세계에서 법은 '리일'을 실현한다는 명분을 가지고 '리일'을 인식할 수 있도록 훈련된 유학자 정치 집단의 대표인 왕에 의해 만들어질 것이다.[45] 유길준은 "법률의 권한은 왕에게 있다"라고 분명하게 말한다.

> 경쟁[46]을 조종하고 습속을 제재해서 서로 침범할 수 없는 경계를 분명하게 정하고 서로 빼앗을 수 없는 조목을 엄격하게 세우고, 윤리와 기강을 바르게 하고 풍속을 바로잡는 것은 필부의 사적인 힘[私力]으로 할 수 없는 것이고 반드시 일반 사람[公衆]이 함께 존중하는 자이어야 하므로, 법률의 권한은 왕에게 있다. 왕이 이 권한을 가지는 것은 인민이 스스로 지키기 불가능한 대권을 합해서 보호하는 도와 이끄는 정치를 하기 위한 것이다.(서유견문, 263)

인민의 "대권을 합해서" 왕이 권한을 가진다는 발상은 주권재민

---

45 유교국가의 법에 관해서는 전봉덕의 「한국법학 30년 심포지움: 傳統的 社會와 法思想」(『서울대학교법학』 19(1), 1979)과 이재룡의 「조선 시대의 법 제도와 유교적 민본주의」(『동양사회사상』 3, 2000) 참조.

46 유길준은 1883년에 발표한 「競爭論」에서 '경쟁'에 대해 소개한다. 그런데 이 절의 이어지는 내용에서 논하듯이 『서유견문』에서는 '경쟁'이라는 용어 대신에 의지적으로 '競勵'라는 말을 사용한다. 이 부분에서처럼 『서유견문』에 남아 있는 '경쟁'은 미처 바꾸지 못하고 남아 있는 것이지, 의도적으로 남겨 놓은 것은 아닐 것이다.

의 이념을 가져와 덧입힌 것으로 보인다. 그러나 인민의 "대권", 즉 인민의 주권을 유길준은 인정한 적이 없다. 인정된 적도 없는 인민의 대권을 왕이 어떻게 대리해서 행사할 수 있는가.

유길준은 유교국가의 군주제를 그대로 용인하면서, 리일분수의 논리로 기존의 신분제와 국왕의 입법을 '문명개화'의 틀로 해석했다. 현재의 제도가 어떠하든, 현실적으로 개인이 누리는 권리가 어떤 것이든, 인간은 모두 '성즉리'의 본성을 부여받은 존재로서 자유롭고 평등한 존재인 것이다. 그리고 그러한 이상을 실현해 온 조선은 건국 이후 줄곧 문명개화의 길을 걸어왔다는 주장도 가능하다.

유길준이 리(理)의 영역에 둔 그것들은 근대 유럽이 세속에서 실현하려고 한 것이었다. 그 결과 근대 유럽에서 신분은 해체되고 직분은 사회 안에서 기능에 따라 갖게 되는 우연적인 것이 되었다.[47] 그러나 유길준의 세계에는 '리일'이라는 우주를 관통하는 보편원리가 건재하고, 이 세계에서 직분은 실제로 기능이 아닌 타고난 신분에 따라 결정된다.

5. 상인의 직분

유길준이 생각하는 사회가 여전히 군주제와 신분제가 유지되는 곳이라면, 이 안에서 상인은 어떤 권리, 어떤 직분을 갖게 되는가? 상인의 역할을 활성화하기 위해 입법권자인 왕은 어떤 변화를 시도해야 하

47 찰스 테일러, 『근대의 사회적 상상』, 26쪽.

는가?

유길준이 유교국가를 그대로 유지하는 것을 전제로 두었다면, 사회의 어떤 변화든 정치에 의해 주도되어야 한다고 생각했을 것이다. 앞에서 유길준이 여러 '개화' 가운데 '정치의 개화'를 가장 중요한 것으로 다뤘다고 했는데, 사회를 바꾸는 힘으로 정치를 가장 중요하게 여기는 것 역시 유학적인 사고이다. 2절에서 언급했듯이 유길준은 상업 역시 정치의 일이라고 생각했다.

상업이 곧 정치라는 것은 유길준에게 어떤 의미인가? 이윤 추구의 주체가 개인이 아니라 나라라는 의미이다. 나라가 이윤 추구의 주체라면, 나라의 어떤 구성원은 정치에 복무하듯이 어떤 구성원은 나라의 이윤을 위해 복무해야 한다. 나라가 어지러워지거나 위태로워졌을 때 정치인에게 책임을 물을 수 있듯이, 나라의 이윤 추구가 순조롭지 않은 탓에 나라가 가난하다면 그것은 이윤 추구에 종사하는 담당자가 질책당할 일이다. 실제로 유길준은 "국가의 부강은 인민의 근태에 있다"라고 다음과 같이 말한다.

> 영국은 천연자원이 적기로 천하에 유명한데 사람이 만든 물건이 많기는 만국의 으뜸이다. 그 이유는 나라 안에 놀고먹는 인민이 없기 때문이다. 이로 보건대 국가의 부강은 인민의 근태에 있지 물산의 풍부 여부에 달려 있지 않다. 지금 서양 여러 나라가 세계에 재화의 권한(財權)을 잡고 날카롭게 사방을 노려보며 위용을 부리는 것은 이 길에 터를 두고 있기 때문이다. 아프리카의 흑인과 아메리카의 적색인에게 모두 천연자원이 산처럼 쌓여 있고 흙처럼 흔하다고 한들 어디에 쓸 것인가.(서유견문, 84)

"국가의 부강은 인민의 근태에 있"다는 말은 "장사로 인민의 근태를 드러낸"(서유견문, 4)다는 말로도 변주된다. 실제로 위 인용문을 보면 물건을 만들고 이윤을 내며 파는 일, 즉 종래에는 천시되었던 공업과 상업이 중요한 부강의 원천으로 인지되고 있다. 그리고 그것은 천연자원 유무의 문제가 아니고 "놀고먹는 인민"의 문제라고 하니, 조선의 인민은 갑자기 나라의 부강이라는 책임을 짊어지게 된 것이다.

앞에서 인용했던 "전쟁은 난시의 상업이며 상업은 평시의 전쟁"(서유견문, 364)이라는 것도 전쟁과 상업을 모두 나라의 업무로 생각했기 때문에 가능한 말이다. 전쟁과 상업을 경영해야 하는 나라의 입장에서 유길준은 다음과 같이 말한다.

> 상업은 물자로써 하고 전쟁은 병기로써 하지만 승부를 결판내어 이해를 다투기는 한가지이다. 상인의 물자가 정교하지 않으면 군사의 병기가 둔한 것과 같다. 병기가 둔한 쪽이 필패해서 배상금을 무는 것은 형세상 면하지 못할 일인 것처럼, 물자가 정밀하지 못한 상인도 상업의 대권(大權)을 잃고 나라 안의 이익을 빼앗긴다. (…) 그러므로 상업하는 도를 정대(正大)하게 하여 남이 침범하지 못하게 하고, 물자의 제작을 정밀하게 해서 남의 제어를 받지 않아야 한다.(서유견문, 364-365)

상업의 "도를 정대하게" 하고 "물자의 제작을 정밀하게" 하는 이유는 전쟁 대신 하는 상업에서 이권을 차지하기 위해서이다. 이는 이익을 꾀하는 일이지만 외교와 마찬가지로, 실리를 얻는 일이라도 나라의 품위를 손상시키지 않는 명분과 법도가 있어야 한다고 주장한다. 유길준은 상업에 대해 다음과 같이 묘사하기도 했다.

> 미개(未開)한 나라가 그 항구를 닫고 있을 때는 선개(先開)한 나라의 정부가 권하고 설득하여 통상하는 조약을 체결한다. 그러나 그 토지와 국민을 탐내어 넘겨다보는 마음이 있기 때문이 아니다. 인생의 좋은 일을 남과 동행하여, 내게 넉넉한 것으로 그들에게 모자라는 것을 도와주고 그들의 넉넉한 것을 취해서 나의 부족한 것을 보충하려는 것이다.(서유견문, 363-364)

유길준은 '통상(通商)'을 개인 간의 상거래가 아니라 정부가 상대 정부를 설득해 맺는, 나라 간 문명의 전파로 이해하고 있다. 또한 "각국에서 통상하는 본래 의도는 인간의 대도를 세우고 대의를 맺으려 하는 데 있다"(서유견문, 363)라며 통상을 도의적인 시각에서도 바라본다. 전쟁과 달리 나라 사이에서 평화적으로 이루어지는 교류라면 그렇게 이해될 수 있을 것이다.

그러나 도의적인 교류라고 하더라도, 앞의 인용문에서 보듯이 기본적으로는 전쟁을 대신해서 "승부를 결판내어 이해를 다투"는 자국의 이익 추구 행위이다. 이러한 통상의 목적을 수행하면서 어떻게 도의적인 방식에 의할 것인가? 도덕적인 이익 추구는 어떻게 이루어지는가? 우선 유길준은 상업의 도덕성에 대해 다음과 같이 말한다.

> 어떤 일로 이익을 얻는 길을 따르는지에 관해서는, 그 도리와 행실이 정대한가 아닌가를 따지고 그 일의 귀천을 묻지 않는 것이 옳다. 사람 일에 귀천이 있는 것이 아니고 그 이익을 취하는 행실에 귀천

이 있으니, 옛 성인이 '인의는 진실로 이롭게 하는 것이라'[48]고 했다.(서유견문, 360)

이 인용문은 상인을 예전처럼 천하게 여기면 안 된다고 주장하기 위한 것이지만, 상업과 도덕을 연결하는 유길준의 논리 역시 엿볼 수 있다. 이미 유길준은 상업이 나라를 부유하게 하고 백성들을 편리하게 하는 당당한 생업이라고 인정했다. 즉 상업의 실질이 이윤을 내는 활동임을 인정한 것이다. 이윤을 내는 활동은 어떻게 도덕성을 확보해야 하는가? "이익을 취하는 행실에 귀천이 있으"므로, 귀한 행실로 이익을 취하면 '인의'라는 가치를 성취할 것이라고 유길준은 말한다. 이익을 취하는 행위 자체가 아니라 취하는 방법이 도덕적 여부를 가른다는 것이다.

그렇다면 '귀한 행실'이란 어떤 것일까? "정대한" "도리와 행실"이란 어떤 것일까? 유길준은 인민의 생계를 책임지는 '대도'의 생업인 상업에 흠집을 내는 일들에 대해, "시대가 내려올수록 인심이 각박해서 이익 취하기를 주로 삼고 인생의 신의를 돌아보지 않는 자가 간혹 없지 않았다"(서유견문, 360)라고 하거나, "단속하는 규제가 없고 이익만 추구하려는 욕심을 내버려둔다면 반드시 뜻밖의 분란이 일어날 것"(서유견문, 363)이라고 경고하기도 한다. 즉 이익보다 '신의', '규제' 등이 더 중요한 것으로 언급된다.

---

48 출전은 다음이다. 『資治通鑑』, 「周紀二」, '顯王三十三年': "子思孟子之言, 一也. 夫唯仁者爲知仁義之利, 不仁者不知也. 故孟子對梁王直以仁義而不及利者, 所與言之人異故也."

> 이익이 있는 곳에 인민이 움직이기를, 물불[水火]도 피하지 않고 남보다 앞서 남의 것을 빼앗으려 서로 싸운다. 정부가 진실로 그 본성을 따르고 광명한 도리와 바르고 곧은 제도로 인도하면, 벌레처럼 어리석은 인민이라도 감히 간사한 행실을 방자하게 할 수 없을 것이다.(서유견문, 362-363)

상업은 이익을 다투는 영역임을 인정하면서도, 이익을 다투는 인민의 마음이 분란의 원인이라고 생각하는 것이다. 인민은 어리석고 이기심을 위해 남의 것을 빼앗는 것도 꺼리지 않는 존재이니, 그런 인민을 아무런 규제 없이 풀어 놓으면 분란이 일어나리라 염려한다.

유학의 윤리체계에서 윤리적 가치 평가의 대상은 행위자의 마음이다. 이기적인 욕망을 지우고 공적인 마음을 확립해 그 마음을 일상적인 행위의 주체로 만드는 것이 유학이 제시하는 윤리적 실천이다. 그 가치들은 인의예지라는 덕으로 불린다. 유길준이 도덕적인 상업을 하라고 할 때 염두에 둔 것은 덕에 의해 상업을 실행하라는 요구였다. 즉 그 상업은 이익을 좇는 마음에 의한 것이 아니었다. 이익을 좇는 마음은 여전히 이기적이어서 부도덕한 일로 부정되고, 공적인 것을 추구하는 마음으로 임해야 상업이 비로소 정당한 생업으로 인정됨과 동시에 도덕적인 가치를 실현하는 일로 편입되는 것이다.

유길준은 실제로 상인에게 덕을 요구했다. 앞에서 "상인의 업을 자기 한 사람의 사사로운 일로 보지 말고, 전국의 공공의 뿌리의 관계로 생각해야 한다"라고 하는 문장을 인용했다. 이 문장의 바로 뒤에 그는 상인의 직분 수행을 위해서는 '믿음[信]', '올바름[義]', '지혜

[智]'가 필요하다고 말한다.[49] 그런데 상인이 갖춰야 할 덕목은 여기에 그치지 않는다.

> 상인의 일은 염치의 절개로 그 몸과 이름을 아끼고, 성실하고 돈독한 의기로 그 국가를 존중한 이후에야 할 수 있다. 대개 이익이 있는 곳은 사람의 마음이 쏠려 그 잘못을 깨닫지 못하고 그 악을 돌아보지 않게 되면 물에 젖고 불에 마르는 것과 같아서, 염치와 의기로 이를 절제하지 않으면 금하는 도리가 서지 않을 것이다. 조심하고 경계하여 평생 잃지 않는 것, 상인의 도에서 이보다 큰 것은 없다.(서유견문, 369)

믿음, 올바름, 지혜에 덧붙여 이 인용문에서 언급하는 염치, 절개, 성실함[忠], 돈독함[篤]을 갖춘 사람이라면, 상인의 "공은 나라를 지키는 장수에 비견할 만하고 그 덕은 정치하는 재상과 동급"(서유견문, 370)이라고 한 그 말 그대로일 것이다. 상인이 갖춰야 할 것으로 언급된 이 덕목들은 실상 성인이 되기를 희구하는 유학자 일반이 갖춰야 할 덕이다. 유길준에 의하면 상인은 자신의 이익이 늘어나는 기쁨을 원동력으로 삼아 직무에 임하는 것이 아니라, 재상이나 장수처럼 나라를 윤택하게 하고 튼튼하게 해야 한다는 공적인 마음가짐으로 임해야 한다. 그들을 그렇게 행동하도록 추동하는 것은 재상의 경우가 그러하듯이 내면의 덕이다. 상인은 재상과 같은 덕을 가지고 장수가

---

49 유길준, 『서유견문』, 367쪽 참조.

세우는 공에 필적하는 공을 나라를 위해 세우는 사람이다. 유길준은 쐐기를 박듯이 다음과 같이 말한다.

> 잠시의 임기응변[權變]으로 약간의 작은 이익을 탐하여 장구한 경륜을 돌아보지 않으면 상인의 본의를 붕괴시킬 따름에 그치지 않고, 나라의 영예를 손상하는 죄명을 면하지 못할 것이다.(서유견문, 365)

상인은 재상에 뒤지지 않는 덕을 갖춰야 한다. 나라를 사랑해 작은 이익에 연연하지 않을 수 있는 것은 그러한 덕이 있기 때문일 것이다. 개인의 이익을 도모하지 않더라도 장수에 못지않은 성과를 낼 수 있는 이유는 그러한 덕이 있기 때문이다. 유길준이 말하는 덕이란 유학적 사대부들의 덕이고, 그 덕은 공적인 것을 기준으로 자신의 마음이 움직이도록 스스로를 수양함으로써 얻어진다. 그러한 덕을 가진 상인은 장구한 경륜을 염두에 두고 나라의 영예를 위해 상업 활동을 할 것이라 기대된다. 그러므로 나라의 입장에서는 앞에서 인용했듯이 "광명한 도리와 바르고 곧은 제도"가 없으면 "간사한 행실을 방자하게 할" "벌레처럼 어리석은 인민"(서유견문, 362-363)이 아니라, 스스로의 덕에 의해 자율적으로 공공심을 발휘할 선비가 상인의 업을 맡아야 한다.

자유주의적 전망에 의하면 개인의 이기심은 의도하지 않았지만 결과적으로 사회의 부를 가져온다. 자신의 이기심을 충족시키려는 데서 발생하는 경쟁은 결과적으로 사회의 번영을 촉진한다. 그러나 유길준의 상업은 경쟁심이 아니라 '믿음', '올바름', '염치', '의기' 등의 덕에 의해 수행되어야 하는 것이다.

이기심이 인정되지 않는다면, 이기심에 의해 추동되는 경쟁 역시 인정될 수 없을까? 유길준은 경쟁에 대해서는 어떻게 생각할까? 사적인 이익 추구가 아니라 애국심과 덕에 의해 상인의 일을 수행한다는 유길준의 구상에서, 경쟁은 어떠한 작용을 할까? 유길준은 다음과 같이 말한다.

> 가족관계에서는 몸은 힘들어도 괴롭지 않고 물건을 사용하는 것도 꺼리지 않는다. 그러나 그 집에서 나와 세상 사람들과 교류하는 도를 행하기에 이르면 그렇지 않아서, 각자 자기의 직분에 힘쓰며 자기의 호오를 따라 자기의 뜻을 이루려고 앞을 다툰다. 이는 세상 사람들이 서로 다투어 서로 힘쓰는[相競相勵] 일이다. 인간의 아름다움과 이로움의 공익[美利公益]이 이 도에 의해 성취되고 천하의 현실 상황이 이 도에 의해 보존된다. 만약 세상에 경려(競勵)하는 인정(人情)이 없다면, 그 마음과 그 힘을 써서 공명을 구하는 사람의 그림자가 끊어질 것이다.(서유견문, 130)

유길준의 용어 '다투어 힘씀', 즉 '경려(競勵)'는 현재 '경쟁'으로 사용되는 용어의 번역어일 것이다. "자기의 호오를 따라 자기의 뜻을 이루려고 앞을 다툰다"라고 경쟁의 의미를 담으면서도, '다투어 힘씀'의 방점은 '힘씀'에 있다. 즉 '경려'는 남보다 열심히 노력한다는 의미이다. 게다가 다투어 힘쓰는 대상은 "아름다움과 이로움의 공익"이니, 이처럼 '경려'를 유보 없이 호평하는 것이 이해된다. 즉 유길준에게 이기심에 기반한 경쟁은 염두에 없었다. 자유주의자들은 이기심과 경쟁심이 인간의 자연적 성격이라고 인정했지만, 그것 자체를 도덕적인 것으로 평가하지는 않았다. 인간의 자연적 본성을 그대로 발휘하게 하면 결과적으로 그것이 사회의 이익을 증진시킨다는 점에서 의미 있는 것으로 인정했을 뿐이다. 그러나 유길준에게 '경려'는 이기심에서 유래한 것이 아니다. '공익'을 위해 매진하는 마음과 상통하는 성실성에서 나온 것이다.

> 시대의 기풍이 점차 열리면 사람이 언행을 닦고 지식을 연마하여 국가의 법률을 개정하고 민생의 권리를 보호한다. 그러므로 경려(競勵)하는 풍습도 이에 따라 변한다. 자기의 이익 추구를 구하는 자는 타인의 이익 추구 역시 이루게 하고 자기의 행복을 추구하는 자는 타인의 행복 역시 추구한다. 자신의 힘으로 타인의 물건을 탐하는 나쁜 풍습이 드디어 끊어진다. 근세의 증기기관과 기선, 방적기계, 여러 가지 새로운 기계를 만든 대가들은 그 도에 의해 명성과 이익이 만국에 떨쳐 함께했고, 천하에 큰 이익을 일으켰다.(서유견문, 131-132)

힘으로 남의 물건을 약탈하는 나쁜 습관에서 상호 이익을 위하는 상업으로의 진행은 근대 유럽이 평가하는 상업의 의미이다. 상업의 성행과 함께 등장한 증기기관이나 방적기계 등도 자유로운 경쟁이 낳은 긍정적인 효과이다. 그러나 그것이 "천하에 큰 이익을 일으킬" 의도로 시작됐는지는 알 수 없다. 의도와 관계없이 확대된 이익이라는 좋은 결과를 가져오는 그것이 근대 유럽인들에게는 진보로 평가되었을 뿐이다. 그런데 유길준은 그처럼 이익이 확대된 것은 "시대의 기풍이 점차 열려", 이기심만 충족시키려는 "나쁜 풍습"이 끊어진 결과라고 생각한다. "자신의 이익 추구를 구하는 자는 타인의 이익 추구 역시 이루게" 한다는 말은 "자신이 서고자 하면 남도 서게 하고 자신이 달성하고자 하면 남도 달성하게 하라"라는 맹자의 말을 상기시킨다. 맹자에 의하면 이것은 '인(仁)'의 덕이다. 유길준은 개화에 의해 이기심을 넘어 덕이 진보한다고 기대한다. 즉 그에게 개화란 덕의 진보이기도 한 셈이다. 개화란 지극한 아름다움에 가까워지는 일이고, 성리학적 세계관에서 그 실천의 열쇠는 사람의 마음, 즉 덕의 함양에 있다. 그러므로 덕의 진보는 개화 가운데서도 중요한 영역일 것이다.

다투어 노력하는 일이 세상의 아름다움을 이루고 공공의 이익을 위한 것이라면, 이는 근대 유럽이 추구하고자 하는 시장 경제의 일이 아니라, 도덕적으로 성장해 화합하는 삶을 꿈꾸던 유학적 사회의 일이다. 이러한 경려의 상태가 개화에 의해 이루어진 것이라고 하니, 유학적 사회는 확실히 진작부터 문명을 성취해 왔던 것이다. 유길준은 "각각 부귀영달"을 다투면서도 그 폐단이 없는 것은 모두 "세계 공동(公同)의 이익을 추구하여 서로 의지하는 대도(大道)를 지키기 때문"(서유견문, 132)이라고 분명하게 말한다.

그는 경쟁, 즉 경려가 나아가는 길은 '선'이라고 강하게 주장한다.

> 경려(競勵)라는 것은 말로 싸우며 비난하는 어지러운 다툼[紛競]이 아니라, 선으로 나아가려 노력하여 힘쓰는 것[勉勵]을 말한다. 경려하는 도를 잘 사용하면 인간 세상에 큰 복을 이루고 경려하는 도를 잘못 사용하면 인간 세상의 큰 화를 부르니, 좌우의 취사가 인간 세상 화복의 축[樞]이다.(서유견문, 134)

이러한 경려는 상인들만의 일이 아니다. "선으로 나아가려 노력하여 힘쓰는" 일은 유가적 사회 안 모든 사람의 일이다. 유길준의 세계에서 개인의 이익 추구가 긍정적인 것이 아니었듯이, 개인 간의 이익 추구를 동력으로 하는 경쟁 역시 긍정적인 것이 아니었다. 그 대신 "인간 세상"의 "큰 복"을 추구하는 '경려'가 강조된다.

유가적 세계관에서 평가하는 덕은 사적인 욕망을 억누르고 종국에는 천하와 자신을 동일시해 마음에서부터 천하를 위해 헌신하는 마음의 능력이다. 그러한 덕을 가진 상인이 있다면 그 상인은 시대가 상인을 필요로 해서 상인의 길로 나섰을 뿐으로, 재상이 되어도 손색이 없는 사람일 것이다.

6. 변화는 어디에서 오는가: 상인의 선비화

지금까지 『서유견문』에 한정해서 유길준의 의식을 윤리와 관련해 살펴보았다. 유길준은 당시 조선에서 누구보다 일찍 세상의 변화를 인지하고 그 변화에 대처할 방법을 모색했지만, 동시에 흠잡을 데 없는 유학자였다고 생각된다.

유학자로서 유길준은 세상을 바꿀 수 있는 정당한 힘은 정치적 권력이라고 생각했다. 유학적 세계관에서 정치적 권력의 행사를 뒷받침하는 것은 정치가의 도덕성이다. 이 세계에서 정치는 도덕적 엘리트들의 몫이다. 군주가 도덕적이지 않더라도 군주를 보좌하고 견제하는 정치 엘리트들이 개인의 이기심을 버리고 공적인 이익에 스스로를 헌신하리라 기대된다. 유학적 엘리트들에게 정치 참여란 자신의 도덕성을 실현하는 일이므로 그 행위는 윤리적 성취의 연장선

위에서 이루어졌다. 유길준 역시 기회가 주어지면 마다하지 않고 정치를 통한 개혁에 참여했다. 오랜 일본 망명 생활(1896. 2.-1907. 8.)을 끝내고 귀국하자마자 재야에서나마 자신의 믿음을 실천하고자 노력한 것[50] 역시 사회에 기여하는 일을 자신의 존재 의미로 여기는 유학자적 정신에서 나왔으리라 짐작한다.

유학자들에게 "수신·제가·치국·평천하"란 자신의 도덕적 능력이 감당할 수 있는 범위가 커지는 도덕적 성장의 과정이며, 수신과 치국 사이에 질적인 차이가 있는 것이 아니었다. 가정생활을 포함해 모든 사회적 활동은 도덕성의 발현이 되어야 했다. 유학자들에게 도덕성이란 자신이 처한 자리에서 전체를 위해 헌신하는 것이다. 즉 사회 안에서 주어진 직분을 다하는 것이 개인이 리를 실현하는 방법이었다. 그러므로 그 안에서는 기본적으로 공과 사가 구분되지 않는다. 굳이 공과 사로 표현한다면, 공적 영역으로 귀속되지 않는 사적 영역은 없었다. 개인의 역량은 그의 활동 범위와 영향력이 어느 정도 범위의 공적 영역에 미치는가에 달려 있다고 할 수 있다. 평민의 경우에는 자기 한 몸 건사하기, 좀 더 나아가 자기 가족 건사하기 정도만을 사회적 의무로 기대한다. 그러한 사회에서 종래 상인은 최소한의 생산도 없이 다른 사람의 생산 활동의 결실을 갈취하는 사람으로 취급되었다. 반면 유학자는 직접 생산에 종사하지 않더라도 사회를 윤리적으로 감화하고 이끄는 역할로서 사회에서 가장 중요한 일을 담당한다고 인정되었다. 그러한 유학자가 상업에 종사한다는 것은 생

---

50 일본에서 귀국한 1907년 이후 유길준의 사상과 활동에 관해서는 윤병희, 『兪吉濬硏究』, 국학자료원, 1998 참조.

각할 수 없는 일이었다.[51]

유길준이 꾀하고자 했던 변화란 그 유교국가의 윤리-정치체제하에서 어떻게 효율적으로 '부강'을 달성하는가 하는 것이었다. 그가 생각해 낸 것은 과거에 천시되었던 상업의 역할을 인정하는 변화였다. 그는 상업을 공적인 부에 기여하는 것으로 평가하며 상인 역시 개인적인 이익이 아니라 나라의 부에 기여해야 한다고 주장했다. 이것이 그에게 정당한 생업이 갖는 의미였다. 그 일에 종사할 상인은 공적인 일에 헌신할 수 있는 덕을 갖춰야 했다. 그러므로 유길준에게 그럴 기회가 있었다면 그는 덕, 특히 유학적 덕을 갖춘 상인을 육성했을 것이다. 나라의 부강을 위한 그의 기획은 '선비의 상인화'라고 부를 만한 것이었다. 즉 상인이 되기 전에 정당한 윤리정치의 주체로서 선비가 되는 것이었다.

이제 상인은 국가를 위해 이익을 추구해야 하는 중요한 업무를 부여받았다. 이전 시대 전쟁의 역할을 대신하는 것이므로, 상인은 장수가 나라를 위해 전쟁에 임했듯이 공무인 상업에 종사해야 한다. 개인의 이익을 추구하겠다는 사심을 버리고 공무로서의 상업에 종사하기 위해서는 내면의 덕을 갖춰야 한다. 유길준이 꾀한 변화란 기존의 공무 영역을 상업에까지 내어 준 정도라고 하겠다.

『서유견문』은 일본 유학 시절부터 구상되어, 미국에서 귀국한 직후 시작된 가택연금 기간에 주로 집필된 책이다. 유길준은 이후 정치적으로 순탄치 않은 여생을 보내지만, 그의 기본적인 세계관이 변화

51 조선 시대에 유학자가 상인이 될 수 없었음은 이헌창, 「경제: 유학 경제사상의 체계적 정립을 위한 시론」, 237쪽 참조.

한 흔적은 없다.

유길준은 갑신정변을 주도했던 개화당의 일원이라는 혐의로[52] 1885년부터 1892년에 걸쳐 약 7년간 가택연금 생활을 했다. 그사이 한반도는 위안스카이(袁世凱, 1859-1916)의 상주가 상징적으로 말해주듯 청의 세력권하에 있었다. 갑신정변의 주도 세력은 일본의 문명화에 영향을 받고 그 방향의 문명화를 추진하던 사람들이었다. 유길준의 연금 생활이 끝났다는 것은 친일본적 근대화 세력이 다시 기지개를 켜기 시작했다는 것을 의미했다.[53] 일본의 승리로 끝난 청일전쟁을 계기로 일본은 조선에서의 개혁에 주도적으로 참여한다. 갑오개혁은 일본의 영향하에 있던 개신파가 주도한 개혁이다. 김홍집이 수장이 된 내각에서 유길준은 정책 입안자로서 중요한 역할을 했다. 그러나 일본의 개입하에 근대화를 추진하던 김홍집 내각은 1896년 아관파천으로 막을 내리고, 유길준은 일본으로 망명한다. 그 후 줄곧 일본에 머물다가 1907년 8월 서울로 돌아왔다.

그 이듬해인 1908년 유길준은 '수신 교과서'의 일환으로 노동의 중요성을 가르치고자 『노동야학독본』을 간행했다.[54] 노동자를 대상으로 노동의 중요함을 일깨우고자 한 책이었다. 공장 노동자의 등장 역시 상업과 마찬가지로 근대의 달라진 산업을 반영한다. 그러나 노동의 중요성을 설파하는 유길준의 세계관과 윤리의식은 『서유견문』 때와 다르지 않았다. 즉 유학적 국가의 틀을 유지하면서 문명화를 기

---

52 이에 대해서는 유영익, 『甲午更張硏究』, 일조각, 1990, 88-133쪽, 「제3장 갑오경장 이전의 유길준」 참조.

53 같은 책, 88-133쪽 참조.

54 유길준 지음, 조윤정 옮김, 『노동야학독본』, 경진, 2012 참조.

획하는 것이었다.

그는 이 책에서 "부강하고자 해도 노동을 잘해야 하고 문명하려 해도 노동을 잘해야 한다"(22과)라며 노동이 중요한 이유를 설파한다. 즉 노동이 중요한 이유는 그것이 부국강병에 기여하고 문명에 기여하기 때문이다. 물건을 대량으로 제조하는 공업은 만든 물건을 유통하는 상업과 함께 부를 창출하는 근대의 산업으로 등장했다. 이와 동시에 유길준은 다음과 같은 사실도 잊지 않아야 한다고 강조한다.

> 우리가 노동은 하지만은 우리도 대한제국의 백성이니 백성 되는 의무는 힘써야 할 것이며 대황제 폐하의 신하이니 신하 되는 충성은 다해야 할지니 그 도리는 다름 아니라 우리 하는 노릇을 잘하기에 있다 합니다.[55]

그에게 문명의 의미는 부국강병이었고, 부국강병을 위해 노동에 전력하는 노동자는 나라를 위하는 심성으로 황제에게 충성하리라 기대한 것이다. 상업이 그랬듯이 노동도 그에게는 사적인 활동이 아니었다. 그렇기 때문에 상업을 공적인 일의 부류에 넣음으로써 그 중요성을 드러낸 것이었다. 노동의 중요성은 어떻게 평가될까?

그는 맹자처럼 노심자(勞心者) 즉 정신노동자와 노력자(勞力者) 즉 육체노동자를 구별하며, 노심자가 노력자보다 귀하다는 것을 부정하지 않는다. 즉 노동은 '노력자'의 일로, 마음을 쓰는 선비들과는 다른

---

55 같은 책, 30과 「연설에 대하는 답사」.

차원의 일을 하는 사람이라고 분류한다.[56] 그 점에서 그가 상인을 마음을 쓰는 선비의 반열로 올려 준 것은 파격이라 할 만하다. 상인은 외국과의 무역에도 종사해야 하는 만큼, 외교의 일도 겸한다고 판단한 것이 중요한 이유일 것이다.

국권상실을 눈앞에 두고 느낀 무기력 때문인지, 물질문명이 힘의 원천처럼 여겨지던 세태 때문인지, 그는 더욱 도덕을 중요한 것으로 강조한다. "나라의 부강도 도덕으로 하지 않으면 문명이 참 문명이 아니다"[57]라며, "경쟁한다고 공경하는 예와 사랑하는 덕을 돌아보지 않으면 나라가 도리어 위태하니 힘써야 한다"[58]라고 '도덕'을 노골적으로 강조한다.

그가 운위하는 '도덕'이란 실제로는 '이기적이지 않은 것' 정도로 해석된다. 구체적인 지침은 그 정도일 것이다. 상인 노릇을 해도 개인의 이익을 탐하지 말고, 노동을 해도 개인을 위해서가 아니라 부국강병을 위해서 하라는 말을 하고 싶었을 것이다.

유길준의 세계에서 지고선은 기본적으로 흔들리지 않는다. 이때 지고선이란 각자의 자리에서 자신의 분수를 지킴으로써 '리'를 실현하는 것이다. 유길준은 변화하는 현실을 그 지고선의 계열 안에서 배치하고자 애썼다. 이상과 현실을 나눠서 세상을 설명함으로써 현실의 부정의함과 불공평함을 유보하는 방식으로 도덕적 면죄부를 얻었다. 이를 통해 대내적으로 불평등을 주장하는 입장에서는 도덕적인

---

56 같은 책, 24과 「노동연설 1」 참조.
57 같은 책, 33과 「도덕」.
58 같은 책, 47과 「경쟁」.

면죄부를 얻고, 대외적으로 불평등을 강요당하는 입장에서는 그 희생의 대가로 도덕적이라는 평가를 얻을 수 있었다.

그런데 그 '리'의 세계에도 변화가 없는 것은 아니었다. 유길준은 여러 정치체제 가운데 '군민공치', 즉 입헌군주제를 가장 바람직한 것으로 평가했다. 바람직하나 조선의 상황과 맞지 않기 때문에 당장 실현할 수 없는 것으로 처리했으니, 입헌군주제가 '리'의 영역이라고 할 수 있다. '개화'를 이상으로 설정함으로써 현실에서는 변화를 위한 실천을 유보할 수 있었지만, 유럽의 개화가 보여 준 여러 가치에 대해 그가 긍정적인 평가를 했다는 것은 분명하다. 입헌군주제 외에도 자유와 권리, 군주가 인민의 권리를 대행한다는 생각 등 역시 가치로 받아들인 것이다. 당장의 실천을 유발하지는 않았더라도 '리'의 세계에 변화가 일어난 것으로 볼 수 있다. 지고선을 추구하는 정신이 있기에 가능한 평가였을 것이다. 그것들을 가치로 평가한 그 변화가 그 가치의 실현을 가져오는 시작이 되었으리라.

현재의 한국은 유럽이나 북미에 뒤지지 않는 시장 우선주의 사회이다. 주권재민의 민주공화국은 진즉에 이룩했다. 현재의 한국인은 이익 추구를 윤리와 연결하고 있는가? 즉 사적인 이익 추구를 당당한 활동으로 생각하며, 그 위에서 윤리적인 기준을 세우고 있는가? 언제를 기점으로, 어떤 경험을 계기로 개인의 이익 추구를 윤리적으로 정당화하게 되었을까?

유길준이 제안하는 대로 전체의 부를 가치로 여기며 상업과 노동에 종사하는 사회도 가능할 것이다. 사회 구성원이 그러한 사회를 바람직하다고 여긴다면 자연스럽게 그렇게 될 것이다. 그러나 우리 사회의 가치관이 그런 것이라는 징후는 없다.

우리는 어떤 윤리관을 지닌 채 살고 있을까? 우리는 어떤 가치를 추구하는 사람으로 자신을 이해하고 있을까? 혹 유길준이 그랬듯이 개인적인 이윤 추구는 윤리적인 행위가 아니라는 생각을 여전히 갖고 있을까? 그렇기 때문에 현실과 거리가 있는 가치를 장식품처럼 전시해 두고, 실생활에서는 그 장식품과 상관없이 살고 있는 것은 아닐까? 실제 생활에서 추구하는 가치와 윤리의식이 여전히 유길준의 경우처럼 유리되어 있지는 않을까?

상업은 인정하되 개인의 이익 추구는 비윤리적인 것으로 받아들인 유길준의 평가는 그 뒤에 어떤 흔적으로 남아 있을까? 유학적 세계관하에서 지고선은 여전히 현실의 부조리를 유보하는 데에 대한 면죄부 역할을 하고 있을까?

제3장

박은식의 새로운 지고선 찾기*

*이 장은 필자가 『철학사상』 58(2015)에 발표한 「박은식의 사상전변: 생존과 자존 모색의 도정」과 다른 각도에서 서술했으나, 박은식 사상의 역사적 전개를 서술하는 데 흐름이 중복되는 부분이 있음을 밝혀 둔다.

1. 문제 제기: 민족주의를 넘어서

유럽의 근대화는 선의 원천에 심각한 문제를 일으킨 사건이기도 하다. 근대 이전에는 기독교의 신이 도덕의 원천으로서 건재했지만, 근대인들은 인간의 목표와 행복을 스스로 정의할 수 있는 자유를 원했다. 이들은 확실한 지식을 추구하면서 지식으로부터 가치를 배제해 갔다. 그리하여 유럽의 근대인들은 지고선의 존재도 인정하지 않고 선의 질적 구분도 거부하게 되었다.

스스로를 선한 존재로 자처하는 것이 인간의 변하지 않는 성향이라면, 근대 유럽인 역시 스스로 인정하지 않았을 뿐 지고선의 존재를 은연중에 전제하지 않을 수 없었을 것이다. 근대 공리주의자나 자연주의자들 역시 지고선의 존재를 전제하지 않을 수 없었으나, 자신들의 도덕적 태도 뒤에 있는 가정을 인정하려 하지 않았을 뿐이라고 찰스 테일러는 주장한다.[1] 찰스 테일러의 주장에 따른다면 의지와 현실의 불협화음은 피할 수 없다. 그 불협화음은 끝내 해소되지 못한 채 존속할 수도 있으나, 그 불협화음이 끝내 영원히 감지되지 않은 채

잠복할 수는 없다.

유길준은 상업이라는 새로운 실천 양식이 자신의 지고선과 불협화음을 일으킨다는 사실을 인지하지 못했고, 그 갈등이 본격적으로 불거지는 것을 경험할 기회가 없었다. 그러나 이 장에서 다루려는 박은식(朴殷植, 1859-1925)은 그 갈등이 불거지는 정점에서 살아야 했다.

박은식은 경제적 성장을 의미하는 '식산(殖産)'을 구국 '운동'의 핵심으로 삼는 것으로 본격적인 사회 활동을 시작했다. '식산'은 실질적으로 유길준의 상업과 맥이 통하는 경제 활성화 운동이었다. 1859년생인 박은식은 1856년생인 유길준과 나이 차이는 얼마 안 나지만, 유길준이 사망한 1914년 이후 10여 년을 더 살았다. 국권을 상실한 뒤 25년의 시간을 더 살았던 그는 경제 운동이 자신의 도덕의식과 병립할 수 없다는 것을 인정해야 했고, 기존의 유학이 제공한 지고선이 흔들리는 것을 경험해야 했다. 그로 인해 국권의 상실이 주는 것과는 다른 차원의 고통을 겪었다.

지고선은 시대에 따라 교체된다. "기독교의 전통적인 구원의 역사든, 인류의 진보든, 다가오는 혁명이든, 평화로운 세계의 건설이든, 아니면 민족 문화의 회복 또는 지속이든",[2] 동기나 행위를 보다 고차원적인 것으로 만드는 도덕의 원천은 장소와 시대에 따라 변하지 않을 수 없다. 현대의 한국인 역시 100년 전, 200년 전의 사람들과는 분명 다른 지고선을 품고 있을 것이다.

---

1 근대 유럽인들이 이 문제를 어떻게 풀어 가는지는 찰스 테일러, 『자아의 원천들』, 717-732쪽 참조.

2 같은 책, 205쪽.

100년 전 노도처럼 밀려들어 온 근대 유럽 문명을 어떤 방식으로 어떤 수준에서 받아들여야 하는지 정리도 하기 전에, 대한제국은 일본에 국권을 빼앗겼다. 일본은 아시아의 그 누구보다도 신속히 유럽 문명을 받아들이고 국력을 정비했다. 대한제국이 국권을 회복하는 길은 군사적으로, 경제적으로 실력을 갖추는 것뿐이었다. 그런데 그 시간이 힘들었던 것은 군사적, 경제적으로 실력을 갖추는 현실이 험난했기 때문만이 아니었다.

국권이 위협받는 상황에서 무기력한 정부를 보다 못한 박은식은 스스로 구국을 위해 나섰다. 그러나 결국 국권이 강탈당하는 것을 목도하고 이국으로 피신해 독립운동을 계속하다가 타국에서 죽었다. 박은식은 국권회복을 위한 일의 물리적 고단함뿐만 아니라, 자신의 행위를 선한 것으로 만들어 주는 지고선의 흔들림 때문에도 괴로워했다. 그는 근대 유럽 문명을 새로운 세계질서로 인정하면서 기존의 윤리의식이 지속될 수 없음을 통감해야 했다. 나아가 근대 유럽 문명이 선을 추구하는 존재로서 자존감을 갖게 해주는 지고선이 아니라는 것을 깨달아야 했다. 그는 국권회복을 위해 분투하는 한편 지속적으로 새로운 지고선을 찾기 위해 애썼다. 지고선을 찾고자 한 박은식의 행보를 보면, 자아를 의식하고 자아 존중감을 갖고 살려는 사람에게 지고선의 존재는 불가결하다는 타일러의 주장을 수긍하게 된다.

박은식은 민족주의 역사관과 그에 바탕을 둔 독립운동의 실천가로서 명성이 높다.[3] 또한 '근대적'인 정치가이자 역사학자로 칭송되

---

3 박은식을 애국계몽사상가, 독립투사, 근대 국사학을 창시한 대사상가로 자리매김시키며 사회사상의 관점에서 그의 일생의 행적을 다룬 신용하의 『朴殷植의 社會思想硏

는 한편, '개신 유학자'로 평가되기도 한다.[4] 근대적 학자와 개신 유학자라는 서로 양립할 것 같지 않은 이러한 평가들이[5] 공존하는 가장 큰 이유는 급변하는 조선-한국의 정세 속에서 박은식이 변화하는 현실을 인지하면서 타개책을 찾기 위한 노력을 멈추지 않았기 때문일 것이다. 그러므로 이 시기 박은식과 같은 지식인을 다루는 가장 적절한 방법은 사적인 변화 과정을 검토하는 것이다.

이 글은 박은식의 사상적 변천을 따라가면서, 민족주의나 근대의 학습보다 그가 추구했던 더 큰 가치에 주목한다.[6] 박은식은 누구보다 열정적으로 상황을 진단하고 조선이 처한 궁지를 돌파하기 위해 끊임없이 움직였다. 그러한 실천 속에서 그가 자신을 도덕적으로 규정하기 위해 지고선을 찾아 헤맨 여정을 조명한다.

究』(서울대학교출판부, 1982), 특히 독립운동 기간을 다룬 조규태의 『獨立運動思想 研究: 朴殷植의 生涯와 思想』(국가보훈처 보훈연수원, 1998) 등이 박은식에 대한 평가를 대변하는 대표적인 연구라 할 수 있다.

4 박은식의 근대성을 조명한 연구로는 우남숙, 「박은식의 자강사상연구」, 『역사와 사회』 8, 1992; 우남숙, 「愛國啓蒙運動의 철학적 기반: 박은식과 장지연을 중심으로」, 『동양철학연구』 22, 2000를 들 수 있고, 유교구신론자로 평가하는 논문으로는 김기승, 「白巖 朴殷植의 思想的 變遷過程: 대동사상을 중심으로」, 『역사학보』 114, 1987; 박정심, 「박은식의 근대적 대동사상에 관한 연구」, 『양명학』 10, 2003를 들 수 있다.

5 안외순, 「백암 박은식의 '유교구신론'과 세계화시대 대안적 민주주의의 일 모색」, 『동양고전연구』 31, 2008은 박은식을 "'전통유교적 방법'으로 '한국의 근대'를 쟁취하고자 한 그룹"에 넣음으로써 근대와 유학의 대립을 허문다.

6 박은식의 사상 변천을 다룬 다음의 선행연구도 있다. 김기승, 「백암 박은식의 사상적 변천과정」, 『역사학보』 114, 1987; 김도형, 「1910년대 박은식의 사상 변화와 역사인식: 새로 발굴된 자료를 중심으로」, 『동방학지』 114, 2001.

2. 유학과 신학문

철종 10년인 1859년, 박은식은 황해도의 한미한 집안에서 태어났다. 그 시대의 여느 청년과 다를 바 없이 박은식은 과거 시험을 염두에 두고 유교 경전을 읽는 것으로 교육 이력의 첫발을 떼었다. 좀 늦은 나이인 열 살에 아버지가 훈장을 하는 서당에서 사서삼경을 배우기 시작했는데, 시대가 시대이니만큼 곧 과거 공부에 회의를 느꼈다. 심상치 않은 시대의 변화를 이해하고 대비할 수 있는 길을 알려 줄 스승을 찾아 황해도의 선비들과 교유하기도 했으며, 이윽고 전국을 답사하며 학문의 편력 생활을 이어 갔다. 어머니의 바람에 따라 향시에 응시해 관직 생활을 하기도 했으나 그리 길지는 않았다.[7]

한동안 정처 없는 생활을 하다가 1910년 마흔 살이 넘은 나이에 나라의 운명에 적극적으로 관심을 표명하며 글 모음집 『겸곡문고(謙谷文稿)』를 공간했다. 『겸곡문고』에는 「흥학설(興學說)」, 「종교설(宗教說)」, 「황실학교사의(皇室學校私議)」, 「학계(學誡)」 등의 글이 실렸는데, 이 글들은 부분적으로 보완·수정되어 다시 1904년 간행된 『학규신론(學規新論)』으로 편입된다.[8]

---

7 1885년 스물일곱 살 때 향시에 응시해서 '특선'으로 뽑혔다. 1888년에 민영준의 추천으로 숭인전 참봉에 제수되었다. 이후 1894년 동학운동이 일어났을 때 강원도 원주로 이주했다. 김영호, 『朴殷植全書, 下』, 단국대학교출판부, 2014, 296-297쪽, 「年譜」 참조.

8 『학규신론』은 『겸곡문고』의 「흥학설」, 「종교론」, 「황실학교사의」, 「학계」 등을 보완하거나 내용적으로 연결된 글들로 이루어졌다. 이에 관해서는 김현우, 「『학규신론』에 나타난 박은식의 경학관 연구: 『논어』 인용 지문들의 해석을 중심으로」, 『민족문화』 43, 2014 참조.

「홍학설」에서 박은식은 나라의 부강이 학문에 달려 있다고 하면서 농학, 상업학, 군사학, 의학, 광물학, 철학, 화학, 법학, 공예학 등의 신학(新學)을 배워야 한다고 주장했다.[9] 『학규신론』은 그 제목부터 학문과 교육에 관한 새로운 논의임을 표방했다. '나라의 운명은 학문에 달려 있다[論國運關文學]'라는 소제목의 글에서는 각 나라의 예를 들며 세계 여러 나라의 부강과 성쇠가 학문에 의지함을 논하고, 「홍학설」에서 거론했던 신학의 효과에 대해 더 자세하게 이야기한다.[10] 「홍학설」에서 『학규신론』으로 이어지는 이 시기, 박은식은 철학과 화학 같은 기초학문뿐 아니라 법학, 상업학, 군사학, 의학, 공예학과 같은 응용학문까지를 새로운 학문 즉 신학으로 포괄하며 신학이 "부강"의 원천이므로 배워야 한다고 주장했다.

그런데 이렇게 새로운 학문을 배워야 한다고 주장하면서도 그가 새로운 것을 받아들이는 근본에는 유학이 단단하게 자리 잡고 있었다. 그가 "부자의 도[夫子之道]"[11]라고 일컫고 때로는 "종교(宗敎)"[12]라고도 일컬은 그것이었다. 그에게 유학적 가치가 건재하다는 것은 다음과 같이 표현된다.

> 우리 한국은 부자(夫子)를 종사로 섬겨, 삼강오륜이 나라의 벼리가 되고 육경사서가 오래도록 도통을 이어 오며 예의를 밝혀 풍속과 교

---

9 박은식, 「興學說」, 『謙谷文稿』; 백암박은식선생전집편찬위원회 편, 『白巖朴殷植全集』 제3권, 동방미디어, 2002, 352쪽 참조.

10 박은식, 『학규신론』; 『白巖朴殷植全集』 제3권, 478-479쪽.

11 같은 책, 489쪽.

12 '종교'는 '으뜸 되는 가르침'이라는 의미로 사용했을 것이다.

화를 바로 세운 지 오래되었다.[13]

박은식은 "삼강오륜"으로 대표되는 도덕질서와 그 도덕질서에 권위를 제공해 주는 경전을 흔들림 없이 존중하고 있었다. 유학은 개인과 개인, 개인과 사회가 관계 맺는 방식으로서 도덕을 전면에 내세운다. "수신·제가·치국·평천하"는 개인이 참여하는 단체의 규모가 점점 확장되는 것을 표현하는데, 확장의 동력은 곧 자신의 도덕성의 성장이다. 개인의 도덕성의 핵심은 인간관계를 적절하게 맺어 가는 능력이고, 이 도덕성이 성장한다는 것은 개인이 관계를 맺는 세계가 확대된다는 의미이다. 성리학의 집대성자인 주희는 "수기(修己)·치인(治人)"으로 이 관계의 메커니즘을 요약했다.[14] 자신의 도덕성을 근원으로 해 사회적 질서를 확립하겠다는 전망을 표현한 것이다.

박은식은 "자신의 본성을 실현하고 타인의 본성을 실현하며 사물의 본성을 실현한다"[15]라는 말로 자신의 포부를 피력하기도 했다. 이는 『중용』의 구절로서[16] 역시 '수기·치인'으로 요약될 수 있다. 조선 건국 이래 주류 학문이었으며 박은식이 당시까지 자신의 정신적 지주로 삼았던 성리학에 의하면, 개인의 본성 안에 우주의 질서가 내재되어 있다. 그 질서란 존재 사이의 올바른 관계로 구성된다. 자신의 선한 본성을 그대로 발휘해 타인과 적절한 관계를 맺는다는 것은 타

13 같은 책, 481쪽.

14 『大學』을 통해 그 틀을 제시했다.

15 박은식, 『학규신론』, 「論維持宗敎」; 『白巖朴殷植全集』 제3권, 478쪽: "盡己之性, 盡人之性, 盡物之性."

16 『中庸』: "能盡己之性, 能盡人之性, 能盡物之性."

인의 본성이 잘 발현되도록 인도하는 길이기도 하다. 가령 아버지로서 아들과 맺는 적절한 관계는 아들의 효를 발휘하면서 덕을 키우게 하는 길이며, 신하로서 군주와 맺는 적절한 관계는 군주의 의로움을 자극하고 성장시키는 길이 된다. 유학은 이런 방식으로 개개인의 도덕성이 존재 전체에 영향을 미치는 세상을 꿈꿨다.

농업이나 상업이 백성을 가난에서 구해 내고 인륜을 실천하며 인간답게 살도록 해주는 것이라면, 농업이나 상업을 잘 운영하는 것은 유학자가 할 일이 된다. 실학의 모토로 알려진 '정덕(正德)'·'이용후생(利用厚生)' 역시 주희의 '수기·치인'의 모토와 다르지 않다. 다만 '치인'의 내용을 '이용후생'이라는 보다 구체적인 말로 표현한 것일 뿐이다. 그러므로 새로운 이론이라 할지라도 그 이론이 목적으로 하는 바가 백성의 삶을 윤택하게 하도록 산업을 일으키는 것이라면, 이물감 없이 유학적 세계 안으로 포섭될 수 있었다.

그렇다면 '부강'을 학문의 목적으로 삼는 것은 어떠한가? 유학적 인륜 사회를 지키기 위해서 때로는 부강이 필요할 수도 있는데, 당시가 바로 그런 상황이었다. 부강이 인륜을 넘어서 제일원리가 되는 것이 아니라면, 이 역시 유학적 틀 안에서 받아들일 수 있을 것이다. 설사 '철학'이나 '법학'처럼 가치와 질서의 근간을 다루는 신학문이라고 하더라도, 그것이 유학적 가치체계의 하위에 머무는 것이라면 어떤 제안이 고려되어도 유학적 세계관과 가치관을 흔들지 않을 것이다. 1904년 박은식이 『학규신론』을 통해 신학문의 수입을 주장하던 당시에도 종래의 지고선은 흔들림이 없었다.

3. 보편원리로서의 사회진화론

『학규신론』에서 보여 준 유학적 세계관에 대한 박은식의 신념은 을사늑약 이후 흔들리기 시작한다. 외교권 상실 사태는 국권상실의 위협이 턱밑까지 다가왔음을 알려 주는 것이었다. 을사늑약 이후 박은식은 정기간행물을 통해 보다 많은 독자를 향해 목소리를 내기 시작한다.[17] 대한제국이 직면한 상황을 돌파하기 위해 그가 택한 방안은 대한제국 정부가 아니라 일반 백성들에게 각자 경제적으로 실력을 쌓으라고 호소하는 것이었다. 이 계몽 활동은 '자강(自强)'이라는 표어로 요약될 수 있다. 그 활동의 당면 목표가 '부강'이었다는 점에서는 『학규신론』 때와 다르지 않았다.

교육과 학문이 부강의 원천이라는 이해 역시 『학규신론』 때와 다르지 않았지만, 몇 가지 중요한 변화가 있었다. 우선 세상과 역사를 보는 시각이 달라졌다. 박은식은 이 시대를 "세계 인류가 생존경쟁으로 우승열패하는 때"라고 진단했다. 즉 그는 사회진화론을 세상이 움직여 가는 원리로 받아들였다. 그러한 세상에서는 "국민의 지식과 세력을 비교하여 영욕과 존망을 가른다"[18]라고 하며 국민을 경쟁력의 원천으로 호출했다. 세계 인류, 생존경쟁, 우승열패, 국민 등은 근대 유럽 문명의 팽창력을 웅변하는 세계어였다. 박은식은 문명이 주도

---

17 박은식은 『서우』(1906. 12.-1908. 1.), 『서북학회월보』(1908. 6.-1910. 1.), 『대한자강회월보』(1906. 7.-1907. 7.) 등에 관여했다. 박은식의 언론 활동이 1905년 이후에 시작되었다는 것에 관해서는 노관범, 「1875-1904년 朴殷植의 朱子學 이해와 敎育自强論」, 『한국사론』 43, 2000 참조.

18 박은식, 「大韓精神」, 『대한자강회월보』 제1호, 1906. 7. 31.

하는 세계에 뛰어든 것이다.

『학규신론』 때는 자신과 같은 지식인이 주체가 되어 신학문을 배움으로써 부강해지기를 기대해 '학문'에 방점을 두었으나, 이제는 국민을 경쟁의 주체로 호출함으로써 '교육'을 강조한다. "교육으로 지식을 개발하고 식산으로 세력을 증진"[19]한다고 하니, 교육에 의해 지식을 기르는 한편 경제 활동(식산)에 의해 힘(세력)을 키우자는 것이다. 그런데 "세력은 지혜[20]에서 나오고 지혜는 학문에서 나오는"[21] 관계이다. 새로운 학문은 교육에서 시작해야 하므로 결국은 "교육을 일으키지 않으면 생존할 수 없"[22]는 상황이다. 즉 국민을 경쟁의 주체로 호출하면서 교육이 모든 변화의 핵심이 된 것이다.

『학규신론』 때는 신교육을 채용하고 부강을 추구하는 주체가 정부 내지 관료, 나아가 잠재적 관료인 유가 지식인이었다. 그러나 외교권을 박탈당한 대한제국 정부는 회복의 기미를 보여 주지 못했다. 박은식은 지속적으로 의무교육 실시를 정부에 건의했으나,[23] 대한제국에서 끝내 그 실시를 보지 못했다.[24] 박은식은 정부와 인민 누가 잘못

---

19 같은 글.

20 '지혜'는 오늘날 '지식'에 해당하는 당시 용어이다. 박은식은 '智識'과 '智慧'를 혼용하고 있다. 가령 福沢諭吉의 『文明論之概略』에서도 "智란 智慧로 서양 말로는 인텔렉트"(福沢諭吉, 『福沢諭吉全集』, 第4卷, 1959, p. 83)라고 했다.

21 박은식, 「教育이 不興이면 生存을 不得」, 『서우』 제1호, 1906. 12. 1.

22 박은식, 「社說」, 『서우』 제15호, 1908. 2. 1.

23 박은식, 「祝義務教育實施」, 『서우』 제7호, 1907. 6. 1.

24 대한자강회는 1906년에 "의무교육실시건의서"를 제출했고, 이것이 중추원을 거쳐 강의에서 통과되었다고 한다. 제출 시점에서 박은식은 『서우』 제7호(1907. 6. 1.)에 「祝義務教育實施」를 실어 그 실시를 축하했지만, 결과적으로는 일제 통감부의 저지로 실행되지 못했다고 한다. 신용하, 『朴殷植의 社會思想硏究』, 72-73쪽 참조.

했는지 따지는 것은 소용없는 일이라는 말로 정부의 무능에 대해 함구하고, 실질적으로 자신이 할 수 있는 일을 찾아 나섰다.[25] 무능한 정부를 채근하면서 속수무책으로 있을 수 없었던 그는 동지를 모아 학회를 설립하고 학회지를 통해 교육을 실시하는 방법을 택했다. 자신이 설립하는 학회가 정부를 대신해 교육을 "촉구하고 유인하는 기관"이 되기를 바랐으며, 그 학회가 발행하는 정간지가 의무교육을 대신해 "보통지식"을 제공하기를 기대했다.[26]

앞에서 언급했듯이 그 교육이 목표로 하는 것은 경제적 능력 양성이었다. 그리하여 "인민이 생활상으로 자립함으로써 국가의 자립을 이루"기를 기대했다.[27] 생존경쟁의 시대에 '자강', 즉 '스스로 강해짐'이라는 표어를 내세운 이유는 인민 각자가 강해지는 방법밖에 남지 않았기 때문이다. 『학규신론』 시기에 교육의 최종 목표는 부강을 이룩해서 인민이 인륜을 실천할 수 있는 유학적 도덕세계를 이루는 것이었다. 그런데 이제 교육과 학문은 경제적 힘을 얻는 것을 목적으로 하게 되었으며, 경제적 힘으로 생존경쟁에서 우자(優者)가 되어 승리하는 것이 먼 목표가 되었다.

이 새로운 보통교육은 성리학적 세계에서처럼 종국적으로는 윤리적 성장을 목표로 하는가? 즉 우자가 되어 생존하는 것이 윤리적 가치로도 설정되었는가? 그 경우 이러한 선은 유학적 지고선 아래 포섭될 수 있는 것인가? 아니면 박은식은 생존경쟁에 부응하는 새로운

25 박은식, 「人民의 生活上 自立으로 國家가 自立을 成흠」, 『서우』 제8호, 1907. 7. 1.

26 박은식, 「本會趣旨書」, 『서우』 제1호, 1906. 12. 1.

27 박은식, 「人民의 生活上 自立으로 國家가 自立을 成흠」.

윤리체계를 형성해 가고 있었는가?

"생존경쟁은 천연(天演)이고 우승열패는 공례(公例)"[28]라고 박은식은 말한다. "천연"은 '자연의 전개'라는 의미이고, "공례"는 '보편의 법칙'이라는 의미이다. 즉 박은식은 생존경쟁과 우승열패를 자연의 원리로 받아들였다. 그런데 자연의 원리라고 하면, 그 시대 그 땅의 지식인들은 "성즉리"를 연상했을 것이다. 성리학은 자연의 질서와 인간의 가치를 분리하지 않고, 인간 역시 자연의 일부로서 자연의 질서에 자신을 합치시키는 것을 윤리적 과제로 삼는다. 인의예지로 대표되는 덕(德)은 자연의 운행을 본받으려는 사람이 내면에 키워 갖춘 도덕적 능력이라고 할 수 있다. 실질적으로 덕은 자기 주변에 있는 존재들과 적절하게 도덕적으로 관계를 맺는 능력이다. '인(仁)'은 타인에 대한 관심과 염려이고, '의(義)'는 그 관심과 염려에 동반되어야 하는 올바름이며 각각의 인간관계에 따른 올바름이라는 의미에서 적절함이라 할 수 있다. '예(禮)'는 적절한 관심과 염려를 표현하는 형식이며, '지(智)'는 그 적절한 내용과 형식을 아는 능력이다.[29] 사람의 덕인 인의예지는 자연의 운행원리인 '도(道)' 또는 '리(理)'를 본받은 것이다.

"생존경쟁"과 "우승열패"로 받아들여진 사회진화론 역시 자연 세계를 관찰해서 얻어 낸 진화의 원리를 그대로 인간 사회에 적용한 것이라는 점에서 자연과 인간 사회를 관통하는 원리라고 할 수 있다.

---

28 같은 글.

29 『맹자』, 「離婁上」: "仁之實, 事親是也, 義之實, 從兄是也, 智之實, 知斯二者弗去是也, 禮之實, 節文斯二者是也."

물론 찰스 다윈(Charles Robert Darwin, 1809-1882)이 세상에 내놓은 진화론은 동물을 관찰한 결과로 얻은 것이었다. 이 세상의 생명체는 환경에 적응한 개체가 "자연선택"에 의해 살아남은 것이며, 자연선택된 개체의 형질이 자손에게 전수되는 진화가 일어난다는 것이 그가 주장한 진화론[30]으로, 이는 인간 사회와 관계없이 자연을 설명하는 이론이었다.

다윈보다 한 세대 뒤의 학자 허버트 스펜서(Herbert Spencer, 1820-1903)는 평등한 자유의 원칙이 최대 행복을 성취할 수 있는 사회적 조건이라고 생각하는 자유주의자였다.[31] 다윈의 진화론이 등장하자 그는 자신의 사회 이론에 진화론을 적용하고 다윈의 "자연선택"을 "적자생존"으로 변형했다. '적자(適者)'란 자연이 제공하는 끊임없는 시련 속에서 생존의 조건을 이해하고 그에 따라 행동할 수 있는 자이다. 적응하지 못한 자는 도태됨으로써 사회는 점점 더 우수한 개인들이 모인 완벽한 곳으로 진화할 것이라고 스펜서는 생각했다. 그 안에서 경쟁은 우자를 더 우수하게 만들고 열자(劣者)를 도태시키는 과정으로 이해되었다. 그는 국가가 개인의 경쟁에 개입한다면 진화를 방해해 약자의 수를 더 증가시킬 뿐이라고 생각했다.[32] 그에게 윤리란 최대 행복을 산출하는 것이었으며, 인간의 행복은 각 개인이 타인의 권리를 침해하지 않는다는 전제하에 자신의 욕구와 욕망을 만족시킬 때 성취되는 것이었다. 그리하여 똑같은 자유를 가진 개인이 경쟁한

---

30 1859년 영국에서 출간된 *Origin of Species*(『종의 기원』)의 주장이다.

31 1851년 런던에서 출간된 *Social Statics*(『社會靜學』)에 그러한 주장을 담았다.

32 1864년에 출간된 *Principles of Biology*(『생물학의 원리』)의 주장이다.

결과에 따르는 것, 성공한 사람이 많은 이익을 획득하고 실패한 사람이 도태되는 것이 그가 생각한 윤리이자 사회정의였다.[33]

토머스 헉슬리(Thomas Henry Huxley, 1825-1895)는 스펜서가 당연시한 "적자생존"이라는 우주진화의 악한 요소를 감지했다. 그는 자연의 악한 요소에 대응해 온 것이 인류 교화의 역사라고 생각하고 인류의 종교와 윤리를 검토했다. 그는 "윤리라는 자연은 우주라는 자연에서 탄생했지만, 자신을 탄생시킨 어버이와는 적대 관계일 수밖에 없다"[34]라는 결론을 내리고, 윤리적 삶은 우주진화와 상반된 것이어야 한다고 주장했다. 스펜서의 사회진화론이 인간 사회에 초래할 윤리적 파탄을 직시한 것이다.

동아시아에 상륙한 "우승열패, 적자생존"은 스펜서 사회진화론의 노선이다. 적자생존이라는 자연의 질서를 그대로 인간의 삶으로 가져온다면, 스펜서의 경우처럼 쾌락이라는 경험을 근거로 도덕원리를 이끌어 내는 자연주의 윤리설이 동반된다. 이때는 개인이 느끼는 쾌락이 중요한 가치의 척도가 되며 자유가 사회적으로 중요한 가치가 된다. 그러므로 사회진화론을 받아들인다면, 이러한 자유주의 노선의 쾌락적 윤리설을 받아들이는 것이 삶을 가장 평온하게 영위하는 방법이 될 것이다. 그 안에서 '더 고상'하거나 '더 정신적인' 가치에 대한 갈망은 근절되고, 인간이 추구하는 모든 것은 '쾌락'으로 환원된다. 즉 가치의 질적 차이는 없어지며 지고선이 필요 없어진다.[35]

---

33 1897년에 출간된 *Principles of Ethics*(『윤리학의 원리』)의 골자이다.

34 토머스 헉슬리 지음, 김기윤 옮김, 『진화와 윤리』, 지식을만드는지식, 2009, 33쪽.

35 찰스 테일러, 『자아의 원천들』, 673쪽.

스펜서는 그러한 사회가 평등한 자유 아래 완전한 사회를 향해 진화해 간다고 생각했지만, 실제로 그 사회 구성원 모두가 스펜서의 주장에 동의하지는 않을 것이다. 스펜서는 사회 구성원이 모두 같은 자유를 가져야 한다고 생각했으나 이미 같은 자유를 갖는다는 것부터가 불가능하다. 선천적으로나 후천적으로나 개인을 규정하는 조건은 제각각이다. 각자 능력이 다르고 배경이 다르다. 그것부터가 자유를 누릴 수 있는 조건을 다르게 한다. 우선 태생의 조건이 경쟁을 시작하는 기본 조건이 되고, 이 때문에 점점 벌어지는 개인 간의 차이는 다시 후천적인 조건을 벌어지게 한다. 그리하여 누군가는 경쟁에서 뒤처지고 적자가 아닌 개인은 자손 번식에 상대적으로 불리하므로 결국에는 후손이 끊길 것이다. 뒤처지는 대다수의 사람이 불행을 느끼든 말든 이들의 도태는 좋은 사회로 가는 길이라고 주장된다. 스펜서가 말하는 좋은 사회의 기준에 약자의 행복과 자유는 고려되지 않는다.

또한 경쟁에서 승리하는 적자가 완전한 사회를 만들어 가리라는 생각은 그 경쟁이 어떤 영역인가에 따라 잘못된 전망이 될 수 있다. 가령 전쟁을 하는 데 적응을 가장 잘해서 우월한 군인이 될 사람은 타인의 불행에 무감하고 죄의식에도 둔감한 사람일 가능성이 크다. 타인에게 무감하면서 자신의 잘못에 둔감하고 그로 인해 어떤 업무에 유능한 사람들로 이루어진 사회는 과연 바람직한 사회일까? 그러한 사람들로 모인 군대는 찬란한 승전보를 전하겠지만, 그들이 좋은 이웃이 되어 안심하고 살기 좋은 사회를 만들어 갈지는 의문이다.

그러한 군인들로 조직된 강력한 군대를 가진 나라가 다른 나라를 식민지화하는 것 역시 정의라고 말해야 하는가? 스펜서 자신은 제국주의의 식민지 정복과 착취에 동의하지 않았다고 하나, 그의 생각과 관계없이 적자생존을 기치로 내건 사회진화론은 제국주의자들에게 좋은 구호가 되었으며, 무엇보다 비극적인 것은 착취당하는 식민지 인민에게 사회진화론이 거부할 수 없는 자연의 원리이자 개혁의 원리로 받아들여졌다는 것이다. 이 시기의 박은식 역시 사회진화론을 역사의 법칙이자 행위의 원리로 받아들였다. 그것이 새로운 세상을 설명해 주는 이론이며, 나아가 변화를 추동할 수 있는 원리라고 생각했기 때문이다.

4. 흔들리는 지고선

생존경쟁, 우승열패로 상징되는 사회진화론을 새로운 실천원리로 받아들인 박은식의 윤리의식에는 어떤 일이 일어났는가? 서두에서 소개했듯이 찰스 테일러에 의하면 사람은 자신을 도덕적인 존재로 규정하고자 하며, 그러기 위해서는 지고선을 전제해야 한다. 우승열패, 적자생존을 행동원리로 삼는 일이 유학적 세계관에서의 인격 성장을 비롯해 그 연장선에서 사회적 책무를 다하는 것과 같을 수는 없다. 박은식의 자아이해에는 어떤 일이 일어났는가?

학문과 교육의 목표는 이미 '개인의 도덕적 성장에 의해 세상의 평화를 실현하기'가 아니라, '자강을 통해 생존경쟁에서 살아남기'가 되었다. 그러나 약자로서 시작한 그 생존경쟁에서 대한제국이 우자가 되기는 요원한 일이었다. 스스로의 열악한 상황이 바로 인지되지 않을 수 없었다.

> 저들 문명국의 민족은 교육으로 지식을 개발하고 식산으로 세력을 증진하여 오직 타인보다 우월할 것을 도모하고 힘쓰니, 자국정신이 완전하고 공고하여 백절불굴하고 흔들리지 않는다는 효력이 있다. 우리 대한은 교육이 쇠퇴하고 식산이 누추하며 지식이 우매하고 세력이 타락하니, 타인의 능멸과 유린을 어떻게 면할 수 있겠는가. 그러므로 우리 2,000만 동포는 자국정신을 가진 인종이라 할 수 없으니, 어찌 슬프고 애통하며 부끄럽지 않겠는가.[36]

"자국정신이 완전하고 공고하여 백절불굴하고 흔들리지 않는다는 효력"은 박은식에게 가장 절실한 것이고, 박은식의 학문과 교육의 개혁이 추구하는 바이자 새로운 가치기준이었다. 그 기준에서 보면 대한제국은 "교육이 쇠퇴하고 식산이 누추하며 지식이 우매하고 세력이 타락"한 곳이었다. 이전의 유학적 교육이나 지식을 더 이상 교육이나 지식으로 생각하지 않기 때문에 나온 말이다. 사회진화론이라는 새로운 원리는 '소중화'라고까지 자부하던 자신의 문화를 스스로 부정하게 만들었다. 그렇기 때문에 "타인의 능멸과 유린"을 면할 수 없는 현실이 단지 "슬프고 애통"할 뿐 아니라 "부끄러운" 일이 된 것이다.

완전하고 공고한 자국정신으로 "백절불굴"의 기개를 갖춘 공격적인 근대 문명 앞에서, 열등한 민족의 백성 박은식은 옛 성인이 금수의 위협에 맞서 인간의 활동 영역을 확보한 초기 문명사를 떠올린

---

36 박은식, 「大韓精神」.

다.[37] 그는 인류가 인간 사회를 건설할 수 있었던 것이 지식을 넓히고 기계를 이용할 줄 아는 능력이 있었기 때문이라며 인류 문명의 발전을 일반화한다. 이어서 "열등인종이 우등인종에게 정복되는 것은 옛날 금수가 인류에게 정복되는 것과 마찬가지"라며, 자신이 마주한 비극을 문명사의 일반 법칙으로 받아들인다. 그리하여 "지식을 넓히지 않고 기계를 이용하지 못하면 금수일 뿐이므로 저들이 병탄하는 것도 당연하다"[38]라고, 주권상실을 목전에 둔 자신의 처지를 문명의 법칙 안에 넣는다. 저들의 정복은 문명이라는 가치를 성취한 자의 당당한 발걸음이며, "자국정신"이 없는 대한은 보편적인 문명의 추구에서 뒤처진 부끄러운 무능력자가 된다.

경제적 힘을 낳을 지식이란 근대 유럽이 확실한 인식을 추구하면서 성취했다는, 가치와 분리된 자연에 관한 지식이다. 그가 "보통지식"이라 부른 그것은 자유를 위해 경제적 힘을 키울 바탕이었고, 경제적 힘은 자립을 위해 국제사회에서 경쟁할 바탕이었다. 그리하여 "우리 전국 사회에 상류와 중류와 하류를 막론하고, 가르침을 받아 보통학문과 보통지식이 발달한 날에는 우리의 자유를 회복할 것이요, 우리나라의 자립을 극복할 것"[39]이라고 기대했다.

그런데 그 힘은 도태되는 약자를 뒤로하면서 얻어야 할 것이었다. 유럽의 문명국이라고 하는 나라들이 자행하는 공격적 정복을 과

---

37 박은식은 「教育이 不興이면 生存을 不得」에서 『맹자』, 「滕文公下」의 아홉 번째 글, 즉 요임금 이하 역대 임금들이 물을 다스리고 짐승을 인간 사회에서 격리하는 일을 통해 문물을 정비한 이야기를 연상시키는 설명을 하며 자신의 이야기를 전개한다.

38 이상 박은식, 「教育이 不興이면 生存을 不得」.

39 박은식, 「勞動同胞의 夜學」, 『서우』 제15호, 1908. 2. 1.

거 유가의 성인이 전개해 온 것과 다름없는 문명의 역사라고 받아들였지만, 생존경쟁의 원리가 자신이 지금껏 가치로 품었던 인(仁)의 원리와 다르다는 것을 모를 수 없었다. 박은식은 "'천지가 만물을 낳는 인[天地生物之仁]'[40]의 관점이라면, 사람과 금수가 모두 살고 자랄 수 있는 게 마땅하다"[41]라고, 약자를 짓밟는 것이 자신이 간직해 온 인과 배치되는 것임을 분명히 인식했다. 그럼에도 나라의 자립이 더 급박하고 중요했기 때문에 경쟁력을 키우는 게 우선이라며 사람들을 독려했다. 박은식은 다음과 같이 인의도덕을 경쟁력에 종속적인 것으로 전락시킨다.

> 서양학자의 말에 생존경쟁은 천연(天演)의 이치이고 우승열패는 공례(公例)의 일이라고 하는데, 이 말이 왜 인의도덕에 위배되는 이론이 아니겠는가. 그러나 인의도덕이라는 것도 총명한 지혜와 강건한 용기를 가진 자가 온전하게 갖는 것이고, 우매하고 나약한 자는 가진 적이 없다. 하물며 경쟁의 권력이 우월해서 이기는 자는 온전하게 갖고 열등해서 지는 자는 가진 적이 없다는 것이야 말해 무엇하랴.[42]

---

40 주희는 『中庸章句』에서 "孔子曰, 里仁爲美, 擇不處仁, 焉得智. 夫仁天之尊爵也, 人之安宅也. 莫之禦而不仁, 是不智也."의 구절에 대해 "仁義禮智, 皆天所與之良貴, 而仁者天地生物之心, 得之最先, 而兼統四者, 所謂元者善之長也."라고 주석을 달았다. 즉 "인이란 천지가 만물을 낳은 마음"이라고 했다.

41 박은식, 「敎育이 不興이면 生存을 不得」.

42 같은 글.

박은식은 "경쟁의 권력"이 "인의도덕"에 위배되는 것이라고 인지하면서도, 인의도덕도 지혜와 용기가 있어야 갖는다고 말한다. 지혜와 용기란 "우매하고 나약"한 것과 대비되는 경쟁력으로서, 서양의 학문을 통해 추구하고자 하는 실질적인 힘을 의미한다. 박은식이 교육을 통해 얻으려 하는 "지식과 세력"의 다른 표현이다. 이로써 지혜와 용기 혹은 지식과 세력 면에서 조선이 허약하다는 것을 시인하면서, 조선은 인의도덕도 온전히 갖춘 적이 없다고 인정하는 꼴이 되었다. 나아가 경쟁의 권력이 열등한 자는 인의도덕도 가질 수 없기 때문에, 열등한 조선 역시 인의도덕을 가진 적도 없게 되어 버렸다. 인의도덕은 지혜와 용기, 경쟁의 권력을 가진 자들이 가지는 덕목인 것이다. 이런 식으로 박은식은 경쟁의 권력보다 더 중요한 것이 없는 세상이 되었음을 인정한다.

이때 박은식에게 인의도덕보다 중요한 것은 조국의 생존이라는 가치였다. 그런데 그것은 경쟁에서 이겨야 성취할 수 있다고 여겼다. 조국의 생존이라는 가치는 조선이 수백 년 동안 추구해 온 가치인 인의도덕도 부차적인 것으로 만들었을 뿐 아니라 자신들의 과거까지 하찮은 것으로 만들었다. 조국의 생존을 위해 박은식은 도덕적 가치를 성취하며 산다는 자부심도 내려놓았다. 사회진화론을 받아들인 이상 인의도덕과 다른 윤리적 가치, 즉 쾌락과 자유의 증대라는 새로운 가치가 있다는 것은 실감되지 않았을 것이다. 그것은 우자들에게 허용되는 가치였기 때문이다.

모든 것을 희생해서라도 지켜야 할 생존이었고 그를 위해 갖춰야 할 경쟁력이었지만, 그 경쟁력은 손에 들어오지 않고 조국의 생존은 나날이 위태로워질 뿐이었다. 이제 어떻게 해야 하는가? 그다음에 나아갈 길은 어디인가?

실제로 박은식이 인의도덕을 뒤로하고 경쟁력을 최우선 과제로 둔 시간은 그리 길지 않았다. 이미 침몰하기 시작한 대한제국은 자유와 자립의 길을 다지지 못한 채 점점 더 기울어 갔다. 즉 지식에 의지한 타개책이 길을 열어 주지 못했던 것이다. 도덕적 가치를 추구하는 존재라는 자부심마저 포기하게 했던 그 길을 계속 갈 이유가 박은식에게는 더 이상 없었던 것으로 보인다.

박은식은 1907년 「구습개량론(舊習改良論)」을 발표하면서 유학의 현재적 의미를 다시 묻기 시작한다. 이 글은 새로운 문명이 새로운 세계를 열어 가는 시대에 대응하기 위해, 대한에도 학회를 조직하고 정간물을 간행하고 교육에 힘쓰느라 분투하는 사람이 있다는 말로 시작한다. 그런데 그러한 사람은 극히 일부일 뿐이고, 나라 사람 80-90퍼센트는 춘곤증의 몽롱한 상태에 빠져 있다는 문제 제기가 이어진다. 그는 그들을 네 부류로 나누어 비판한다. 가령 "행세가(行世家)"는 사욕을 채우기 위해 타인을 착취하는 좀벌레 족속이며, "잡술가(雜術家)"는 혹세무민하는 방법으로 먹고사는 족속이며, 글방선생인 "학구가(學究家)"는 과거제도가 폐지된 뒤에도 어린아이들에게 쓸모없는 시와 문장을 가르치는 사람들이다. 박은식은 이들에게 국민의 의무와 자격을 가르치고 실제 학문과 실제 사업에 종사하도록 유도해야 하며, 교육을 시대에 맞는 교과로 개정하고 교사를 양성하는 방향으로 개량해야 한다고 개선 방향을 제시한다. 이 글은 문제 집단을 분류하고 그들이 각각 어떤 구습을 개량해야 하는지 제시해 주므로, 기본적으로 각 집단이 가진 개량 가능성을 인정하는 긍정적인 시각이 바탕에 깔려 있다.

그런데 특히 네 부류 가운데 하나인 유학자 집단에게 보인 긍정적인 기대는 2년 뒤에 본격적으로 전개되는 유학 재평가의 전조를 보여 준다. 유학자 집단 즉 "유림가(儒林家)"에 대해 박은식은 "강상이 이들에 의해 유지되고 의리가 이들에 의해 지탱되니, 실로 국가의 원기이며 인민의 사표"라며 이들의 존재 의미를 인정한다. 그런데 그들의 문제는 근래 들어 호락논쟁(湖洛論爭)이니 이기논쟁(理氣論爭)을 일삼으면서 "도덕상 본래 뜻을 크게 잃었"고 "인민의 보통의 가르침이 되지 못하고" 있다는 것이다. 박은식은 국가가 없으면 민족도 존재할 수 없는 시대이므로, 변화에 적응하지 못하고 심성론이니 예절이니 따지는 것은 구세제민(救世濟民)에 힘썼던 성현의 인의가 아니라며 개량 방향을 제시한다. 다음은 박은식이 제시하는, 유림가가 구습을 개량하고 보여 줄 수 있는 가능성이다.

> 유림가의 구습[에 대해 말하자면], 그 고루한 식견을 원질(原質)의 아름다움으로 고치고 시무의 학문으로 그 지식을 열고 넓힌다면, 본체(體)와 발용(用)이 완전하고 문(文)과 질(質)이 모두 갖춰져 국가와 인민의 행복을 만들어 나갈 수 있을 것이다.[43]

고루한 식견을 "원질의 아름다움"으로 바꾼다는 것은 아래에서도 언급될 '본령(本領)'이라고 하는 것을 이어받자는 것으로 해석된다. '본령'이란 근본이 되는 강령을 의미하는데, 성리학이나 양명학에서

---

43 박은식, 「舊習改良論」, 『서우』 제2호, 1907. 1. 1.

는 도덕적인 마음을 가리킨다.[44] 도덕적 마음의 아름다움을 얻는 일은 본체 차원의 정비이다. 박은식은 같은 글에서 유학은 발용 차원에서 변화하는 시대에 적응하는 능력이 있다고 강변한다. 그는 공자의 사상을 다음과 같이 설명한다. 즉 공자는 그 이전의 역사를 헤아려서 시의에 맞춰 "보태고 덜어 내는 일[損之益之]"을 했으므로, 오늘날 태어났다면 제조품과 새로운 법률, 새로운 학문과 같은 서양인의 이용후생의 도구를 거부하지 않았을 것이라는 것이다. 박은식은 『상서(尙書)』의 "백성을 새롭게 한다[作新民]", 『역(易)』의 "궁색하면 변해야 하며 변하면 통한다[窮則變, 變則通]" 등을 인용하면서 변통(變通) 역시 공자의 정신임을 강조한다.

박은식은 유학자들이 현재의 고루함을 버리고 본래의 정신을 되살린다면 유학이 본체 차원에서 재정비되며, 시무의 학문으로서 서양의 과학을 수용하면 발용 차원의 재정비가 이루어진다고 보았다. 앞에서 박은식이 유학의 존재 의미를 "강상"과 "의리"를 지키는 "도덕"을 수호하는 역할이라고 본 그대로, '본체'의 실제적 의미는 도덕이다. 박은식이 인용한 "신민"이라든지 "변통"은 그가 량치차오(梁啓超, 1873-1929)의 「변법통의(變法通議)」에서 번역해 가져온 것으로 보이며,[45] 박은식이 제안하는 구습을 개량한 유학의 역할은 '서양의 발용'이라고 할 수 있는 과학과 기술을 지도하는 도덕원리로서 작동할

---

44 가령 주희와 왕수인은 '本領'을 다음과 같이 사용했다. 주희, 『朱子全書』 제12권: "本领若是, 事事發出來皆是, 本领若不是, 事事皆不是也."; 왕수인, 「傳習錄」 上, 『王陽明全集』 上, 33쪽: "若泥文逐句, 不識本领, 即支離决裂, 工夫都無下落."

45 梁啓超, 「變法通議·自序」, 『飮冰室文集』(北京: 中華書局, 2008 重印, 『飮氷室合集』 收錄) 제1권, 2쪽.

것이다. 이러한 구상은 '중체서용(中體西用)'의 논리와 다르지 않다.[46] 박은식은 여전히 지식과 경제적 능력에 기반한 경쟁력을 가져야 한다고 생각한다. 그런데 그 문명의 길이 인의예지와 어긋난다는 것을 인지하고, 그것이 바람직하지 않다고 판단하기 때문에 유학의 도덕적 역할을 다시 필요로 하는 것이다.

서양의 실용적 학문을 지도하는 도덕원리로서 역할을 해줄 새로운 유학에 대한 기대는 점점 분명한 모습으로 드러난다. 1909년 3월에 박은식은 「유교구신론(儒敎求新論)」[47]을 발표하고, 세 영역에서 유학의 혁신을 제안한다.

첫째는 유학을 군권(君權)을 강조한 순자(荀子) 노선과 백성이 나라에서 가장 중요한 존재임을 강조했다는 맹자 노선으로 나누고, 지금까지는 순자 노선이 계승되어 왔다고 판단하며 이제는 한동안 끊어졌던 맹자 노선을 이어받는 쪽으로 개량해야 한다고 주장하는 내용이다. 그럼으로써 시대에 맞춰 민지(民智)를 개발하고 민권(民權)을 신장할 수 있으리라 전망한다.[48] 둘째로는 유학이 불교나 기독교처럼 인민사회를 교화하려는 노력이 미흡했던 것을 반성하고, 천하를 바꾸기 위해 여러 나라를 돌아다닌 공자의 정신을 다시 살려야 한다고 제안한다. 이는 기존의 유교가 문을 닫아걸고 학생이 찾아오기만

---

46 '中體西用'을 그 주창자로 알려진 중국의 張之洞의 모토에 한정하지 않고 그 의미를 중국적 가치관에 서양의 과학기술을 접목시키려는 움직임으로 확장하면, 량치차오나 이 시기의 박은식 역시 '중체서용'의 테두리 안에 넣을 수 있을 것이다.

47 박은식, 「儒敎求新論」, 『서북학회월보』 제10호, 1909. 3. 1.

48 이는 중국에서 캉유웨이가 이끄는 입헌파에 의해 개진된 사고이다. 濱久雄, 「康有爲の公羊學と孟子觀」, 『中國思想論攷: 公羊學とその周邊』, 東京: 明德出版社, 2014 참조.

기다린 결과 견문도 고루해지고 세상 물정에도 어두워졌다는 비판이다. 셋째로는 근대 유럽이 전해 준 새로운 학문, 즉 "각종 과학"을 해야 하는 시대에 본령학문을 위해 많은 시간을 할애할 수 없으므로, 과학과 병행되는 본령학문이라면 양명학이[49] 제격이라고 제안한다.[50]

민지와 민권이 국가의 존립에 직결된다는 인식, 과학의 학습이 경제력을 좌우한다는 현실 인식 등에서 알 수 있듯이 박은식은 여전히 문명의 학습이 필요하다고 생각했다. 그와 동시에 유학적 도덕이 그 문명을 지도할 정신으로 기능하기를 요구했다. 『학규신론』 때도 유학적 도덕을 본체의 영역으로 두고 새로운 학문의 학습을 주장했지만, 지금은 학문의 목표가 수기·치인이 아니라 자력갱생·적자생존이 되어 백성들이 그 주체로 호명되고 있다. 그러므로 유학적 도덕이 지도해야 할 새로운 상황은 과학, 민지, 민권 등이다. 이 새로운 가치들이 유학으로 포괄될 수 있을지는 따져 봐야 하지만, 박은식은 그럴 수 있기를 기대한 것이다.

민지와 민권 등이 대변하는 민주주의 역시 근대 문명이 성취한 중요한 가치이다. 그러나 국가의 존립이 당장의 급무인 상황에서 민지와 민권을 입에 올렸지만, 이는 정부에 나라의 운명을 기대하기 어려워졌다고 판단하고 백성 전체와 그 책임을 나눠야 한다는 생각에서 나온 것일 뿐, 실제로 당시 박은식이 주권재민을 주장한 것은 아니다. 그에게 문명의 핵심은 민권보다 부국강병의 원천이 된다고 생

---

49 당시의 명칭은 "왕학(王學)"이었다.

50 박은식, 「유교구신론」. 양명학의 근대적 역할을 조명한 작업은 일본의 다카세 다케지로와 량치차오의 선행 작업에서 영향을 받았다. 이에 대해서는 이혜경, 「박은식의 양명학 해석: 다카세 다케지로와의 차이를 중심으로」, 『철학사상』 55, 2015 참조.

각한 실용적 학문이었으며, 그 학문은 '과학'으로 대표되었다.

과학으로 상징되는 문명의 학습을 포기하지 않은 채 유학의 역할을 다시 평가하는 이유는 당시 경쟁의 강권을 앞세우며 뒤로 밀어 놓았던 인의도덕을 제자리로 돌려놓아야 한다는 생각 때문이었을 것이다. 박은식은 "본령학문"을 해야 한다는 표현으로 그 구상을 드러낸다. 그리고 그가 이 시점에서 본령학문으로 호출한 것은 이전까지 자신이 수학하던 주자학이 아니라 양명학이었다.

박은식은 본령학문을 하지 않을 수 없음을 주장한 뒤, 그것이 왜 양명학이어야 하는지에 대해 다음과 같이 말한다.

> 현시대의 학문[에 대해 말해 보자면], 각종 과학이 바로 격물궁리의 공부로 지육(智育)의 일이고, 심리학(心理學)에 이르면 덕육(德育)[51]의 일이다. 그러므로 섞어서 하나로 할 수 없는 공부이다. (…) 그러므로 지금의 유학자가 각종 과학 외에 본령학문(本領學問)을 하고자 한다면 양명학에 종사하는 것이 실로 간단하고 절요(切要)한 방법이다. 치양지(致良知)의 학은 직지본심(直旨本心)하여 초범입성(超凡入聖)하는 문이며, 지행합일은 심술(心術)의 미묘함에서 성찰법이 긴절하고 사물응대에 과감한 힘이 활발하니, 이것이 양명학파에 기절과 사업이 특히 두드러진 공효가 많은 이유이다.[52]

---

51 '심리학(心理學)'을 글자 그대로 이해해서 마음의 이치를 다루는 학문, 즉 철학으로 이해한 듯하다.

52 박은식, 「유교구신론」.

서양의 학문을 "과학"으로 일괄하고 본령 공부는 "덕육"으로 정리한 뒤, 그 두 가지는 섞일 수 없는 공부이므로 둘을 병행해야 한다고 말한다. 「구습개량론」에서 유학과 과학이 체와 용이라는 기존의 논리로 연결되는 것과 달리, 여기서는 덕육과 지육이 독립적으로 나열되고 있다. 그런데 유학이 본령학문의 역할을 한다면 실질적으로는 그다지 달라지지 않을 것이다. '체'나 '본령'은 '용' 혹은 실용 학문의 기본 방향을 제시하는 역할을 할 것이고, 어느 경우에도 체의 학문과 별도로 과학이나 실용의 학문이 필요하다.

박은식은 본격적으로 "치양지"와 "지행합일"로 대표되는 양명학을 본령학문으로 소개한다. '본래의 마음을 곧바로 가리킨다'고 풀이되는 "직지본심"이나 '보통 사람의 경지를 넘어 성인의 영역으로 들어간다'고 풀이되는 "초범입성"은 오랜 경험적 수양 대신 단번의 깨달음을 중시하는 양명학의 특징을 표현하는 용어이다. "각종 과학"의 공부와 병행해야 한다면, 시간을 절약할 수 있을 듯한 양명학이 제격이라 생각한 것으로 보인다.

이보다 몇 개월 뒤에 발표된 「동양의 도덕원류」에서는 유학과 과학의 관계 설정이 달라진다. 이 글에서 박은식은 유학을 "도학"[53]으로 부른다. 그는 도학을 "본성을 알고 하늘을 아는" 근본의 학문으로서 "모든 학문의 두뇌를 세우는 학문"이라고 규정한다.

53 박은식은 이 글에서 복희, 기자, 우, 문왕, 무왕, 주공, 맹자, 동중서, 정자, 주자 등을 도학의 원류로 서술하고, 그 마지막에 왕양명의 '致良知'설과 '知行合一' 등을 두면서 "東洋道學界의 天人合一의 道를 先後 發明한 源流"라고 끝맺었다. "未完"으로 표기되었으나, 이후 이어지지 않았다.

도학이란 천인합일의 도이다. 세상의 각종 학문이 모두 인사와 물질에 대해 그 이치를 연구하고 그 쓰임을 발달시키는데, 도학은 인위와 형질에 그치지 않고 원래 근본의 공부로 본성을 알고 하늘을 알아 모든 학문의 두뇌를 세운다. 그러므로 이 세상에서 도학의 본령이 없으면 비록 과학에서 정밀한 공부가 있더라도 결국은 속학의 틀에서 사는 것을 면하지 못할 것이니, 일생을 헛되이 보내고 만다는 한탄이 어떻게 없겠는가. 또한 개인의 자격이 불완전할 뿐만 아니라 일반사회에서도 도학이 밝혀지지 않으면, 눈과 다리를 가진 사람으로서 오로지 다투어 이익을 좇고[功利] 거짓된 힘을 사용하여 인도를 무너뜨리고 천리에 역행할 것이다. 이렇다면 한 집안의 부자형제 사이도 서로 원수처럼 보게 될 텐데 천하의 난은 어디에서 멈추겠는가. 그러므로 도학은 하루라도 천하에 밝지 않을 수 없으니 어찌 우원하다고 하여 홀시할 수 있겠는가.[54]

본령학문으로서 도학은 천인합일을 추구하는바, 우주적 보편원리가 지고선으로서 인간에게 당위로 주어지는 신유학[55]의 세계관을 배경으로 한다. 박은식은 유학적 보편원리가 과학을 지도해야 한다고 주장한다. 유학이 '용'을 지도할 '체'로 자리매김하는 것이나 과학과 병립하는 본령학문으로 자리매김하는 것 이상으로, 유학적 가치지향의 필요성에 대해 그는 점점 확고한 언어로 자신의 신념을 표현하고 있다. 본질적으로는 가치를 지도하는 역할로서 유학의 필요성

---

54 박은식, 「東洋의 道學源流」, 『서북학회월보』 제16호, 1909. 10. 1.

55 성리학과 양명학을 포괄한다.

을 주장하는 동일한 논리의 변주이지만, 유학의 위상은 점차 더욱 강력한 것으로 자리매김된다.

그가 비판하는 대로 근대 유럽의 과학은 실제로 그 토양의 형이상학적 권위를 타파하고 의지적으로 "속학"이 되어 "다투어 이익을 좇"는 '공리' 활동이라고 할 수 있다. 박은식은 그 과학이 인륜을 파괴할 위험성을 인지하며, 더 이상은 인륜을 도외시하고 "이익을 좇고" "과학"을 추구하는 일은 할 수 없다고 선언한다. 이 땅에 들어와 '속학'이 되고자 한 그 과학을 이 땅의 형이상학으로 지도하겠다는 구상을 한 것이다.

5. 양명학이 줄 수 있는 것

박은식이 지식과 식산의 긴급함을 인정하면서 인의예지를 뒤로한 것은 몇 개월 정도에 불과했다. 지식과 식산의 추구가 뜻대로 성과를 냈다면 그의 행보는 달라졌을 수도 있다. 즉 젊은이들이 새로운 지식과 경제적 능력을 갖춰 대한제국이 자존하도록 길을 열어 갔다면 박은식의 행보도 달라졌을 것이다.

그러나 대한제국의 독립을 목표로 했던 그 일에서도 성과를 보기가 요원했고, 그 이상 견딜 수 없었던 것은 그 일이 인륜을 무너뜨리고 천리를 거스른다는 자각이었다. 그가 양명학에 건 기대는 인륜을 유지하면서도 생존을 모색할 수 있게 해주리라는 것이었다. 양명학에 대한 박은식의 관심은 한동안 지속된다.

문명의 도덕성에 의문을 품고 새 길을 찾기 시작했다고 해서 문명학습의 필요가 없어진 것은 아니었다. 국권상실의 위협을 마주하고 뚫고 나가야 한다는 현실의 과제는 그대로였다. 여전히 경쟁력은 필요했고 경쟁력을 위한 새로운 지식의 습득 역시 촌각을 다투는 과제였다. 그러나 그 과제는 국가 차원의 제도 설치를 비롯해 많은 시간과 노력을 필요로 했다.

박은식은 문명학습이라는 기존의 지난한 과제를 수월히 수행할 수 있다는 기대와 함께 본령 공부도 가능하다는 기대를 양명학에 실었다. 그는 본령 공부를 통해 천인합일의 보편원리를 지향하면서 과학과 실제의 효과라는 당대의 숙제를 해결할 수 있기를 기대했다.

양명학은 과연 박은식이 기대하던 대로 역할을 할 수 있을까? 즉 양명학은 근대 유럽의 과학을 지원하고 지도할 수 있을까? 또한 그럼으로써 경제적 힘이라는 실제적 효과를 낳을 수 있을까? 나아가 과학의 지원과 경제적 효과라는 두 가지 일을 수행하면서도 왜곡되지 않은 본령학문을 제시할 수 있을까? 다시 말해 양명학은 근대 유럽 문명이 바꿔 놓은 환경에서도 이전에 했던 역할을 그대로 수행할 수 있을까? 달라진 세상에서도 본령학문의 역할을 할 수 있을까?

1910년 박은식은 『왕양명선생실기(王陽明先生實記)』[56]를 발표하면서 본격적으로 양명학을 소개한다. 박은식이 그 시대의 양명학에 어떤 역할을 요구했는지, 양명학이 과연 그 역할을 제대로 수행할 수 있을지, 『왕양명선생실기』에 근거해 앞에서 던진 질문에 대답해 보

56 「왕양명선생실기」는 1910년에 저술된 것으로 보이며, 월간잡지 『少年』 제4년 제2권(1911년 5월 15일 자)에 전문이 실렸다. 『少年』에 실린 본문의 제목은 「王陽明先生實記」로 되어 있으나 『少年』에 같이 실린 '序'는 「王陽明實記序」로 되어 있다. 단국대학교 동양학연구소가 발행한 『朴殷植全書, 中』(단국대학교출판부, 1975)에 실린 『王陽明先生實記』는 『少年』지를 영인한 것이다.

자.[57] 먼저, 실용적인 능력을 얻는 일에서 양명학은 어떤 지원을 해 줄 수 있는가? 실제적인 경쟁력을 키우는 데 시간과 노력을 들이면서 어떻게 본령 공부를 병행할 수 있는가?

우주적 진리를 본성으로 타고난다는 내용을 담고 있는 성리학의 대표 명제 '성즉리'는 인간이 경험하기 이전부터 진리는 엄연하다는 것을 전제한다. 양명학의 창시자 왕수인(王守仁, 1472-1529)이 '성즉리'의 안티테제로 내건 '심즉리'는 지각 활동을 하는 자신의 마음이 깨달아야 비로소 진리가 되며, 그 마음 이전에 진리는 없다고 하는 주장이다.[58] 이 마음은 선을 자각하는 능력이라는 의미에서 '양지(良知)'라고 불리는데,[59] 자각하는 능력이면서 동시에 진리를 판별하는 준칙이기도 하다.[60] 진리의 기준이자 진리를 인식하는 이 마음은 어

---

57 『왕양명선생실기』가 거의 동 시기 일본 高瀨武次郎의 책을 전폭 수용해 작성되었다는 사실과 그 동이(同異)에 관해서는 이혜경, 「박은식의 양명학 해석: 다카세 다케지로와의 차이를 중심으로」 참조. 나아가 근대 일본에서 양명학 평가의 배경에 관해서는 이혜경, 「주자학이 전근대의 대표이념이 되기까지: 후쿠자와 유키치와 이노우에 데쓰지로의 유학을 둘러싼 공방」 참조.

58 왕수인은 다음과 같이 말한다. "마음 밖에는 물이 없고, 마음 밖에는 일이 없고, 마음 밖에는 이치가 없고, 마음 밖에는 의가 없고, 마음 밖에는 선이 없다. 내 마음이 사물을 대할 때 순수하게 이치에 따르고 인위가 섞여 들지 않는 것을 선이라고 부르는 것이지, 정해진 장소가 있는 사물에 [선이] 있어서 [그 선을 그곳에서] 찾을 수 있는 것이 아니다. (…) 반드시 모든 일과 모든 사물에서 지극한 선을 찾아야 한다고 한다면, 이것은 [마음과 지극한 선을] 분리시켜 둘로 만드는 것이다(心外無物, 心外無事, 心外無理, 心外無義, 心外無善. 吾心之處事物, 純乎理而無人僞之雜, 謂之善, 非在事物有定所之可求也. (…) 必曰事事物物上求個至善, 是離而二之也). 왕수인, 「與王純甫二」, 『王陽明全集』 卷四文錄一, 上海古籍出版社, 1992, 156쪽.

59 왕수인, 「與陸原靜」, 『왕양명전집』 卷五文錄二, 189쪽: "孟子云'是非之心, 知也', '是非之心人皆有之', 卽所謂良知也."

60 왕수인, 「傳習錄」, 『왕양명전집』 卷三語錄三, 92쪽: "爾那一點良知, 是爾自家底準則."

떻게 갖게 되는가? 이 마음은 본래 모두 가지고 태어난다고 한다. 다만 갖고 있다는 것을 모를 뿐이다. 그래서 깨달으면 바로 자신의 것이 된다고 왕수인은 주장한다. 왕수인에 의하면, "사람들의 가슴속에는 각자 한 명의 성인이 있다. 다만 스스로 믿지 못하기 때문에 스스로 성인을 묻어 두고 있을 뿐"[61]이다.

양지는 이미 현재의 내 마음이기 때문에 성리학처럼 서재에서 책을 보는 공부가 필요하지 않다. "스스로 믿으면", 성인이라는 것을 깨닫기만 하면 된다. 박은식은 양명학의 이러한 특성에 의거해 "오로지 왕학의 간이진절(簡易眞切)함이 시의적절"[62]하다고 판단했다. 간단하면서도 명백한 마음, 즉 간이진절한 마음과 함께 양지의 주체성 역시 변동하는 시대를 반영할 수 있는 특성이었다. 왕수인에 의하면, "양지는 바뀌는 것이다. (…) 정해진 준칙이 될 수도 없고, 오직 가는 곳에 따라 변한다."[63] 양지는 외적인 법칙이 아니라 개인의 주관이기 때문에, 변동하는 객관 세계에 대응할 수 있는 유연한 주체가 될 수 있을 것이다. "천지의 진화가 무궁하므로 성인이 변화에 대응하는 것 또한 무궁하다. 그래서 때에 따라 마땅하게 조절하여 천하의 사업을 이룬다"[64]라며, 박은식은 양지가 '새로운 사업'에 대처할 올바른 주체가 되리라 기대했다.

---

61 왕수인, 「전습록」, 『왕양명전집』 卷三語錄三, 93쪽: "人胸中各有箇聖人, 只自信不及, 都自埋倒了."

62 박은식, 『왕양명선생실기』; 『白巖朴殷植全集』 제3권, 633쪽.

63 왕수인, 「전습록」, 『왕양명전집』 卷三語錄三, 125쪽: "良知卽是易. (…) 不可爲典要, 惟變所適."

64 박은식, 『왕양명선생실기』; 『白巖朴殷植全集』 제3권, 501쪽.

양명학이 전제하고 있는 천인합일의 세계관은 우주의 모든 존재가 스스로의 마음과 연결되어 있어, 모든 존재가 편안하고 행복해야 개인의 마음도 비로소 편안하고 행복하다고 말한다. 이것이 양명학이 추구하고자 하는 인(仁)의 세상이다.[65] 기본적으로 이러한 인을 품고 있는 주체라면, 게다가 위에서 말했듯이 새로운 시대를 판단하고 대응할 수 있는 지적인 능력을 갖는 주체라면, 새로운 환경에 대처하는 동시에 어떻게 해야 인을 실현할 수 있을지 고민할 것이다. 천인합일, 만물일체의 실현이라는 도덕성의 큰 방향을 지키면서, 사회 내부의 갈등 없이 모두가 화합할 수 있는 사회를 실현할 방법을 찾을 것이다. 이는 당연히 생존경쟁이라는 경향과는 다른 방향일 것이다.

그런데 온 세상이 생존경쟁에 몰두하고 있는 환경에서, 인의 세상을 꿈꾸는 이러한 본령은 대한제국이 생존경쟁의 세상에서 낙오하

---

65 왕수인은 다음과 같이 말한다. "나의 부모를 사랑하고 봉양하여 그 사랑을 남의 부모에게 확장하고 나아가 천하 백성들의 부모에게 이른다. 그런 후에야 나의 인(仁)이 실로 나의 부모, 남의 부모, 천하 사람들의 부모와 함께 일체가 된다. 이들과 일체가 되고 난 후에라야 비로소 효(孝)의 명덕(明德)이 밝아진다. 나의 형을 사랑하고 우애 있게 대하여 남의 형에게 미치고 천하 사람들의 형에게 미치며, 그런 후에야 나의 인(仁)이 실로 나의 형, 남의 형, 천하 사람들의 형과 함께 일체가 된다. 그런 후에라야 제(弟)의 명덕이 비로소 밝아진다. (…) 군신, 부부, 붕우, 나아가 산천, 귀신, 조수, 초목에 이르기까지 실로 나의 가족에게 대하는 태도로써 천하의 사람들과 사물에게 친애하여 내가 모든 인을 완전히 달성한 후에야 비로소 나의 명덕이 모두 밝아지고, 진정으로 천지만물을 일체로 할 수 있다. 이것을 일러 명덕을 천하에 밝힌다고 한다(是故親吾之父, 以及人之父, 以及天下人之父, 而後吾之仁, 實與吾之父, 人之父, 與天下人之父而爲一體矣. 實與之爲一體而後, 孝之明德始明矣. 親吾之兄, 以及人之兄 (…) 君臣也, 夫婦也, 朋友也, 以至於山川鬼神鳥獸草木也, 莫不實有以親之以達吾一體之仁. 然後吾之明德, 始無不明, 而眞能以天地萬物爲一體矣. 夫是之謂明明德於天下)." : 왕수인, 「大學問」, 『왕양명전집』 卷二十六, 續編一, 968-969쪽.

지 않게 할 수 있을까? 즉 양명학이 인의 정신을 지키면서 당시 대한제국에 필요한 경제적 힘을 비롯한 경쟁력을 길러 줄 수 있을까?

「유교구신론」부터 박은식은 양명학의 '지행합일'설을 강조했다. 양명학에서 말하는 앎이란 근대 용어인 '지식'과 다르다. 양명학에서의 앎이란 옳고 그름 즉 '시비'를 아는 마음인데, '시비'는 또 '호오'와 다른 것이 아니다. 양지가 옳고 그름을 가린다는 것은 옳은 것을 좋아하는 것으로 나타난다.[66] 즉 양지는 이성과 감성이 분리되지 않은 단일한 주관이다. 이성과 감성이 분리되지 않는 양지의 특성 때문에 앎과 행동도 별개의 것이 아니다. 왕수인은 음식을 보고 "먹고 싶은 마음이 바로 의념[意]이며, 이것이 바로 행위의 시작"[67]이라고 말한다. 음식을 보고 움직이는 마음은 본능적인 감정이며, 감정은 더 이상의 동력을 필요로 하지 않고 스스로 움직인다. 감정의 움직임, 마음의 움직임이 이미 행위인 것이다. 그렇기 때문에 왕수인은 "앎이란 행위의 시작이고, 행위는 앎의 완성이다. (…) 앎과 행위를 두 가지 일로 나눌 수 없다"[68]라고 말한다. 나아가 "앎에서 참되고 절실하며 독실한 측면이 곧 행위이고, 행위에서 밝은 자각과 정밀한 관찰의 측면이 곧

---

66 왕수인은 다음과 같이 말한다. "양지는 단지 옳고 그름을 분별하는 마음이다. 옳고 그름을 분별하는 것은 다만 좋아하고 싫어하는 것일 뿐이다. 단지 좋아하고 싫어하는 것으로 옳고 그름의 분별을 다하게 된다. 옳고 그름을 분별하기만 한다면 온갖 일과 온갖 변화에 다 대처하게 된다. (…) '시비(是非)' 두 글자는 큰 척도이다. 그것을 얼마나 능숙하게 사용할지는 그 사람에게 달려 있다(良知只是箇是非之心. 是非只是箇好惡. 只好惡就盡了是非. 只是非就盡了萬事萬變. (…) 是非兩字是箇大規矩, 巧處則存乎其人).": 왕수인, 「전습록」 下, 『왕양명전집』 上, 111쪽.

67 같은 글, 42쪽: "欲食之心卽是意, 卽是行之始矣."

68 같은 글, 13쪽: "知者, 行之始, 行者, 知之成. 聖學只一箇工夫, 知行不可分作兩事."

앎이다"[69]라고도 한다. 아는 일도 행위의 연속이며 행위 역시 지각과 의지 작용의 연속인 것이다.

박은식은 "가장 옳다고 하는 앎도 행하지 않았다면 앎이 아니"라고 한 왕수인의 말을 옮기면서,[70] "진실로 나라에 등 돌리는 것이 반역인 줄 알면서도 스스로 그것을 범했으므로, 이는 나라에 대해 제대로 알지 못한 것"이라는 예를 든다. 이어서 "알고도 행하지 않는 폐단이 여기에 이르니, 그 원인을 찾아 보면 한 줄기 생각[一念]의 차이 때문"[71]이라고 말한다. 그 "한 줄기 생각"이 무엇인지 왕수인의 말을 들어 보자.

> 내가 지금 '지행합일'을 말하는 이유는 사람들로 하여금 한 줄기 생각이 일어나면 그것이 바로 행위임을 깨닫게 하려는 것이다. 생각이 일어날 때 조금이라도 선하지 않음이 있다면, 그 선하지 않은 생각을 극복해야 한다. 철저하게 그 선하지 않은 생각이 가슴속에 남아 있지 않도록 해야 한다. 이것이 내 주장의 근본적인 취지이다.[72]

양지는 그대로 성인의 마음이지만, 한 줄기 선하지 않은 마음이 끼어들어 방향이 틀어지거나 주저함이 생길 수도 있다. 그런데 앎과

---

69 같은 글, 42쪽: "知之眞切篤實處, 卽是行. 行之明覺精察處, 卽是知."

70 왕수인, 「전습록」 상, 『왕양명전집』 상, 4쪽: "[未有知而不行者.] 知而不行, 只是未知."

71 박은식, 『왕양명선생실기』; 『白巖朴殷植全集』 제3권, 514쪽.

72 왕수인, 「전습록」 하, 『왕양명전집』 상, 96쪽: "我今說箇知行合一, 正要人曉得一念發動處, 便卽是行了. 發動處有不善, 就將這不善的念克倒了, 須要徹根徹底不使那一念不善潛伏在胸中. 此是我立言宗旨."

실천에 끼어들 수 있는 틈은 "한 줄기 생각의 차이" 정도밖에 없다는 의미이기도 하다. 한 줄기 생각이 끼어드는 찰나의 순간만을 잘 관리한다면, 선으로 향하는 즉각적인 실천력을 얻을 수 있다. 그러므로 어떤 것이 나라를 위한 것인지, 어떤 것이 경제적 힘을 얻을 방법인지 아는 순간 양지는 곧바로 실천력을 얻을 것이다.

그런데 경제력을 얻는 일은 천인합일의 정신과 합치할까? 혹 어긋날 수도 있지 않을까? 양명학의 지도를 받는 과학은 유럽의 과학과 어떻게 달라질 수 있을까?

일단 양명학이 어떻게 과학을 지원할 수 있는가에 대한 박은식의 해법은 양명학의 '사상마련(事上磨練)'이라 할 수 있다. 왕수인은 구체적인 상황을 떠난 선악은 없다고 생각한다. 그러므로 구체적인 상황에 앞서 선악을 판단할 수 없다.[73] 세부적인 상황이나 상황의 변화는 미리 정할 수 없고 예측할 수 없다. "'반드시 그렇게 해야 한다'거나 '반드시 그렇게 하면 안 된다'는 것은 양지의 본체가 아니"라고 왕수인은 말한다.[74] "그때그때의 구체적인 일에서 그 양지를 실현하는 것

---

73 왕수인은 다음과 같이 말한다. "무릇 양지가 세부 항목 및 상황의 변화와 맺는 관계는 그림쇠와 곱자와 척도가 사각형 및 원형과 맺는 관계와 같다. 세부 항목 및 상황의 변화를 미리 정할 수 없는 것은 사각형과 원형과 긴 것과 짧은 것을 이루 다 궁구할 수 없는 것과 같다. 따라서 그림쇠와 곱자가 진실하게 확립되면 사각형과 원형을 속일 수가 없어서, 세상의 사각형과 원형은 이루 다 사용할 수 없을 정도가 되고, (…) 양지가 완전히 실현되면 세부 항목과 상황의 변화로 속일 수가 없어서 세상의 세부 항목과 상황의 변화는 이루 다 응할 수 없을 정도가 될 것이다(夫良知之於節目時變, 猶規矩尺度之於方圓長短也. 節目時變之不可預定, 猶方圓長短之不可勝窮也. 故規矩誠立, 則不可欺以方圓, 而天下之方圓不可勝用矣, (…) 良知誠致, 則不可欺以節目時變, 而天下之節目時變不可勝應矣)." 같은 글, 50쪽.

74 "你若執著了今日當受的, 便一切受去. 執著了今日不當受的, 便一切不受去. 便是適莫. 便

이 바로 격물(格物)”[75]이다. ‘격물’은 변화하는 사태마다 상황을 제대로 판단하고 올바르게 행위하도록 양지를 발현하는 것[致良知]과 같은 일이다. 구체적인 사태마다 자신의 양지를 발휘하는 것이 선의 창출 행위가 되므로 왕수인의 공부법을 따르면 실생활에서 생활에 필요한 일들을 배워 가는 과정이 곧 ‘치양지’의 공부가 된다. 왕수인은 ‘구체적인 일에서 연마함’, 즉 ‘사상마련(事上磨鍊)’에 대해 다음과 같이 말한다.

> 사람은 모름지기 구체적인 일에서 연마하고 공부해야만 유익함이 있다. 만약 고요함을 좋아한다면 일을 만났을 때 곧 혼란스러워져서 마침내 나아진 것이 없을 것이다. 저 고요한 때의 공부도 조금은 수렴된 듯하겠지만 사실상 어긋나고 그르친 것이다.[76]

박은식은 “실제 사물에서 양지를 갈고 닦는 것”을 “격물치지하는 공부로 삼았기 때문”에 유학이 선불교와 달라지는 것이라고 평하면서,[77] “장부를 적고 재판하는 일도 참된 학문”이라는 왕수인의 말을 인용한다.[78]

양지가 구체적인 사태에서 단련된다는 점에서 양지의 단련은 경

不是良知的本體. 如何喚得做義.” 같은 글, 102쪽.

75 “隨時就事上致其良知, 便是格物” 같은 글, 卷三語錄三, 83쪽.

76 “人須在事上磨練做功夫乃有益. 若只好靜, 遇事便亂, 終無長進. 那靜時功夫亦差似收斂, 而實放溺也.” 같은 글, 92쪽.

77 박은식, 『왕양명선생실기』, 『白巖朴殷植全集』 제3권, 509–510쪽.

78 같은 책, 510쪽.

험적 지식의 습득을 동반한다. 유학은 '덕성지'와 '견문지'를 구별했고,[79] 왕수인은 특히 덕성지를 중시한 것으로 알려졌다. 견문지는 보고 들어 아는 지식이라는 의미로 경험적 지식, 과학적 지식과 가까운 개념이다. 그런데 아는 것이 실천과 분리되지 않는 것처럼 왕수인에게는 견문지 역시 덕성지와 분리되지 않는다. 즉 견문지 역시 홀시되지 않는다. 박은식은 왕수인의 견문지에 대해 다음과 같이 말한다.

> 선생의 학문은 본체의 지를 얻는 것이므로 견문지를 늘릴 겨를이 없으니 당연히 실용과는 좀 멀어질 것이지만, 일에 임해서 변화에 대처하는 데는 항상 헤아리고 일층 어려운 일을 만날 때마다 더욱 정신을 쏟는다. 예컨대 좋은 쇠가 불에 들어가면 더욱 광채를 내는 것과 같다. 견문지식을 쌓는 세상의 선비보다 선생이 그 효과가 훨씬 많은 것은 왜인가? 세상 선비들의 견문지식은 많아서 넘치면서도 [실제와] 부합하지 않는다. 그 선비들이 듣고 보고 안 것은 겉돌고 넘치며 절실하지 못하여 말로 설명하는 데서 떠나지 못한다. 선생의 본체공부는 실제 일에서 갈고 닦아[事上磨鍊] 정밀하고 밝음을 이루어 철저하게 깨닫는 것이다. 그러므로 살펴서 구별하는 앎이 천하의 시비에 어둡지 않고, 스스로를 믿는 힘이 천하의 이해관계 때문에 손실되지 않으며, 손이 가는 대로 일을 처리하는 것이 마치 아무

79 '지'를 '덕성지'와 '견문지'로 나눈 것이 처음 보이는 문헌은 『중용』으로, "尊德性而道問學"이라는 말이 실려 있다. 이에 대해 송대의 張載는 견문지는 경험적인 지식을 가리키고 덕성지는 "性과 天道"로 상징되는 형이상학적 지식을 가리키는 것이라고 해석했다. 장재, 『正蒙』, 「大心」: "見聞之知, 乃物交而知, 非德性所知, 德性所知, 不萌于見聞."

> 일도 없는 듯이 웅대하다. 그러므로 '실제 일에서 갈고 닦는 것'이 곧 앎이며 실행이고, 움직임이며 고요함이다.[80]

박은식의 소개대로라면 오히려 양명학의 견문지는 어떤 면에서 근대 과학보다 유능해 보인다. 근대 과학이 가치와 분리되어 인간의 삶을 고려하지 못하는 길로 질주하고 있다는 점을 생각하면, 실제에 부합하면서도 시비에 어둡지 않은 양명학이야말로 오늘날에도 필요한 지식이다. 게다가 이해관계 때문에 흔들리지 않는다면 이보다 더 믿음직스러운 지식은 없을 것이다.

지식과 식산을 위한 교육이 제대로 정착하기 전에 대한제국은 주권을 잃었다. 알다시피 양명학의 현창으로 그것을 막을 수는 없었다. 그러나 인간은 가치를 추구하는 존재로 자처해야 한다는 테일러의 주장을 상기하면, 양명학은 분명 자기 역할이 있었다. 양명학은 인간다움을 잃지 않으면서 경쟁력을 키우는 길을 찾는 사람에게 선택된 것이다.

'양지'는 구체적인 상황을 마주해서 옳음을 선택하고 실천할 수 있는 능력이다. 마주한 상황을 파악하기 위해 가령 물리학이라는 영역의 지식이 필요하다면, 그 지식을 직접 배우든 지식을 갖고 있는 사람에게 자문을 구하든 그 상황을 처리하기 위해 어떤 행동이든 할 것이다. 마주한 상황이 가령 국제정치에 대한 지식을 요구한다면 국제 상황에 대한 지식들을 알기 위해 노력할 것이다. 국제 정세의 변

---

80 박은식, 『왕양명선생실기』; 『白巖朴殷植全集』 제3권, 588쪽.

화를 장기적이고 체계적으로 인지하고 예측하는 것이 필요하다고 판단되면, 지속적으로 그 일을 할 사람을 키우기 위해 제도적 장치를 마련할 것이다. 실제로 양지는 주관적인 판단 능력이지만 구체적인 실행의 장에서 발휘되는 것이므로, 개인적인 판단이 아니라 그 상황에 관련된 모든 사람과 함께 도출해야 할 판단이다.

어느 공동체가 천인합일, 만물일체의 인을 지고선으로서 동의하는 사회라면, 그 사회는 그 가치 추구를 유지하는 선에서 과학이나 경제적 능력을 신장해 나갈 수 있을 것이다. 그런 가치를 추구하는 공동체가 이웃의 공동체에 영향을 주면서 그 문화를 확장해 갈 수도 있겠지만, 당시에는 우승열패의 물결이 세계를 휩쓸고 있었다. 열패자로서 소멸의 운명이 대한제국의 코앞까지 다가와 있었던 것이다.

6. 양명학이 줄 수 없는 것

우자가 이미 정해지고 그들이 정한 규칙에 의해 싸워야 하는 상황에서, 패자의 위치에서 헤어나는 것이 실제로는 거의 불가능에 가까웠다는 사실은 일단 제쳐 두자. 국권상실의 위기가 임박했다는 최악의 상황에 괄호를 치고 논의한다면, 양명학은 문명의 시대에 어떤 가능성을 가질 수 있을까? 지고선으로서 과학을 지도하고 문명의 방향을 안내하는 역할을 할 수 있을까?

박은식은 유학적 지고선을 제자리에 되돌려 놓고 그 입장에서 문명을 비평한다. 다음을 보면 그가 극복해야 했던 문명의 특성을 어떻게 파악하고 있었는지 짐작할 수 있다.

> 옛날부터 성현들은 인의의 가르침으로 천하의 인심을 바꾸고자 했다. 그러나 후세의 풍속과 기풍이 더욱 사치한 데로 쏠리고 인욕이 더욱 횡행하여 산을 넘을 만큼 큰 홍수가 천지에 가득했다. 게다가 인류의 생존경쟁이 오직 지식과 기능의 우열에만 따르니, 발본색원(拔本塞源)주의가 어찌 우원하고 불필요한 것이 아니겠는가. 그러나 성현은 천하의 다툼을 그치게 하고 천하의 난에서 구하는 것을 마음으로 삼았으니, 어찌 지식과 기능을 가지고 경쟁의 전쟁터에서 각을 세우고 싸워 민생의 화를 보태겠는가. 이것이 바로 성인의 뜻이 인의가 되는 이유이다. 이 발본색원론은 근세 과학자의 입장에서 보면 시무와 인류의 생활에서 멀다고 할 것이다. 그러나 과학자의 성질이라는 것은 항상 개인의 사사로운 생각에 머물고 공공의 이해는 돌아보지 않는 사람이 많으니, 이 폐단을 어떻게 막을 것인가?[81]

발본색원이란 선한 마음을 지키기 위한 양명학의 공부 방법으로서, 마음이 움직일 때 한 줄기 나쁜 마음이 일어나는 것을 잡아채 뿌리째 뽑아 버리는 것이다. 이미 내 마음은 선한 마음인 양지이지만, 이 마음이 작동하면서 사사로운 생각이 같이 움직일 가능성은 늘 있다. 양지는 그 한 줄기 선하지 못한 마음을 알아채고 잡초 뽑듯이 뽑을 수 있는 능력이기도 하다.

박은식은 이 학문이 "다툼을 그치게 하고" "난을 구하는 것"을 지향하며 "공공의 이해를 돌아보"는 것으로 묘사한다. 즉 만물을 한 몸

81 같은 책, 606-607쪽.

으로 여기는 '인(仁)'을 지향하는 것이다. 인은 어떤 존재도 배타하지 않고 포용하는 보편적인 사랑이다. 이 사랑은 특히 어린아이처럼 자기 보존 능력이 떨어지는 존재에 대한 특별한 보호를 중요하게 거론한다. "사사로운 생각"이란 이러한 공공의 정신에 위배되는 모든 것이다. 생존경쟁, 적자생존의 정신은 열등한 것을 감싸안기는커녕 오히려 짓밟으려는 것으로, 인의 정신과 대척점에 있다고 할 수 있다.

박은식은 '경쟁의 권력'으로 상징되는 문명을 위해 인의예지를 잠시 지고선의 위치에서 끌어내린 적이 있었지만, 더 이상 문명의 원리를 가치로 여기지는 않았다. 생존경쟁으로 대표되는 그 원리를 따르는 일은 그가 스스로 가치를 추구하는 존재로 자부할 수 없게 만들었다. 그러나 과학으로 상징되는 문명의 힘을 무시할 수는 없으므로, 박은식은 그것을 유학적 가치 아래로 포섭하고자 했다.

그런데 문명은 중화적 세계에서는 두드러지지 않았던 민족과 국가라는 개념을 알려 주었다. 생존경쟁을 추구하는 삶을 피하기로 했다고 해서 이미 엄연하게 벌어지고 있는 민족국가 간의 경쟁이라는 현실을 피할 수는 없었다. 만물일체의 인을 가치로 하는 양명학은 이러한 현실을 해석하고 지도할 수 있는 이념인가? 더구나 국권을 상실한 조선 민족의 입장에서 가장 다급한 과제는 국권회복이었다. 양명학은 국권회복에 어떠한 메시지와 힘을 줄 수 있는가?

1910년 대한제국은 국권을 상실했다. 박은식은 1911년 만주로 망명한다. 만주로 옮긴 박은식은 단군을 민족의 시조로 받들면서 민족의 중요성을 역설하는 대종교(大倧敎)에 가담한다.[82] 그리고 「몽배금태조(夢拜金太祖)」, 「천개소문전(泉蓋蘇文傳)」, 「명림답부전(明臨答夫傳)」 등 민족의 영웅을 다루는 글을 이어서 발표한다. 「천개소문전」

은 고구려의 장수 연개소문을, 「명림답부전」은 고구려의 국상이었던 명림답부를 다룬 위인전이다.

이 가운데 「몽배금태조」는 주인공이 금나라의 태조라는 점에서 이색적이다. 그런데 박은식은 12세기 중국에 금나라를 세운 금 태조 역시 단군의 후손이라고 주장한다. 금 태조는 한반도의 조상으로서 백두산에서 발흥해 마침내 중원을 차지했던 영웅으로 소개된다. 「몽배금태조」를 포함해서 픽션이 가미된 이들 영웅전의 공통된 특징은 민족주의 고취를 주제로 한다는 점이다. 잃어버린 나라를 다시 찾아야 할 이 시점에서 무엇보다 중요한 것은 민족주의였다.

그런데 민족주의 고취를 위해서는 중화주의가 먼저 정리되어야 했다. 중화주의는 유학과 분리되지 않는다. 양명학이나 성리학이나 모든 존재를 인(仁)으로 포용하는 보편주의를 표방한다. 덕치와 예교로 특징지어지는 유교 문화를 실질적인 내용으로 하는 중화주의는 보편을 표방하면서도 자신들의 문화를 유일한 가치로 주장하면서 열등한 타자를 전제한다. 근대 유럽 문명이 보편 문명임을 주장하면서 야만을 문명화시킨다는 명분으로 타인의 영토에 상륙했듯이, 중화주의 역시 오랑캐를 교화시킨다는 명분으로 타인의 영토에 자신들의 문화를 이식했다. 문명이라는 새로운 세계관을 만나기 전까지 조선인들은 중화가 유일한 문화라고 여겼으며 유학이 표방하는 인이 진정한 보편이라고 믿었다.

박은식은 조선의 생존을 위해 경쟁력을 최고의 가치로 생각한 적

---

82 남만주에서 대종교의 제3세 도사교인 윤세복(尹世復, 1881-1960)의 집에 머물렀다고 한다. 윤세복은 박은식의 「몽배금태조」에 서문을 썼다.

도 있었으나, 바로 양명학이 추구하는 유학의 보편원리를 다시 제자리로 돌려놓고 양명학이 중시하는 현재성과 주체성의 힘에 의지해 경쟁력의 세상을 뚫고 나가고자 했다. 그런데 예전과 달리 각 민족이 민족국가를 결성해 민족국가 간에 경쟁하고 있는 이 세상에서 유학의 중화주의는 중국 중심주의이고, 결국은 중국의 민족주의로 귀결된다는 사실을 직시하지 않을 수 없었다. 박은식은 이대로 양명학에 의지해서 문명의 세상을 뚫고 나가려 한다면 조선 혹은 대한의 민족주의라는 것은 기대하기 어렵다는 것을 깨달았다. 그가 양명학을 선택한 것은 문명의 부도덕함을 구제하기 위해서였지 조선의 민족주의를 포기하려던 것이 아니었다. 그는 유학의 중국 중심주의로부터 조선의 민족주의를 구해 내야 했다.

이제 박은식은 "국민"을 양성하고 배양하는 일에 유학이 기여한 바가 전혀 없다고 비판한다. 즉 유학은 근대의 국민 형성에 어떤 도움도 되지 않을 뿐 아니라, 오히려 지체시킨 원인이었다는 것이다.

> 과거 500년간 국민이 태두처럼 떠받든 자가 유림파요, 국민을 죽이고 살리는 기관을 장악한 자는 귀족당이다. (…) 유림파에서는 일찍 연구를 거듭하여 국민의 사상을 계발한 자도 없었고 역사를 발휘하여 국민의 성격을 배양한 자도 없으며 정치학[政學]을 연구하여 국민의 이익을 공급한 자도 없었다. 다만 당송사상의 내용 없는 문장[浮文]과 내용 없는 형식[虛式]을 읊조리다 그 독을 퍼뜨려 일반사회의 기풍을 소진케 했을 뿐이다.[83]

국민의 양성에 기여한 것이 없다는 비판은 현재의 기준으로 과거의 것을 비판하면서 과거의 공을 묵살하는 것이라고 할 수 있으나, 앞으로를 위한 비판이라면 의미 있을 수 있다. 우선 유학이 당대의 이념이 될 수 없음을 밝히는 것이 필요하고, 유학이 형성한 조선인의 성격을 파악하고 반성하는 데도 비판적 관점이 필요하다. 유학이 한반도에 끼친 해악으로 박은식이 꼽은 것은 위와 같은 허명과 허례를 좇는 습성 때문에 "500년 동안 영웅의 씨를 말리고 베어 없애고 민지를 굳혀 막아 버리고 민기(民氣)를 속박"했다는 것이다. 민지와 민기가 자라는 것을 가로막았기 때문에 "오늘에 이르러 단군대황조의 자손 4,000만 민중은 광대한 천지간에 붙어살 곳을 잃고 말았다"[84]라며, 박은식은 유학이 국권상실이라는 비극에 책임져야 할 것이 크다고 비판한다. 위 인용문의 출처인 「천개소문전」의 주인공 연개소문은 중국을 굴복시킨 영웅이었지만, 위와 같은 유학적 분위기 속에서 제대로 평가받지 못했다고 박은식은 한탄한다.

허례와 허식 때문에 영웅을 경시하고 민지와 민기의 성장을 질식시켰다는 유학에 대한 박은식의 비판은 중화주의에 대한 비판으로 이어진다. 자신을 오랑캐라고 멸시하는 중화를 정복했던 금 태조의 존재는 중화주의를 비판하는 데 절호의 인물이었다.

금 태조가 무너뜨린 송나라는 사대부의 나라였고, 조선이 받들던 성리학의 모태였다. 금 태조는 그 송나라를 비웃는다. "도덕원리", "충요절의", "존화양이"의 기운이 넘치는 나라[85]였던 송을 함락시켰을

83 박은식, 「천개소문전」, 『白巖朴殷植全集』 제4권, 341쪽.

84 같은 책, 341쪽.

85 박은식, 「몽배금태조」, 『白巖朴殷植全集』 제4권, 181쪽.

때, 금 태조는 그 직전까지도 자신을 오랑캐라고 멸시하던 송나라 사대부들이 순식간에 자신을 성인이라고 추켜세우더라며 비웃는다. 도덕이니 존화니 말만 앞세움으로써 명예를 도적질했으니, 그로 인해 진실은 사라지고 악풍만이 자라났다고, 금 태조의 입을 빌려 박은식은 중화와 성리학의 허명을 비웃는다.[86]

그러나 더 한심한 것은 조선이다. 그래도 금 태조는 송나라의 학문과 문장은 평가할 만한 것이라고 인정한다. 그에 반해 조선은 자신의 학문과 문장도 갖지 못한 채, 할 줄 아는 것이라고는 맹종뿐이어서 오로지 중화만 숭상함으로써 더욱 허위를 키운, 더욱 한심한 족속이라고 비판한다. 더구나 중화주의는 중국의 민족주의일 뿐인데, 조선은 자신의 것은 아무것도 없이 남의 민족주의를 숭상해 온 어이없이 한심한 족속인 것이다. 박은식의 금 태조는 다음과 같이 말한다.

> 조선의 유생이 주창하는 존화양이는 무엇을 말함인가? 세계만국의 모든 사람이 모두 자기 나라를 존중함으로써 의리를 삼는 까닭에 중국인은 존화양이를 주장하거니와, 오늘날 조선 사람들은 자기 나라가 아닌 다른 나라 즉 중국을 존중하는 것을 일대 의리로 생각하니 이는 자국의 정신을 소멸케 하는 것이 아니고 무엇인가?[87]

박은식은 금 태조의 후손으로서 금 태조가 정복했던 드넓은 만주를 지키지 못한 것을 통탄한다. 그 무능력을 반성하기는커녕 "예의의

---

86 같은 책, 181쪽.
87 같은 곳.

나라"라고 자처하면서 존화양이를 읊조리는 유학자를 향해, "이른바 '예의의 나라'는 조상의 공덕을 기념하지 않는 자의 구실일 뿐이고, 이른바 소중화는 타인의 노예를 스스로 감수하는 자의 휘호인가"[88]라며 신랄하게 비판한다.[89]

기껏해야 허례허식뿐이고 심각하게는 남의 민족주의라고, 중화주의와 유학의 실상을 파악하고 정리하고 나면 이제 대한의 갈 길은 어디여야 하는가? 박은식의 길은 어디로 향해야 하는가? 망명 직전에 문명을 비판하며 그 대안으로서 재평가했던 양명학 역시 유학이며 중화주의의 산물일 뿐이었다. 조선인의 입장에서 중화주의 존중은 한심한 노예 노릇이지만, 중국인의 입장에서 중화주의 숭배는 자국정신의 발휘이고, 나아가 민족주의 시대에 그 역할을 다할 수 있는 귀한 유산이었다. 유학과 중화주의를 청산하고 박은식이 이 시점에서 추구해야 할 것은 조선의 민족주의인가? 그런데 민족주의를 추구하면서 적자생존의 문명을 비판하는 입장을 유지할 수 있는가?

7. 무엇에 의지해야 하는가

국권을 빼앗기고 국경 밖으로 몸을 옮긴 박은식에게 가장 중요한 것은 국권의 회복이었고, 그것을 추동할 민족주의의 고취였다. 그러나 민족주의는 우승열패의 경쟁 세계와 분리되지 않았다. 우승열패의 경쟁도 민족주의도 문명의 특징이었다. 박은식은 문명의 비도덕성을

88 같은 책, 169쪽.

89 같은 책, 182쪽.

이미 간파한 터였다. 그런 상황에서 민족으로서도 개인으로서도 '우승열패'를 외치며 그 길을 갈 수는 없었다. 양명학의 도덕성과 유능함에 의지하고자 했으나, 양명학이 중국 중심주의 혹은 중국 민족주의에 기대고 있다는 것도 알게 되었다. 그렇다면 그와 조선 민족이 나아갈 길은 어디인가?

앞 절에서 언급했던 박은식의 위인전들은 기본적으로 민족주의를 고취하기 위한 것이지만, 동시에 박은식이 이를 통해 문명의 승자 독식주의를 벗어난 다른 방향을 모색하고 있었다는 것도 확인할 수 있다. 박은식은 「몽배금태조」의 또 다른 주인공 무치생(無恥生)의 입을 빌려 다음과 같이 현실을 한탄한다.

> 문명이 더욱 진보하고 인간들의 지식이 발달할수록 경쟁의 기회와 살벌한 상황이 극렬해져, 소위 국가경쟁이니 종교경쟁이니 정치경쟁이니 민족경쟁이니 하는 허다한 문제가 첩첩이 생기고 나타나 세계에 전쟁의 역사가 그치지 않음은 물론이요 (…) 소위 평화재판이니 공법담판이니 하는 문제는 강권자와 우승자의 이용물에 불과할 뿐이다.[90]

생존경쟁의 전쟁뿐 아니라 국제법에 근거해 그 갈등을 풀기 위한 노력들 역시 결국 강대국들을 중심으로 그들의 이익에 봉사하는 방향으로 돌아간다는 것을, 박은식은 파악했다. 이러한 마당에 열패자

---

90 같은 책, 176쪽.

에게 어떤 돌파구가 있을 것인가? "조선은 짐의 부모의 나라요, 그 민족은 짐의 동족"이라고 말하는 금 태조는 절망하는 무치생에게 다음과 같이 말한다.

> 하늘의 도[天道]와 신의 이치[神理]는 오로지 진정한 성실함[誠]뿐이므로, 사람의 마음가짐과 행동이 진정한 성실함에서 나와야 하늘의 도움과 신의 도움을 얻는다. 진정한 성실함으로 선을 행하는 자는 영욕화복(榮辱禍福)의 관념이 없다. 만약 영욕화복의 관념으로 선을 행하면 이는 위선이므로 하늘이 이를 미워하고 신이 이를 싫어하니, 어찌 번영과 복을 주겠는가.[91]

박은식은 금 태조의 입을 빌려 "하늘의 도", "신의 이치", "진정한 성실함" 등으로 표현되는 도덕적 가치를 세운다. 이러한 가치는 현실의 영욕화복을 따지는 것 이상으로, "일시동인(一視同仁), 만물일체"[92]로 표현되는 유학적 색채를 지닌 보편가치이다. 유학적 언어를 빌려 쓰고 그 색채도 비슷하지만 유학은 아니다. 이 가치는 유학으로 대표되는 동양과 경쟁으로 대표되는 서양을 포괄하는, 새로운 보편으로서 박은식이 내세우는 것이다. 박은식은 이 가치 아래 동양과 서양을 다음과 같이 상대화시킨다.

> 동양의 학가(學家)는 "하늘은 만물을 낳고 반드시 그 재질에 따라서

91 같은 책, 174쪽.
92 같은 책, 178쪽.

> 두텁게 해준다. 그래서 잘 자라는 것은 북돋아 주고 넘어진 것은 뽑아 버린다"[93]라고 말한다. 서양의 학가는 물(物)이 경쟁을 하면 하늘이 택하여 적자(適者)를 생존하게 한다고 말한다. 대개 하늘의 도는 모든 중생을 아울러 낳고 아울러 길러 상호 두텁게 하고 박하게 하는 것의 차별이 없으니, 도덕가는 이를 바탕으로 삼아 만물일체의 인을 발휘하고 미루어 행하여 천하의 경쟁을 그치게 하는 것으로 구세주의를 삼았다. 그러나 하늘이 만물을 낳아 모두 함께 길러 서로 피해가 없게 한 것이지만, 그 물이 스스로 커나갈 힘이 있는 자는 생존을 얻을 것이요, 그렇지 못하면 생존을 얻지 못할 것이다.[94]

"하늘의 도"를 추구하는 "도덕가"는 "만물일체의 인"이라는 유학적 언어로 표현되는 가치를 추구하지만, "하늘의 도"는 동양의 학파와 서양의 학파라는 현실의 것을 넘어서는 존재이다. 하늘의 뜻을 온전히 받들어 "구세주의"를 실현하려는 "도덕가"와 달리, "동양의 학가"와 "서양의 학가"는 각각 수사는 다르지만 생존경쟁을 긍정한다. 즉 박은식은 동양도 서양도 현실의 경쟁을 인정하는 학설을 갖고 있다는 주장을 통해, 동양과 서양의 주장을 모두 상대화하는 동시에 모두 현실을 반영한 이론이라고 인정한다. 딱히 동양이 비현실적인 도덕을 주장한 것도 아니고, 딱히 서양만이 현실적인 경쟁의 원리를 갖고 있던 것도 아닌 것이 된다.

각각의 내용을 짐작건대, 동양의 학가는 유학이며 서양의 학가는

93 『중용』: "天之生物, 必因其材而篤焉, 故栽者培之, 傾者覆之."

94 박은식, 「몽배금태조」, 『白巖朴殷植全集』 제4권, 176쪽.

사회진화론이다. 그리고 유학도 사회진화론도 상대화하는 "하늘의 도"가 전제된다. 도덕가는 하늘의 도에 따라 살고자 하지만, 인간세상의 노력은 결과를 예측하기 어렵다. 스스로 성장할 힘이 없는 존재는 생존조차 어려운 세상임은 달라지지 않는다. 그러므로 박은식은 "오늘날의 의(義)는 조선의 백성이 되어 조국과 동포를 위하여 의무를 다하는 것"[95]이라며, 조선 민족을 위해 실질적인 경쟁력을 기를 것을 촉구한다.

그러나 동시에 "지극히 공평한 천심(天心)"은 "근로하는 자와 무강(武强)한 자, 진실한 자를 도울 것"[96]이라면서, 하늘의 도의 적극적인 역할을 인정하는 듯한 말도 한다. 하늘의 도와 각자의 노력은 어떤 연관을 갖는가?

박은식은 결국은 하늘의 도가 실현되는 방향으로 역사가 진행될 것이라고 믿는다. 직선으로 진행되는 것은 아니지만, 도와 부합하지 않는 방향으로 갔다고 하더라도 끝내 그 노선으로 회복한다는 믿음을 갖고자 한다. 그 믿음을 뒷받침하기 위해 그는 극심한 전쟁 뒤에 등장한 묵자(墨子)의 전쟁비판론 즉 비공론(非攻論), 교황의 혹독한 압제 뒤에 등장한 마르틴 루터(Martin Luther)의 자유설, 극단의 전제 뒤에 등장한 장 자크 루소(Jean Jacques Rousseau)의 민약론 등의 사례를 역사에서 찾았다. 박은식은 역시 금 태조의 입을 빌려, 현재 제국주의의 참화 뒤에 올 것은 '평등주의'라고 주장한다. "조선 동포가 세계의 우등한 민족과 평등한 지식과 자격을 갖추게 한다면 부도불법의 강

---

95 같은 책, 193쪽.

96 같은 책, 185쪽.

력압제를 벗어나 그들과 평등한 지위를 차지할 능력도 가질 것"이라고 전망하면서, "이러한 평등주의는 하늘에서도 허락하는 것이고 시대의 흐름"이기도 하다고 미래를 내다본다.[97] 그렇다면 조선이 우등국이 되는 것은 평화주의라는 하늘의 도를 실현하는 길이기도 하다.

> (…) 다윈이 강권론을 제창함으로써 이후 소위 제국주의가 세계에서 둘도 없는 기치가 되어 남의 나라를 멸망시키고 그 종족을 멸하는 것을 당연한 공례로 삼았다. 이에 따라 세계가 전쟁의 도가니 속으로 빠져들면서 그 화로 말미암아 극도로 비참하게 되었으니, 진화라는 관점에서 추론해 보더라도 평등주의가 부활할 시기가 멀지 않았다. 그런즉 오늘날은 강권주의와 평등주의가 바뀌는 시기이다. 이 때를 맞이하여 그것이 극도로 된 상황에서 극심한 압력을 받는 것이 우리 대동민족이며, 또 압력에 대한 감정이 가장 극렬한 것도 우리 대동민족이다. 그러한 이유로 장래에 평화주의의 기치를 높이 들고 세계를 호령할 자가 바로 우리 대동민족이 아니고 누구이겠는가.[98]

민족의 운명은 그 무엇보다 중요한 관심사일 터이다. 박은식은 하늘의 도에 따르는 것으로 민족의 길을 정한다. 그리고 그 길이 현실에 만연한 세계의 부도덕을 바로잡을 길이기를 바란다.

「명림답부전」 역시 한반도 팽창의 역사를 되새기려는 민족주의적 발상에서 지어진 글이지만, 그 한편에는 다음처럼 민족주의를 넘

---

97 같은 책, 200쪽.
98 같은 책, 213쪽.

어서는 보편적 가치에 대한 지향이 있다.

> 우리가 금일에 이르러 고구려 역사를 숭배하고 기념하여 우리의 인(仁)과 우리의 법신(法身)과 우리의 곡신(谷神)과 우리의 영혼(靈魂)이 이 세상에 부활하여 인류자격에 참여할 것이다. 만일 이 인과 이 법신과 이 곡신과 이 영혼이 전몰하고 다만 사대육신이나 세상에 기대고 있어 배고프면 먹을 줄이나 알고 목마르면 마실 줄이나 알 뿐이면 우리 민족이 설사 비상히 증식되어 2억만이 될지라도 다만 2억만의 금수종자가 증가하는 것이니 타민족의 식료품이나 더욱 바칠 뿐인 것이다.[99]

"고구려의 역사"는 국토가 가장 팽창했던 민족 영광의 역사이다. 이러한 팽창의 민족주의와 함께 박은식은 "인", "법신", "곡신", "영혼" 등 당시 보편적 가치를 표방한 동서양의 개념들[100]을 등장시킨다.

어떤 이름으로 불리든, 그것이 존재 전체를 포괄하는 최고의 가치라면 결국 하나일 것이다. 박은식은 그러한 마음으로 모든 가치를 나열하며, 인류의 자격을 갖기 위해 그것을 추구할 것이라고 말한다. 민족 팽창의 역사를 찬양하기는 하지만, 민족이 일어서는 것은 '평등주의'의 실현을 경계로 한다. 그렇다면 민족의 부활을 위한 노력과 보편적 가치를 위한 노력이 모순되지는 않을 것이다.

---

99 박은식, 「명림답부전」, 『白巖朴殷植全集』 제4권, 267쪽.

100 즉 인은 유학의, 법신은 불교의, 곡신은 도교의, 영혼은 기독교의 핵심 가치를 가리키는 듯하다.

박은식에게 국권회복은 그 무엇보다 빨리 결과를 봐야 할 급박한 과제였다. 생존경쟁의 시대에 그 일은 곧 물리적 힘을 키우는 것이었다. 그러나 박은식의 노력은 그 일 하나에 집중되지 않는다. 그는 지속적으로 지고선을 묻는다. 그리고 구국을 위한 노력을 그 선을 추구하는 일에 합치시키려고 노력한다.

스스로를 가치를 추구하는 존재로서 이해하기 위해서는 자신의 마음을 가장 무겁게 하는, 자신이 가장 먼저 풀어야 할 것으로 다가오는 국권회복의 숙제 역시 진정 가치 있는 것을 지향하는 노선에 있어야 했다. 국권회복의 길을 모색하면서 동시에 진정한 보편을 찾는 박은식의 행보는 스스로를 떳떳하게 하는 가치의 추구가 얼마나 실존에 절실한지를 보여 준다.

1920년에 간행한 『한국독립운동지혈사(韓國獨立運動之血史)』에서 박은식은 "한국인에게 말하게 한다면, 오로지 쓰러져 가는 국권옹호 이외에는 하등의 존중해야 할 다른 질서가 없다"[101]라고 선언하며, "정의, 인도를 사랑하는 인류의 양심이 다 같기 때문에" "세계 여러 민족들은 우리 민족의 독립운동에 다 같이 동정을 표한다"[102]라고 말한다. 이러한 수사 역시 강한 어조로 국권회복을 가장 급박한 당면 과제로 삼으면서도, 그 길이 "정의, 인도"라는 보편의 가치를 실현하는 길이라는 정당화를 빼놓지 않는다.

---

101 박은식, 『한국독립운동지혈사』; 『白巖朴殷植全集』 제2권, 512쪽.

102 같은 책, 670쪽.

제4장

종교와 도덕에 실은 이돈화의 꿈

1. '종교'에 의지해 식민지에서 미래를 내다보기

이돈화(李敦化, 1884-1950)는 1920년대 『개벽(開闢)』의 주간으로서 문화주의 노선에서 계몽운동에 종사했으며, 동시에 천도교를 근대적 종교로 자리매김시키는 이론화 작업을 했다고 평가된다. 이러한 평가는 이돈화에 대한 사실적인 묘사라고 할 수 있는데, 뭔가 조화롭지 않은 개념이 공존한다는 느낌을 받는다.

그 부조화의 느낌은 위의 이념들이 만들어진 근대 서구의 사정에 대한 선이해 때문일 것이다. 근대 서구는 인간의 이성을 판단의 주체로 정립하면서, 종전에 사회 질서를 제공하던 종교의 역할을 더 이상 허용하지 않고 신앙의 자유를 사적인 영역으로 제한했다. 그러한 선이해에서, 이돈화가 관여했던 근대적인 종교란 어떤 종교인지 의문이 생긴다. 사적 영역의 활동이라는 시대적 주장에 자신을 적응시킨 종교인가? 계몽운동과 종교는 어떻게 양립하는 것인가?

그런데 실제로 식민지 조선에서 기독교는 근대의 이미지를 갖고 있었다. 기독교 포교에 우호적이지 않은 조선 정부를 의식하면서 선교사들이 교육과 의료를 앞세워 선교 활동을 한 이유가 무엇보다 컸다. 'Religion'의 번역어로서 '종교' 개념은 기독교를 범형으로 해 유통되었고,[1] 전통 종교뿐 아니라 식민지 조선에서 탄생한 신종교들도 기독교를 전범으로 해 체제 개편 내지 창립을 도모했다.[2]

이돈화를 둘러싼 이념들의 부조화는 이돈화가 살았던 그 시기, '근대'를 원하면서도 근대 비판의 방식을 동원하고, 식민지를 벗어나기 위해 가장 절실했던 정치적 행동을 차단당한 채 논리적으로는 정치와 대척점에 서 있는 '문화'와 '종교'의 형식으로 정치적 운신을 도모해야 했던 상황을 반영한다. 이러한 배경에서 이돈화의 '종교'는 너무 많은 과제를 짊어지게 된다. 조선 사람들이 문명에 가장 기대했던 것이 부국강병이고 그를 통해 조선의 독립을 지키고자 했다면, 이돈화에게 그 과제는 없어진 것이 아니라 '종교'의 이름으로든 '문화'의 이름으로든 어쨌든 수행해야 하는 것이었다.

동학(東學)의 재해석 형식을 띤 인내천주의(人乃天主義) 혹은 수운주의(水雲主義)라 불리는 이돈화의 종교사상에는 동서양을 막론한 여러 사상이 혼재해 있다. 서로 조화되기 어려운 사상의 동거 역시 너무 많은 과제를 짊어져야 했던 배경과 관련 있을 것이다. 기존의 이돈화 연구들도 시사하듯이 이돈화를 어떤 하나의 사조나 이념으로 규정하기는 어렵다. 그래도 어떤 하나로 규정하는 것이 필요하다면

1 '宗敎'가 'Religion'의 번역어로 성립한 경위와 기독교가 그 범형이었다는 것에 대해서는 이소마에 준이치 지음, 제점숙 옮김, 『근대일본의 종교담론과 계보』, 논형, 2016, 「제1장 근대 '종교' 개념의 형성과정」 참조.

2 이에 관해서는 Don Baker, "A Slippery, Changing Concept: How Korean New Religions Define Religion," *Journal of Korean Religions* 1(1/2), 2010 참조.

'절충주의'가 가장 가깝다고 생각된다.[3] 다음은 『신인철학(新人哲學)』에서 이돈화가 수운주의의 성격에 대해 설명하는 글이다.

> (…) 수운주의는 결코 과거의 종교나 도덕과 같은 것으로 생각해서도 안 되고, 또는 민족주의나 사회주의와 같은 특정한 어떤 사상으로 받아들여서도 안 된다. 수운주의는 이상에서 누누이 말했듯이 인간격(人間格)[4] 중심에다 모든 사상 모든 주의를 귀납하여 그들을 융화하며 그들을 통일하게 하여 그에게 생명을 부여하는 주의이다. 비유하자면 수운주의는 인간의 생명과 같아, 이목구비 등의 오관과 사지백체의 운동을 조절하며 통일하는 것과 같은 인간격 중심주의이다. 그러므로 수운주의는 부분이 아니고 전체이며 기관이 아니고 생명이다. 수운주의는 이 점에서 '만 가지가 하나로 돌아감[萬化一歸]'을 꾀하는 주의이다.[5]

---

3 근대 한국과 식민지 시기를 이해하는 기존의 중요한 틀들은 전통과 근대, 이념의 좌우, 민족주의 등이었다. 이돈화의 이론은 그 '절충주의'적 성격으로 인해 위의 모든 요소를 발견할 수 있다.

4 "인간격은 우주격 중 최종격을 이름하므로, 인간격이라 하는 말 가운데는 우주 전체를 일원으로 보아서 우주의 전중심이 자연계를 통하여 인간계에 솟아오른 우주 중추신경의 과실을 일러 인간격이라 한 것이다"(『신인철학』, 64-65쪽)라고 하거나, "현재인간 전체에서도 우주격은 볼 수 없고, 우주격은 영원한 신비로 全的 인간 또는 미래인간을 통하여 얼마든지 향상될 만한 격이다. 우리는 이런 의미의 인간격을 가르켜 人乃天이라 하는 것이다. 즉 인내천은 우주격이 인간에 의해 표현된 것을 이른다"(『신인철학』, 66쪽)라고 하는 데서 보듯이, '인간격'은 범신론의 세계에서 인간적인 속성을 모두 떨쳐버리고 신성과 완전히 합치한 인간의 경지를 가리키는 말이다.

5 이돈화, 『新人哲學』, 천도교중앙종리원신도관, 1931, 229-230쪽. 이하 『신인철학』의 인용은 본문 괄호 안에 책명과 쪽수만 밝힌다.

이돈화는 "모든 사상 모든 주의"를 한데 모으고 수운주의가 그것을 하나로 연결하여 생명을 부여하는 역할을 하기를 기대한다. 대표적으로 그가 언급한 '사상'에는 이를테면 유물론과 유심론이 있다. 그러나 유물론과 유심론을 비롯한 "모든 사상 모든 주의"는 각각의 체계를 갖고 있고, 유물론과 유심론은 서로 대립적인 방식으로 세계를 다르게 해석한다. 그러한 세계관 각각에서 자신에게 필요한 것만 선택해서 모아 두는 방법으로 '하나'가 되기를 기대할 수는 없다.[6]

이 장은 이돈화의 인내천주의 혹은 수운주의를 검토 대상으로 하나, 인내천주의의 내적 구조를 해명하고 평가하는 일에 중점을 두지는 않을 것이다. 이돈화는 1920년대에는 천도교의 근간 사상을 '인내천주의'로 명명하다가 1931년에 발표한 『신인철학』에서 동학의 창시자인 수운(水雲) 최제우(崔濟愚, 1824-1864)의 사상을 해석하면서 그것을 '수운주의'로 명명한다. 동학과 별개로 이돈화의 해석에 의해 성립한 인내천주의 혹은 수운주의 자체에는 논리적으로 양립하기 어려운 여러 요소가 병존하는 것으로 판단된다. 이 글은 그러한 혼합물이 당시 상황을 반영하는 것으로서 의미가 있다고 보고, 이러한 절충주의가 내포하는 자기이해는 어떤 것인가에 초점을 맞추고자 한다.

지금까지 이루어진 이돈화에 대한 연구는 천도교와 관련되어 근대적 종교로의 전환에 초점을 맞춘 연구, 문화운동에 초점을 맞춘 연구, 그리고 이돈화 개인의 사상에 초점을 맞춘 연구로 정리될 수 있

---

6 철학사전편찬위원회, 『철학사전』, 중원문화, 2023의 '절충주의' 설명에 의하면 다음과 같다. "일반적으로 상이한 견해·이론·사상을 긁어 모아 기계적·무원칙적으로 짜맞추는 것, 또는 그것을 통하여 이루어진 '새로운' 견해·이론·사상체계를 말한다."

다.[7] 앞에서 언급한 대로 그의 절충주의적 경향은 기존의 연구들에서 조명한 모든 요소를 포함한다. 그 이론은 정합성 여부와 관계없이 민족주의 운동의 구심적 역할을 하고, 당시 사람들에게 종교로서 역할을 했을 수 있다. 그러나 최소한 '철학'이라고 부를 수 있을 정도로 세계와 인간을 설명하는 새로운 체계라고 한다면, 단지 여러 요소를 절충적으로 모아 놓은 것이어서는 안 된다고 생각한다. 가령 이돈화가 서양의 여러 근대 사상가들의 용어를 사용하며 부분적으로 그들 서양 사상가들과 같은 사유를 보여 준다고 해서, 그러한 부분적 요소가 그대로 이돈화의 사상적 성격을 규정하는 것일 수는 없다.[8] 같은 맥락에서 이돈화가 '도덕' 또는 '윤리'라는 명목을 제시했다는 것만으로, 그것을 그대로 그의 윤리도덕 사상으로 평가할 수는 없다. 서로 모순되는 가치를 병치시켜 놓았다면, 그것으로는 현실에서 어떤 가치를 추구해야 하는지 제시해 주는 것이 아니기 때문이다.

필자는 그의 사상을 절충주의라 판단하고, 그러한 절충주의가 복잡하면서 힘겨웠던 상황을 반영하는 것으로서 당시를 이해할 수 있는 이돈화 사상의 특징이라고 생각한다. 그리고 그 절충주의가 동반하는 도덕질서와 그 도덕질서의 배경이 되는 보편원리가 어떤 것인지 추적하고자 한다. 즉 이돈화가 요청했던 현실의 행위원리와 종교이론을 통해 제시한 지고선은 그의 절충주의 안에서 어떤 방식으로 '절충'되어 있는지, 그러한 절충이 드러내는 자기이해는 어떤 것

---

7 이는 허수, 『이돈화 연구』, 역사비평사, 2011, 17-21쪽의 분류이다.

8 가령 최동희, 「韓國東學 및 天道敎史」, 『한국문화사대계』 6(고려대민족문화연구소, 1970)에 실린, 이돈화가 서양 철학에 근거해 동학교리에 대해 합리적 해석을 시도했다는 평이 대표적이다.

인지 물음으로써 이돈화가 품고 있는 윤리의식의 실상에 접근하고자 한다. 이를 위해 1920년대 『개벽』에서 시작해 1931년의 『신인철학』을 통해 일단락된 그의 인내천주의 혹은 수운주의를 분석 대상으로 한다.

2. 이노우에 데쓰지로의 '현상즉실재론'

이돈화가 이노우에 데쓰지로(井上哲次郎, 1855-1944)의 '현상즉실재론(現象卽實在論)'의 영향을 받았다는 사실은 이미 지적되었다.[9] 이노우에는 오늘날 일본에서 주로 국가주의 또는 국권주의 이데올로그로서 평가된다. 학술적인 맥락에서도 일본 사상사의 개조[10]라는 시대적 의미를 평가받는 정도로, 학문적으로는 "절충주의의 영역에서 벗어나지 못하"였으며 "사상적 심오함은 결여"되었다는 것이 정평이다.[11] 그런데 도쿄제국대학 철학과 일본인 1호 교수로서 비교종교와 동양철학이라는 학술 영역에서 그가 일본을 비롯해 동아시아에 미친 영향은 지대하다. 구체적으로 그 영향력은 도쿄제국대학의 교수로서 근

9 대표적으로 허수, 『이돈화 연구』, 63-70쪽.

10 이소마에 준이치, 『근대 일본의 종교 담론과 계보』, 174쪽; 나카무라 슌사쿠, 「근대 일본의 學知와 유교의 개편: 근대 '知'로서의 '哲學史' 성립」, 『사림』 제22호, 2009.

11 이소마에 준이치, 『근대 일본의 종교 담론과 계보』, 135쪽. 이러한 평가는 船山信一(『明治哲學史研究』, ミネルヴァ書房, 1959) 이래로 자리 잡은 평가이다. 비교적 최근에는 이노우에의 '현상즉실재론'이 교토학파의 시초인 西田幾多郎로 이어진다는 계보를 밝히는 연구가 수행되었으며(渡部清, 「日本近代における一元論の系譜」, 『哲学科紀要』 31, 2005; 井上克人, 「明治アカデミー哲学の系譜: '現象即実在論'をめぐって」, 『關西大學文學論集』 55-4, 2006), 현재 젊은 학자들에 의해서는 이노우에를 시대의 산물로 보고 그를 통해 그 시대를 이해하려는 다양한 시도가 이루어지고 있다.

대 학술의 틀을 형성하면서 그것을 국가주의적으로 방향 설정을 하는 데 발휘되었다. 일견 정치적으로 보이지 않는 학술적인 영역에도 그의 영향력은 강력하게 남아 있다. 가령 그는 역사적 사실과 거리가 있음에도 양명학과 주자학을 각각 근대와 전근대를 대표하는 학문으로 규정했다.[12] 주자학을 전근대의 학문으로 규정한 여파는 식민지 조선에서 이루어진 '조선유학'의 학술적 정리에까지 미쳤다.[13] 종교에 대한 그의 관심 역시 국가주의 고취와 무관하지 않았다. 그가 종교에 기대한 것은 윤리의 제공이었으며, 그가 '궁극적 종교'로 추구한 것은 국민통합을 위한 '통일종교'였다는 점이 보여 주듯이[14] 종교에 관한 논의가 지향하는 바도 분명했다.[15]

'현상즉실재론'이라는 그의 세계관은 이노우에가 (구)도쿄대학[16]에 다니던 시절 일련의 철학과 학생들에 의해 거의 동시다발적으로 구상되었다. (구)도쿄대학의 외국인 교수들에게서 얻은 서양 철학의 지식, 특히 이마누엘 칸트(Immanuel Kant)를 비롯한 독일 관념론 철학

---

12 이에 대해서는 이혜경, 「주자학이 전근대의 대표이념이 되기까지: 후쿠자와 유키치와 이노우에 데쓰지로의 유학을 둘러싼 공방」 참조.

13 경성제국대학에서 조선사상사를 강의하고 관련 서적을 간행한 다카하시 도루(高橋亨)의 조선유학사 폄하 역시 이노우에 데쓰지로의 유학 평가, 특히 주자학 평가의 연장선에 있다. 이에 관해서는 이혜경, 「식민지근대에 복권된 양명학: 정인보의 『양명학연론』은 다카하시의 조선유학사에 대한 대항인가?」, 『인문논총』 76, 2019 참조.

14 井上哲次郎, 「井上哲次郎氏の宗教論」, 『國教』 제2호, 1890; 『井上哲次郎集』(クレス出版, 2003) 제9권에 수록.

15 이노우에의 종교 편력에 관해서는 이혜경, 「이노우에 데쓰지로의 종교 편력: 민심통합의 도구를 찾아서」, 『한국동양정치사상사연구』 21(2), 2022 참조.

16 1877년 개교한 도쿄대학(東京大學)은 1866년에 '제국대학'으로 개칭되고 1897년에 '도쿄제국대학'으로 개칭되었다가 1947년에 다시 '도쿄대학'이 되었다.

을 수학한 철학과 학생들은 동양에도 그것에 필적하는 관념론이 있음을 발견한다. 그것은 특히 『대승기신론』의 강의를 계기로 자각되었다. 언어적으로 파악되지 않는 '진여(眞如)'를 그들은 칸트의 '물자체(物自體)'와 등치시켰다.[17] 서양의 관념론이 아니라 동양의 불교에 뿌리를 내린 관념론은 실재(진여)와 현상을 별개의 것으로 세우지 않는다. 현상즉실재론은 불교가 빠질 수 있는 염세의 위험성을 보완해, 현상이 실재와 분리되는 것이 아님을 강조한다. 즉 현상의 배후에 실재가 있는 것이 아니라 현상이 곧 실재의 드러남이라고 주장한다. 형식상으로는 색즉시공(色卽是空)의 명제를 살려 낸 것인데, 여기에서 '공'이 의미하는 '진여'를 실재라고 해석한 것이다. 이 이론은 특수와 보편을 설명하는 데 그대로 원용된다. 즉 현상의 차별성은 실재 차원에서는 평등이므로 근본적인 차별이 아니라고 하는 논리로 현상 차원 즉 현실의 차별에 대해 문제 삼지 않고 인간의 개입도 차단하게 된다.[18] 한편, 현상의 근원에 있는 실재는 현실을 긍정하면서도 규율하는 강력한 하나의 기준이 된다. 그 하나를 어떤 내용으로 채울지는 결국 사람의 해석에 의한다. 성리학의 '리일(理一)'처럼 실재는 현실의 모든 존재를 포괄하며 규율하는 단일한 가치가 될 것이다.[19]

메이지 정부는 초기에 실증주의, 공리주의, 진화론 등 영국과 프랑스 사상을 중심으로 서양 사상을 수용했다. 그러나 메이지 중기에

---

17 渡部清, 「日本近代哲学における一元論の系譜」, 『哲学科紀要』 31, 2005, 114쪽.

18 이에 대해서는 이혜경, 「이노우에 데쓰지로의 종교 편력: 민심통합의 도구를 찾아서」의 "Ⅲ. '비교종교 및 동양철학' 강좌와 현상즉실재론" 참조.

19 이노우에 데쓰지로의 현상즉실재론에 대해서는 이혜경, 「이노우에 데쓰지로와 현상즉실재론: 「내 세계관의 먼지 한 톨」을 중심으로」, 『개념과 소통』 31, 2023 참조.

이르러서는 자유민권 사상의 확산을 경계하면서 초기의 영국·프랑스 중심의 학술과 사상을 부정적으로 검토한다. 그리고 이를 대신해서 '충애공순(忠愛恭順)'의 '도(道)'를 가르치는 한학(漢學)에 대한 재평가와 함께 독일 학술사상의 수용을 도모한다. 이것이 독일에 유학해 칸트를 연구하는 한편 '동양철학'의 정리에 대한 열망을 놓지 않은 이노우에 데쓰지로가 성장하고 활동한 배경이다.

이노우에는 철학이란 변하지 않는 실재, 즉 "모든 변화가 의거해서 일어나는 본원"을 연구하는 학문이라고 생각했다.[20] 이노우에에 의하면, 칸트나 아르투어 쇼펜하우어(Arthur Schopenhauer), 요한 고틀라프 피히테(Johann Gottlieb Fichte), 게오르크 헤겔(Georg Hegel) 등의 관념론은 모두 변화하는 현상과 그 배후의 실재를 설정한 철학 체계였고, 쇼펜하우어가 감탄했다는 베단타(Vedānta) 철학과 불교 역시 그러한 체계를 갖는 철학이었다. 그는 자신의 실재론의 가장 가까운 모델을 불교의 진여론이나 바뤼흐 스피노자(Baruch Spinoza)의 범신론에서 발견했다.[21]

이노우에는 철학사적으로 두드러졌던 과거의 철학들을 비판적으로 종합하고 자신의 현상즉실재론을 진화상 가장 첨단으로 자리매김시킬 작정으로, 자신의 '현상즉실재론'은 "유물론"도 아니고 "유심론"도 아닌 "실재론"이라고 언명한다.[22] 기존의 관념론 계열과 '종교'를

---

20 井上哲次郎, 『西洋哲學講義』, 1883; 『井上哲次郎集』 제1권, 2003, 2쪽.

21 井上哲次郎, 「唯物論と唯心論とに對する實在論の哲學的價値」, 『哲學と宗教』, 1915; 『井上哲次郎集』 제5권.

22 자신의 세계관이 '실재론'이라는 그의 주장에도 불구하고, 후대 일본 철학자는 그의 현상즉실재론을 일본형 '관념론'의 초기 형태로 분류한다. 대표적으로 船山信一의

모두 '유심론'으로 분류하고, 경험론 계열과 진화론, '과학' 등을 유물론으로 분류한 뒤의 자리매김이다. 이노우에는 이들 두 계열에 속하는 과거의 모든 철학이 각각 결함을 가졌다고 비판한다. 이 맥락에서 실재론의 특징은 "정신과 물질을 본체에 의해 통일"[23]했다는 것으로 특필된다.

그에 의하면, 철학은 유물론-유심론-실재론의 순서로 진보한다. 그 시각에서 봤을 때, 그의 실재론과 가장 닮은, 즉 가장 진보한 기존의 철학은 스피노자의 철학이다. 그가 보기에 스피노자의 철학은 "정신과 물질을 본체에 의해 통일했"[24]다고 평가할 수 있기 때문이다. 그러나 모든 철학보다 자신의 실재론이 가장 진화한 것이라고 주장하고자 한 그는 스피노자에 대해서도 "본체를 활동적으로 생각하지 않았다"라고 비판한다.[25] 이노우에의 실재론이라면 본체는 정신과 물질을 통일한 것이며 활동적이라고 주장하리라는 것을 예상할 수 있다.

종래의 모든 철학을 흡수하고 비판하는 방식으로 기존 철학과의 차별성을 확보하면서 자신의 철학을 가장 진보한 것으로 자리매김시킨다는 그의 전략에서 진화론은 중요한 역할을 한다. 그는 진화론이 자연현상의 학술적 법칙 즉 과학법칙이라고 인정한다. 그런데 그에

『明治哲學史硏究』(ミネルヴァ書房, 1959) 참조. 실제로 그의 용어는 인식론과 존재론을 구별하지 않고 혼용하고 있다. 관념론과 실재론은 인식론을 설명하는 용어이고, 유물론과 유심론은 존재론을 설명하는 용어인데 이노우에는 실재론을 유물론, 유심론과 같은 맥락에서 논의한다.

23 井上哲次郎, 「唯物論と唯心論とに對する實在論の哲學的價値」, 『哲學と宗教』, 78-79쪽.

24 같은 글, 78-82쪽.

25 같은 글, 78쪽.

따르면 자연현상은 세계의 일부, 즉 '현상'에 불과하다. 진화론은 '실재'의 세계를 설명할 수 없다는 것이다.[26] 이노우에는 진화론을 현상 영역의 이론으로, 자신의 철학 즉 현상즉실재론은 과학을 포괄하는 보다 상위의 것으로 규정한다.

위와 같은 방식으로 진화론을 인정하고 평가하면서 이노우에는 종교와 철학의 위치를 과학과 관련해 설정한다. 그에 의하면, 진화론이 현상계를 설명하는 법칙인 것과 달리, 철학은 복잡한 현상계를 해석하기 위한 '근본원리'를 세운다. "불교의 진여실상(眞如實相), 스피노자의 본체(Substantia), 칸트의 물여(物如, Ding an sich)"[27]와 같은 것이 바로 근본원리이다. 철학은 이러한 근본원리 혹은 본체와 현상계의 관계를 연구한다. 즉 과학이 설명할 수 없는 현상계 이면의 일을 설명하기 위해 등장한 것이 철학이며, 종교 역시 마찬가지이다. 단, 종교는 신앙에 의해 실재에 접근하는 반면, 철학은 이성에 의해 실재에 접근한다는 차이가 있다. 자연과학이 발달해도 설명될 수 없는 부분은 남을 것이기에 종교의 효용은 끝나지 않는다. 그런데 자연과학이 발달하면 종교로 설명해야 하는 부분도 달라질 것이다. 이노우에에 따르면, 종교란 "지력에 의해 만든 신념"이기 때문에 지력의 발달에 의해 발달하는 자연과학의 발달과 연동된다.[28] 그리고 '불교'처럼 현상계 이면의 일을 해석하는 '실재'에 대해 체계적으로 설명한다면 그것은 철학이다. 즉 철학은 진보한 종교라 할 수 있다.

---

26 井上哲次郎, 「哲學上より見たる進化論」, 『哲學と宗教』, 1910, 89-93쪽.

27 같은 글, 95쪽.

28 같은 글, 100-102쪽.

이노우에는 모든 영역의 진보를 생각한다. 철학의 영역인 유물론, 유심론, 실재론도 이 순서로 진보한 것이라고 본다.[29] 진화론이 현상계만의 법칙이라고 하면서도, 실제로는 진화론이 파악할 수 없는 실재를 파악하는 철학에도 진화론을 적용한 것이다. 종교의 영역 역시 마찬가지이다. 그에 의하면, "종교는 진화·발전하는 것이다. 진화론이 일단 제창되자, 동식물뿐 아니라 우주 만반의 존재가 모두 진화하지 않는 것이 없게 되었다. (…) 우리 인류의 정신상의 일도 그렇기 때문에, 정신적 산물인 종교도 마찬가지로 진화·발전의 도정에 있다."[30] 또한 그는 종교에도 '현상과 실재'의 틀을 적용한다. 실재와 현상은 각각 '종교의 본체'와 '종교의 형체'[31]로 명명되는데, '종교의 본체'는 "상주불멸하는 것으로 인류와 함께 있으며 인류가 존속하는 한 조금의 성쇠도 없다."[32] 반면 '종교의 형체'는 "때와 장소에 따라 변천하는 것"이다.[33] 즉 종교의 실재는 변함없지만 현상의 종교는 여러 모습으로 나타난다. 진화란 그 현상종교의 진화이다. 가령 "상제의 창조설은 가소로운 억측"[34]으로, 그러한 이론을 가진 기독교는 뒤처진 종교이다. 그에 의하면 기독교와 같은 일신교보다 범신교가 더 진화한 종교이다. 그런데 그는 이보다 더 진보한 장차의 종교는 '윤리

---

29 井上哲次郎, 「唯物論と唯心論とに對する實在論の哲學的價值」.

30 井上哲次郎, 「宗教革新の前途」, 『巽軒講話集第二篇』, 博文館, 1904, 4쪽; 比較思想史研究會, 『明治思想家の宗教觀』, 大藏出版株式會社, 1975, 293쪽에서 재인용.

31 井上哲次郎, 「宗教の将来に関する意見」, 『哲学雑誌』, 1898, 14-154; 秋山悟庵編, 『巽軒博士倫理的宗教論集』, 金港堂書籍, 1902; 『井上哲次郎集』 제3권, 246쪽, 250쪽.

32 같은 글, 246쪽.

33 같은 글.

34 井上哲次, 『倫理新説』; 『井上哲次郎集』 제1권, 50-51쪽.

적 종교'가 될 것이라고 전망한다. 그에 의하면 그것은 종교의 본체를 가장 잘 형식화한 종교이다.

> 종교의 본체는 인류의 행위를 규정하는 주의로서, 실천윤리의 근본주의와 다르지 않다. 이러한 종교의 본체는 상주불멸이며 광대무변이며 인사계(人事界) 일체의 관건이다. 이를 종교라고 이름 붙이는 것이 반드시 옳은 명명은 아니다.[35]

"반드시 옳은 명명은 아니"라고 생각해서, 이노우에는 '종교 자체'라는 "본체" 즉 '실재'의 이름 대신 '윤리적 실재'라는 이름을 사용한다. 그의 주장에 의하면, 이러한 종교 즉 '윤리적 종교'는 자연과학, 철학과 모순되지 않는다.[36] 이 윤리적 실재는 현상세계에 존재했던 모든 역사적 종교의 본체 혹은 실재이다. 종교의 진화태인 윤리적 종교가 현실의 종교가 된다면, 역사적인 여러 종교 모두 이 실재의 종교로 포섭될 것이다. 즉 장래의 종교는 통일된 하나가 될 것이다.

메이지 초기, 영국·미국·프랑스 사상의 유입으로 지식은 진보했지만 "전통적 도덕, 전통적 종교"가 모두 파괴되었고, 그 결과 가치판단을 하지 못하는 상태가 되었다는 이노우에의 진단으로부터[37] 장래의 통일교 즉 윤리적 종교가 어떤 내용으로 채워질지 예측할 수 있다. 이노우에는 이 종교의 원형을 처음에는 불교에서 찾았다. 그러

---

35 井上哲次郎, 「宗教の将来に関する意見」, 250-251쪽.

36 같은 글, 246쪽.

37 井上哲次郎, 『明治哲学界の回顧』, 1932; 下村寅太郎·古田光 編, 『哲學思想』(現代日本思想大系 24), 筑摩書房, 1965, 57쪽.

다가 염세적이고 금욕적인 불교의 성격을 비판하며, 불교 역시 과거의 종교로 취급한다. 이후에는 유교에서 바람직한 윤리를 찾아 나선다.[38] 결국 그의 최후의 종교는 '윤리적 실재'를 가장 가깝게 현실화한 윤리적 종교가 아니라 '국민윤리'로 귀결되고, 그 국민윤리에는 불교, 유교, 신도가 모두 동원되며, 현상즉실재론의 지지로 그 국민윤리는 특수의 윤리인 동시에 보편을 드러내는 것으로 수식된다.[39]

그런데 이노우에는 "인민에게 신앙의 자유를 허용하면 지식 발달상 이익이 있지만", "유럽 여러 나라 누구도 황실과 교회가 밀착해 분리되지 않는"다고 말한다. 즉 그는 종교가 정치 또는 국가와 분리되지 않는다고 생각했다. 그리하여 "신앙의 자유"가 좋은 면도 있겠으나 "정략상으로 좋지 않다"[40]라고 말한다. 따라서 종교는 통일되어야 하기도 하지만, 가령 기독교라면 정략상으로나 정서상으로 유럽의 나라와 밀접한 것이었다. 그가 불교에서 시작해 "선통적 노넉, 전통석 종교"들을 찾아 나선 이유는 분명하다. 윤리적 종교는 하나이고 진화해서 통일된 하나는 '실재'와 가장 거리를 좁힌 '현상'이라는 그의 주장이 무색하게, 그는 국가주의자임을 숨기지 않았다. 그는 일본이라

---

38 이소마에의 정리에 의하면, 이노우에의 구상은 서양의 철학을 보편적인 것으로 인정하고, 그 철학의 요소를 동양에서도 찾고자 한 것이다. 당초에는 불교를 종교이자 철학으로 생각하고 불교에서 찾고자 했으나, 결국은 불교의 비현세적 성격 때문에 유교로 전환하게 되었다. 이소마에 준이치, 『근대 일본의 종교 담론과 계보』, 145-159쪽 참조.

39 이노우에의 종교 탐색 여정에 관해서는 이혜경, 「이노우에 데쓰지로의 종교 편력: 민심통합의 도구를 찾아서」 참조.

40 井上哲次郎, 「井上哲次郎氏の宗教論」, 『國教』 제2호, 1890; 『井上哲次郎集』 제9권, 24쪽.

는 나라의 이익에 복무할 종교를 찾았던 것이다.

현상즉실재론 자체가 구체적인 질서를 내장한 것은 아니다. 그것은 양날의 칼이 될 수 있다. 현상이 실재의 가치를 지닌다고 주장함으로써 현실을 무한 긍정 할 수도 있고, 한편으로는 실재에 비춰 현상을 부정하고 변혁하려는 이론이 될 수도 있다. 다시 말하면, 정치적인 힘에 지지되어 실재라는 명목으로 현실적인 규범이 될 수도 있는 반면, 현실적 권력에 대한 저항의 내용을 담을 수도 있을 것이다. 이노우에의 국민윤리론은 전자의 방향으로 갔다. 이노우에는 현상즉실재론의 논리를 불교의 '생사즉열반(生死卽涅槃)'의 논리에서 찾았고, 그가 지적하듯이 이는 성리학의 세계관과도 비슷하다. 즉 이노우에는 '천지지성(天地之性)'과 '기질지성(氣質之性)'을 각각 '본체'와 '현상'으로 해석했으니,[41] '성즉리(性卽理)'는 그대로 현상즉실재론의 변주인 것이다. 다만 근대 독일 관념론의 언어로 수식될 뿐만 아니라 독일 관념론을 뛰어넘은 것으로서 주장되는 현상즉실재론은 전근대의 불교나 성리학과 달리 근대적 철학이라는 외피를 입게 되었다. 또한 근대 서구의 것을 뛰어넘는 일본적인 것으로서, 일본의 우수성을 드러내는 세계관이라고 주장되었다.

종교, 철학, 과학, 진화론, 현상즉실재론 등을 둘러싼 이노우에의 논의는 이돈화가 받은 영향에 대해서 검토할 때도 중요하게 고려할 사항이다. '현상즉실재론'을 비롯해 이노우에의 전반적 사상이 "사상적 심오함은 결한" '절충주의'인데도 지대한 영향력을 행사했다면, 그

---

41 井上哲次郞, 「性善惡論」, 『哲學會雜志』 4(47)-4(48), 1891; 『井上哲次郞集』 제9권, 78-79쪽.

이론 자체의 천착보다 그 이론을 필요로 한 의도와 역할에 더 비중을 두고 검토해야 할 것이다. 마찬가지로 이돈화에게서 이노우에의 사상이 어떤 맥락에서 수용되었으며, 이노우에에게서 작동했던 의도와 역할이 이돈화에게서 어떻게 드러나는지 확인해야 할 것이다.

3. 현상즉실재론과 이돈화의 수운주의

이노우에의 현상즉실재론은 존재론에서 시작해 '윤리적 종교'로 이어진다. 그가 원한 것은 결국 통일된 종교였으며, 통일된 종교가 필요한 이유는 국가주의를 고취하기 위해서였다. 이러한 사실을 고려하면, 이돈화가 이노우에에게서 현상즉실재론을 이어받았다고 할 때 이돈화는 어떤 정치적 지향을 품었는지 물어야 할 것이다.

1920년대 '인내천사상'을 주제로 한 일련의 글이나 1931년 출간된 『신인철학』에 드러나는 이돈화의 사상은 현상즉실재론을 염두에 둔 범신론적 실재론과 '인격주의'로 귀결하는 실천원리가 큰 틀을 이룬다. 실재론과 윤리라는 점에서 이노우에와 관심 영역이 일치한다고 할 수 있다. 『신인철학』에서 이돈화는 수운주의가 실재론임을 다음과 같이 말한다.

> 순수철학상에서 고찰해 보면 물(物)과 심(心) 두 종류의 논리뿐만이 아니라 그 밖에도 실재론이란 별개의 이론이 있다. 실재론이 무엇인지 한마디로 하면, 정신과 물질의 두 현상을 제3의 원리에 의해 통일하고자 하는 철학이다. (…) 실재에서 현상이 나타난 것인데, 현상에는 물적 현상과 정신 현상이 있으므로, 이 두 가지 현상을 일관하는

근본원리가 곧 실재이다. (…) 유일의 본체적 실재가 두 가지 현상으로 보인다는 것이다.(신인철학, 31-32)

이노우에와 같은 논리로 이돈화는 실재론을 '정신과 물질을 본체에 의해 통일'(신인철학, 31-33)한 것이라고 설명한다. 이 실재론은 유물론과 유심론이 발생한 뒤에 "최후로 생긴 것"이며, "물과 심의 양극단을 다투는 양자의 치우친 진리를 원만무결한 근본원리에 귀납시키고자 하는 것은 진화상 자연의 요구"(신인철학, 32)라고, 실재론을 진화론에 의해 가치평가하는 입장까지도 이노우에를 답습한다. 더 나아가 이돈화는 과학적 진화론은 작용상의 진화론이며 수운주의의 진화는 본체상의 진화론이라며 분명한 언어로 수운주의를 진화론의 틀 안에서 규정한다.[42]

또한 이노우에와 마찬가지로 그는 실재론을 핵으로 해 종교와 철학, 과학을 한자리에 모은다. 이돈화는 "모든 종교의 교리가 모두 천도(天道)의 부분이며 모든 철학의 이론이 모두 천도의 이상"이며 "모든 과학의 사실이 모두 천도의 과정"으로, "무엇이든지 모두 천도의 발휘"이며 "진리의 표현"[43]이라고 설명한다. 천도는 실재의 다른 표현이다. 철학이 실재의 이상이라면, 종교 역시 실재의 부분이며, 과학은 그에 이르는 과정이라고 설명한 것이다.

진화론상 최상의 철학인 실재론이 가장 진화한 종교로 수렴되

---

42 이돈화, 『新人哲學』, 11-16쪽.

43 夜雷, 「인내천의 연구(4)」, 『개벽』 4, 1920. 9.; 이돈화 지음, 조남현 편저, 『시대정신에 합일된 사람성性 주의(외)』, 범우, 2006, 49쪽.

고, 또한 그것이 '통일종교'로 수렴되리라는 이노우에의 구상도 공유된다. 이돈화는 "신(新)신앙에 대한 갈망은 조선뿐 아니라 세계가 공유한 현상"이라고 시대의 요구를 전하며, "정대한 신앙과 견고한 근기로써 시대에 맞는 교리를 선포하며 진리에 부합하는 신앙"을 세워야 하는 것을 시대적 요청으로 받아들인다. 그는 당시 우후죽순처럼 일어나는 조선의 종교들이 "각각 편견을 버리고 원만한 조화를 꾀하여" 인내천주의가 "유일의 종교가 되기를 바란다"라며 희망을 피력한다. 나아가 그 단계를 거쳐 이윽고 인내천주의로 "세계종교도 통일해야"[44] 한다는 전망도 제시한다.

즉 진화론과 실재론, 그리고 통일된 미래종교, 이 구상들을 이돈화는 이노우에와 공유한다. 다만 이노우에가 미래의 통일종교로 '윤리적 종교'를 구상하고 나아가 국민윤리를 제시했다면, 이돈화는 이미 존재하는 천도교를 최후의 종교로 생각했다. 자력으로 수양해서 상제와 직접 면회하고 담판해 깨달은 수운의 각성이 "전성(前聖) 후성(後聖)을 초월하여 완연히 통일종주가 된 소이"[45]라는 것이 이돈화가 밝히는 천도교가 통일종교인 이유이다. 인내천주의가 범신론이라는 것도 진화한 종교의 징표이다. 이돈화는 다음과 같이 인내천주의가 범신론적 일신교라고 주장한다.[46]

---

44 이돈화, 「최근 朝鮮에서 起하는 各種의 新現象」, 『개벽』 1, 1920. 6. 25.; 이돈화 지음, 조남현 편저, 『시대정신에 합일된 사람성性 주의(외)』, 19쪽.

45 夜雷, 「인내천의 연구(1)」, 『개벽』 1, 1920. 6. 25.; 이돈화 지음, 조남현 편저, 『시대정신에 합일된 사람성性 주의(외)』, 32쪽.

46 이돈화는 천도교의 "宗教的 基本 觀念"의 첫 번째로 "天의 觀念 汎神觀上에 立脚한 人乃天主義"를 꼽는다. 夜雷, 「인내천의 연구(續)」, 『개벽』 제4호, 1920. 9. 25.; 이돈화 지음, 조남현 편저, 『시대정신에 합일된 사람성性 주의(외)』, 42쪽.

인내천(人乃天)주의는 신(神)을 사람성(性) 무궁(無窮)과 일치한 것이라 한다. 사람성 무궁이라 함은 사람성과 신성이 일치됨을 이르는 말이다. (…) 인내천은 우주만유를 한가지로 신의 자기창조적 드러남[表顯]으로 본 점에서 범신관의 색채를 가졌으나, 결국은 사람성이 진화적 이법에 의해 만유범신성(萬有凡神性)을 사람성 자체 안에 포용하면서 우주 최고 신경말초를 통제하는 영장(靈長)으로 본 점에서 범신교적 일신교라 할 수 있다.[47]

이돈화가 인내천주의를 범신론이라고 주장하는 근거는 수운이 만든 주문의 "지기(至氣)가 지금 여기에 이르니 크게 내리기를 원합니다[至氣今至, 願爲大降]"의 '지기'에 의거한다. 즉 수운주의는 존재의 근원을 '지기'로 설정한다. 존재의 원천을 '지기'로 설정함으로써 모든 존재는 기(氣) 일원(一元)의 자기 전개로 설명된다.[48] '지기'의 성격을 '신성(神性)'으로 규정함으로써 기로 이루어진 존재 전체가 신성을 갖는 것이 되며, 한편에서는 사람이 만물 가운데 "우주 최고 신경말초를 통제하는 영장"이라고 해, 범신 안에 또 위계를 두고 있다.

기 일원을 유지하면서 현상의 운동과 차별상을 설명하는 방식 또한 전통적인 기철학(氣哲學)의 논리에 의지한다. 즉 기의 체(體)와 용(用)의 논리에 의해 실재와 현상을 설명한다. 다음의 인용문은 이돈화가 수운주의를 설명하면서 "주의에는 사상·신념·역량 세 가지 요

47 이돈화, 「世界三大宗敎의 差異點과 天道敎의 人乃天主義에 對한 一瞥」, 『개벽』 제45호, 1924. 3. 1.; 이돈화 지음, 조남현 편저, 『시대정신에 합일된 사람성性 주의(외)』, 361쪽.

48 이돈화, 『新人哲學』, 33쪽.

소가 있고, 사상에는 종지·강령·목적이 있다"라는 맥락에서 나온 말로, 그 가운데 '사상의 종지'에 대한 설명이다. 다음과 같이 인내천의 원리는 '지기'의 체 즉 본체이며, 인내천의 응용은 '지기'의 용 즉 활용으로 설명된다.

> '원리상 인내천'이라는 것은 수운주의 사상의 본체론이 되었고, '응용상 인내천'이란 것은 현실상 활용 문제이며, 그리하여 강령은 인간격 중심주의하에서 유심유물의 통일을 기도하는 지기일원적(至氣一元的) 활용을 말한 것이다.(신인철학, 206-207)

체와 용이라는 용어를 사용한 것은 아니지만 체용론의 논리를 가장 먼저 구사한 사람은 『노자(老子)』를 주석한 왕필(王弼, 226-249)로 알려져 있다. 왕필이 주로 사용한 용어는 『노자』 안의 용어로서, '무(無)'와 '유(有)', 혹은 '본(本)'과 '말(末)'이다. "만물은 유에서 나왔고 유는 무에서 나왔다"라고 한 『노자』의 구절을, 왕필은 "유의 시작은 무를 근본으로 하므로, 유를 온전히 하려면 반드시 무로 돌아가야 한다"라고 해석했다.[49] '무'는 '유' 즉 현상을 존재하게 한 것이면서 여전히 현상의 근본이라는 생각을 담고 있다. 이와 거의 비슷한 논리가 중관철학을 전개한 길장(吉藏, 549-623)에 의해 '체용론'으로 전개

---

49 『道德經』 40의 왕필주: [(…) 天下萬物生於有, 有生於無.] "天下之物, 皆以有爲生. 有之所始, 以無爲本. 將欲全有, 必反於無也(천하의 존재들은 모두 有에서 생성되었다. 그런데 유의 시작은 無를 근본으로 한다. [그러므로] 유를 온전하게 하려 한다면 반드시 무로 돌아가야 한다)."

되며,[50] 마찬가지로 거의 같은 논리가 성리학에도 수용된다. 주희에 의해 집대성된 성리학의 특징이 '전체대용(全體大用)의 학'으로 설명되기도 하는데, 이것이 의미하는 것은 "하나인 본체가 다수인 작용을 낳아 개별적인 존재를 만들어 간다"[51]라는 것이다. '전체대용'은 "추상성과 보편성을 가진" 본체가 "구체적이고 특수하게 작용하며, 심오하면서도 평이하게 되어, 최고 이념이 실제 사회에 실현"[52]된다는 논리를 제공한다.

이러한 체용의 세계관은 다양한 현상의 개체 안에 그것을 존재하게 하고 나아가 운동을 관장하는 통일된 원리가 관통하고 있다는 것으로, 현상즉실재론과 상통한다. 이돈화의 설명대로라면 현상의 다양성은 기의 용 차원, 즉 "응용상 인내천"으로 설명되고, 그것은 결국 '원리상 인내천' 즉 실재로 수렴될 것이다.

이노우에는 현상에 내재하는 통일된 실재에 기반을 둔 통일된 윤리를 제시하려는 욕망을 분명히 표현했다. 이돈화는 기의 체로서 무엇을 확보하고자 했는가? 『신인철학』에서 이돈화의 범신론은 곧바로 현실사회의 행동강령과 연결된다.

> (…) 종교적으로 볼지라도 '한울'은 범신론적이며 만유신관으로 해석할 수 있고, 또는 이것을 철학적이나 과학적으로 본다면 소아(小

---

50 길장의 '체용론'에 관해서는 이현옥, 「三論 体用中假論의 형성배경과 그 의의」, 『한국불교학』 28, 2001 참조.

51 구스모토 마사쓰구 지음, 김병화·이혜경 옮김, 『송명유학사상사』, 예문서원, 2005, 221쪽.

52 같은 책, 221쪽.

我)에 대한 대아(大我)는 때와 장소에 따라 방편적으로 사용할 수 있으니, 한 개인이 자기 단체를 생각할 때 이를 대아라 부를 수 있으며, 한 백성이 자기 국가를 생각할 때 이를 대아라 할 수 있고, 한 사람이 사회를 생각할 때 역시 이를 대아라 할 수 있는 것이다. 그러나 여기에서 이름하는 한울 개념은 어떤 부분을 한정하는 말이 아니라 우주 전체를 상상하여 이르는 말이다. (…) 소아 즉 나의 개체와 대아 즉 한울은 근본에서 동일한 것을 음미한 것으로 소아는 대아에 융합·일치될 수 있다.(신인철학, 2-3)

체와 용, 즉 본체와 발용은 위 인용문에서 대아와 소아로 치환되어 활용된다.[53] 이돈화는 본체는 어디까지나 "전체 우주"를 포괄하며 대아와 소아는 "근본에서 동일"하다고 말한다. 이러한 세계관이라면 대아는 우주여야 하며, 소아는 대아의 부분이 아니다. 그런데 또 '소아'와 '대아'가 때와 장소에 따라 방편적으로도 사용된다고 말한다. 대아와 소아의 근본이 동일하다고 하면서, 때와 장소에 따라 그 관계가 정해질 수 있다는 이러한 범신론은 소아에 어떤 행동방식을 요구하려는 것일까? 소아가 대아를 근본에서 동일한 것으로 받아들이는 것은 대아가 우주라는 전체의 본질이기 때문이다. 모든 개체가 신성의 존재로서 그 본질을 자신의 참된 존재 의미로 받아들인다면, 어떤 규모의 대아와 소아에서라도 그 본질은 변함없이 본래적인 존재

53 현상과 실재를 '大我'와 '小我'의 관계로 설명하는 것 역시 이노우에에게서 먼저 보인다. 이에 대해서는 이혜경, 「이노우에 데쓰지로와 현상즉실재론: 「내 세계관의 먼지 한 톨」을 중심으로」의 "4. 현상즉실재론의 실제적 역할" 참조.

의 성격 즉 신성일 것이다. 그러나 소아와 대아가 단지 관계의 논리로 추상화되고, 현상에서의 다양한 대아가 제한된 시간과 공간에서 주장하는 방향성을 소아에게 강요한다면, 그것은 전체주의 논리에 불과하게 된다. 우주 전체의 차원에서 검증하는 일 없이 경우마다 다른 대아의 방향을 강요하는 것은 전체주의 논리에 다름 아니다.

이처럼 이돈화의 수운주의는 이노우에의 현상즉실재론에 체용 논리까지 보태어, 전체와 개체의 관계에 대해 사실은 기존의 성리학적 세계관과 별로 다르지 않은 논리를 구사했다. 앞의 인용문에서 "사람성 무궁이라 함은 사람성과 신성이 일치됨을 이르는 말이다"라고 하는 것은 성리학의 천인합일의 이상과 다르지 않다. 이노우에나 이돈화가 자신들의 세계관이 서양 근대 철학을 뛰어넘는 것이라고 자부하며 근대적인 세계관이자 종교임을 표방했는데, 실제로 어떻게 근대적인 성격을 드러낼 수 있는지 의문이다. 즉 수운주의는 예전의 기일원론이나 성리학과 달리, 이미 근대 세계에 들어선 현실을 어떻게 근대적으로 해석하고, 그 현실을 어떻게 근대적으로 돌파하는가?

4. 수운주의는 어떻게 현실을 설명하고 돌파하는가

이노우에는 진화론은 과학으로서 현상을 설명할 수 있을 뿐이며 과학이 설명하지 못하는 실재에 대한 설명은 철학이 담당한다고 주장하는 한편으로, 철학이 유물론-유심론-실재론의 노선으로 진화했다고 설명한다. 즉 진화론은 철학이 다루는 실재의 영역보다 하위인 현상을 다루는 이론이라고 제한하는 동시에 철학 역시 진화론의 원리 하에 두는 모순을 보인다.

이돈화는 실재론과 진화론을 모순적으로 공존시키는 이노우에를 그대로 답습한다. 그는 인내천주의가 "사람성이 진화적 이법에 의해 만유범신성(萬有凡神性)을 사람성 자체 안에 포용"하는 "범신교적 일신교"라고 말한다.[54] 즉 진화론과 범신론을 같은 차원에서 공존시킨다. 그러나 지기가 신적인 성격을 갖는 존재의 근원이고, 모든 개별적 존재가 그 신적인 것의 현현이라면, 그 수사가 어떻든 사람성의 진화는 어불성설이다.

이론의 정합성 여부는 제쳐 두고 말한다면 수운주의는 심과 물, 정신과 물질, 이상과 현실, 개인과 사회 등 동서고금의 이분법을 그대로 받아들이고 나아가 적극 활용한다. 수운주의가 표방하는 바는 기존의 이론을 양극단으로 분류하고 그 양극단을 모두 부정함으로써 제3의 성격을 확보하려는 것이지만, 이러한 구도로 확보하고자 하는 바는 결국 물질과 정신이라는 현실에서 무시할 수 없는 양쪽을 실재론이라는 우산 아래 공존시키는 일이다.

우선 인내천주의는 실재론으로서 정신현상과 물질현상을 포괄한다고 주장된다.[55] 또한 지기의 운동은 목적적이지도 않고 기계적이지도 않은 "무위이화(無爲而化)"라고 한다.[56] 우주를 "생명체"로 보고 "생

54 이돈화, 「世界三大宗教의 差異點과 天道教의 人乃天主義에 對한 一瞥」, 『개벽』 제45호, 1924. 3. 1.; 이돈화 지음, 조남현 편저, 『시대정신에 합일된 사람성性 주의(외)』, 361쪽.

55 이돈화, 『新人哲學』, 31쪽.

56 '무위이화'의 문자적 의미는 의도하지 않아도 이루어진다는 뜻이다. 이 개념은 『도덕경』에서 온 것인데, 『도덕경』에서는 지도자가 의도해서 하는 일이 없는데도 백성이 감화된다는 의미로 사용되었다. 『도덕경』 제57장: "我無爲而民自化, 我好靜而民自正, 我無事而民自富, 我無欲而民自樸."

명제가 계통 있는 유기적 발전을 하는 법칙을 무위이화라 명명"한 것인데,(신인철학, 46) 이 무위이화의 운동은 "그 자체가 스스로 목적이 되어 항구히 진화하는 것으로 결코 기존의 목적을 가지고 있지 않다"라고 설명된다.(신인철학, 49) '무위이화'는 수운이 21자 주문을 설명하면서 『도덕경』에서 가져온 어구이다.[57] 이는 지기가 존재의 본원이고 만물이 그 지기로 수렴되기를 기대한다면 인위적 의지를 멈추고 지기의 운동에 합치하도록 해야 한다는 의미에서 순리적인 설명이다.

또 인내천주의는 개인주의도 아니고 사회주의도 아니라고 한다. 개인주의를 "개인 이외 일체의 지배를 탈각"하려는 것으로 이해하니, "니체의 힘 만능주의", 영웅주의, 강자주의, 나아가 무정부주의도 모두 개인주의라고 부정된다.(신인철학, 70) 사회주의로는 "인간 본위가 아닌 경제가 본위"인 마르크스주의가 지목된다. 이돈화는 "인내천주의는 사회주의가 아니"지만, 사회주의가 "인내천주의의 일부는 될 수 있다"라고 말한다.(신인철학, 71) "일부가 될 수 있다"라는 이 언명은, 이돈화가 부정을 통해 인내천주의를 규정하는 형식을 취하지만, 실제로는 부정하는 대상을 선택적으로 받아들이려는 의도였다는 것을 잘 보여 준다. 거듭되는 부정 끝에 이돈화는 다음과 같이 적극적으로 인내천주의를 규정한다.

인내천주의에서는 성신쌍전(性身雙全)의 표어를 쓴다. (…) 요컨대 인

57 최제우, 「論學文」, 『東經大全』.

> 간격은 그의 주체가 되고 물과 심은 그의 작용이 되는 것을 이른다. 성신쌍전의 생활에서는 현대인이 부르짖는 경제적 요구를 용인하는 동시에 나아가 인간의 최고 생활인 정신적 요구를 풍부하게 부여하는 것이 무엇보다 생활의 기초를 견실하게 한다는 것이다. 위에 말한 것과 같이 예로부터 인간이 대개 현실의 생활을 부정하고 내세에 대한 희망을 갖게 된 원인은 순전히 현실 생활의 곤액과 죄악에서 생긴 욕구이므로, 사람은 이 현실에서 먼저 그 곤액과 죄악을 해방해 주면 종교적 허무한 사후관이 스스로 소멸되는 동시에 인생에 대한 새로운 광명을 줄 수 있는 것이다.(신인철학, 113-114)

인내천주의의 표어라는 '성신쌍전'은 '유물론'과 '유심론'을 넘어선다는 실재론의 포부를 담은 다른 표현인데, 물질과 정신을 모두 감당하겠다는 본심을 보다 직집적으로 표현한 것이다. 인내천주의는 현실도피 역할을 하는 일부 종교의 폐단을 극복하기 위해 "현실"의 "곤액과 죄악"에서의 "해방"을 도모한다고 선언한다.

이돈화는 물질현상과 정신현상을 생명현상 여부로 구분한 앙리 베르그손(Henri Bergson)을 인용하며, 우주를 일원적인 것의 진화로 설명하는 점에서 베르그손과 수운주의가 일치한다고 주장한다.[58] 또 루돌프 오이켄(Rudolf Eucken)을 끌어들여, 인간이 물질단계에서 높은 정신단계로 자기 전개를 한다고 주장한다.[59] 유심론이 유물론보다 진화상 상위 단계라는 설정과 조응하는 설명이다. 이러한 진화라면, 물

---

58 이돈화, 『新人哲學』, 13-16쪽.

59 같은 책, 101-102쪽.

질단계의 진화가 극에 달해야 정신단계의 진화가 시작될 터이다.

현실의 곤액에서의 해방을 비롯해 진화를 위한 개혁을 이돈화는 '개조' 또는 '개벽'으로 표현한다. 그리하여 수운주의의 목적은 "현실과 이상을 합한 것으로, 정신개벽은 사상개조를 이름하며, 민족개벽·사회개벽은 현실개조를 이름한다"(신인철학, 207)라고 정리된다. 이는 한편으로 "보국안민"은 최대 급무인 "현실문제"이고, '포덕천하(布德天下)'와 '후천개벽' 등은 "세계를 대상으로 한 최후의 신이상주의"라고도 정리된다.(신인철학, 204) 사상개조인 정신개벽이 현실개조인 민족개벽·사회개벽과 대비를 이루는 것으로 판단하건대, 정신개벽은 개인 차원의 일로 분류된 것으로 보인다. 현실과 이상의 개조를 합해 성취의 시간적 순서이자 공간적 확대에 따라 늘어놓으면, 민족개벽-사회개벽-지상천국의 흐름이 된다. 이는 "보국은 민족개벽을 의미한 것이고, 안민은 사회개벽을 의미한 것이며 포덕천하 광제창생(布德天下廣濟蒼生)은 지상천국을 의미한 것"(신인철학, 230)이라는 보충설명에 따라, 보국-안민-포덕천하 광제창생의 흐름으로도 정리된다.

위의 설계에 따른다면, 현실의 곤액에서 해방되기 위해서는 "보국안민" 또는 "민족개벽" 단계의 해방을 도모해야 한다. 이돈화는 조선의 민족개벽을 위해 구체적으로 어떤 길을 제시하는가?

그는 고려의 불교와 조선의 유교가 조선의 민족성을 형성했다고 판단하며, 그들이 형성한 것이 타파해야 할 나쁜 민족성이라고 비판한다. 이돈화가 정리하는 그 사정은 다음과 같다. 즉 유학은 숭고(崇古)사상, 의타(依他)사상, 숭문배무(崇文排武) 사상, 숭례(崇禮)계급 사상 등을 퍼뜨렸다. 수운은 자신의 각도일(1860년 4월 5일)을 선천·후천의 분기점으로 선언해 과거의 근성을 모두 타파하고자 했다. 이돈화의 평가에 의하면 선천·후천설은 조선인의 숭고적 근성을 타파하는 데 효과가 있었으며, 의타주의를 깨뜨리기 위해 조선혼을 기르려 애썼고, 숭문배무의 나약함을 극복하고자 강령법(降靈法)으로 영가무도(詠歌舞蹈)를 실행했다. 또 숭례계급적 사상을 없애기 위해 사인여천(事人如天)을 표어로 내세워 반상의 구별을 타파했다. 한편 불교는 조선인에게 퇴굴(退屈)사상과 출세간사상을 남겼다. 수운은 이를 교정하기 위해 무위도식을 비판하는 "동적(動的) 도덕"을 제창했다고 한다.[60]

옛것을 숭상하는 경향, 의타심, 문을 높이고 무를 천시하는 경향, 예를 존중하는 계급사상 등은 이돈화가 배격하고자 하는 것이다. 그는 소극적이고 출세간적인 경향도 벗어나고자 한다. 민족개조란 그러한 소극적 민족성을 그 반대의 성격을 갖는 민족성으로 바꾸는 것이나. 새것을 좋아하고 자립적이며 무를 중시하고, 계급을 나누지 않고, 현실노동에 적극적으로 참여하는 성격을 가진 민족이 되는 것이다.

민족개조를 통해 그가 추구하는 민족의 성격은 이른바 '근대성' 안에 수렴될 것들이다. 즉 서양 근대 국가처럼 강한 국력과 부를 가지고 주권을 지키는 일의 결여는 당시 조선 식민지화의 원인이 되었다. 이 곤경에서 탈피하기 위해, 즉 근대성의 획득을 위해 이돈화가 제시하는 것은 '민족성의 개조'이다. 이는 물질적 방법이 아니라 정신적 방법이다. 즉 물질개조를 위해 정신적 방법을 제안하고 있는 것이다. 이 과업은 구체적으로 수운주의의 지도 아래 조선 백성 개개인이

60 같은 책, 221-222쪽.

시도하면 될 일인가? 그렇다면 그 책임은 백성 개개인에게 있는가? 이 방법으로 민족의 근대화가 이루어지고 현실의 곤액에서 탈피할 수 있는가?

가령 1920년 「조선 신문화 건설에 대한 도안」[61]에서, 그는 조선의 '신문화 건설'을 "우승열패 속의 열패자라는 사실", "농업은 남부럽지 않으나 상공업은 비었으며, 정치·법률·종교·문학 모든 것이 패자"라는 "사실"을 인정하는 데서 시작해야 한다고 주장한다. 그리고 구체적으로 지식 보급, 교육 보급, 농촌 개량, 도시 중심주의, 전문가 배출 등의 노력을 해야 한다고 제안한다. 이러한 일들이 당면 과제라는 것은 변함없는 사실이며, 이돈화 역시 이를 인지하고 있었다. 물론 이러한 일들을 실천하기 위해서는 그 필요성을 인지해야 한다는 점에서 정신적인 각성이 있어야 하지만, 이 상황을 바꿔 나갈 것은 정신이 아니라 실천이고 물질의 변화이다. 그러나 『신인철학』에서는 이러한 물질 차원의 변화를 추동하는 동력으로서 정신이 더욱 부각된다.

5. 문화개조와 신사회 건설의 비전

이돈화는 자신의 개벽운동을 "문화의 개조"라고 부르기도 했다.

> 수운주의는 현대의 모든 문화를 혁신하기 위한 일종의 생활혁신 운동으로서의 종교이다. 모든 문화를 통일하여 조화하고 지도하며, 그

61 이돈화, 「朝鮮新文化 建設에 對한 圖案」, 『개벽』 제4호, 1920. 9. 25.; 이돈화 지음, 조남현 편저, 『시대정신에 합일된 사람성性 주의(외)』, 77-86쪽.

리하여 그를 인간격 중심주의에 귀납하게 하여 일대 신생활의 활로를 개척해 주는 의미의 종교이다. 마치 일신교의 원시적 종교혁명이 그 당시의 생활혁신이었던 것과 같이, 수운주의는 현대에서의 원시종교적 생활혁신을 가진 것과 같은 종교이다. 수운은 이를 후천개벽이라 이름하였다. 후천은 신사회를 의미한 말이요, 개벽은 문화의 개조를 의미한 것이니, 후천개벽은 곧 신사회 건설을 의미한 것이다.(신인철학, 193)

종교가 '생활혁신'의 기치를 내걸게 된 것은 정치적 활동이 차단된 당시 상황에서 자신의 운신이 '종교' 영역에서의 '문화' 활동이라는 명분으로 자리매김해야 했기 때문이기도 할 것이다. 그러나 '문화'는 단순히 종교활동을 대신하는 표현에 그치지 않는다. 그는 '문화'에 대해 다음과 같이 말한다.

[문화란] 결국 우리들의 감각생활이 사상에 의해서 개조되어 가는 것을 말하는 것이라 할 수 있다. 감각에서 해방되어 사상으로 향상할수록 문명은 진보하는 것이다. 감각의 세계 즉 자연을 벗어나서 사상의 세계 즉 정신의 요구를 좇아갈수록 문명진보가 생기는 것이다.(신인철학, 73)

이 글에서는 "자연주의"를 비판하는데, 이돈화가 말하는 자연주의란 "감각의 세계만을 절대 실재로 여겨 사람의 생활을 감각의 세계 즉 자연의 의해 규정된 것으로 여기는"(신인철학, 72) 입장이다. 바꿔 말하면 과학의 대상만을 실재로 여기는 입장이다. 인내천주의는 자연주의가 긍정하는 과학은 긍정한다는 단서를 달지만, 요는 '감각에서의 해방'과 '정신의 요구'와 '사상에 의한 개조'를 추구한다는 것이다. 즉 인내천주의는 과학을 넘어서는 것을 진화로 여긴다. 그리고 그것이 문화개조의 내용으로 소개된다. '문화'는 '문명' 단계에서 진화한 단계라는 것인데,[62] 그 진화의 방향이란 자연과 감각의 세계 즉 과학의 세계에서 벗어나 정신적인 것으로 옮아가는 것이다.

이돈화의 문화개조는 1920년대 초부터 그가 받아들인 신칸트학파의 문화주의와 관련된 것으로 이해된다. 칸트는 존재의 세계와 당위의 세계를 나눴다. 존재의 세계는 이미 있는 것의 세계로서 인과법칙이 작동하므로 보편적 인식이 가능한 과학의 영역인 반면, 당위의 세계는 인간 행위의 영역으로서 도덕의 세계에 속한다.[63] 도덕법칙은 인간의 이성이 스스로에게 부여한 자율의 것이다.[64] 인간은 자유의

---

62 1921년 발표된 글에서 그는 문명이 물질적에 치중한 것이며 문화는 정신적에 치중한 것이라고 정리하면서, '개화'-'문명'-'문화'를 "역사적 변천의 단계"로 해석했다. 이돈화, 「混沌으로부터 統一에」, 『개벽』 13, 1921. 7. 1.; 이돈화 지음, 조남현 편저, 『시대정신에 합일된 사람성性 주의(외)』, 199쪽.

63 "인간이 한편으로는 자연 법칙의 지배를 받지만 다른 한편으로는 도덕법칙을 준수하는 자유로운 존재라는 생각은 칸트 철학의 특징인 두 세계론에 기반하고 있다. 두 세계론이란 존재의 세계와 당위의 세계를 엄격히 나누는 것이다. 존재의 세계, 즉 '이미 있는 것'은 우리 인식의 대상으로서 과학의 영역에 속한다. 그러나 당위의 세계, 즉 '아직 없지만 있어야 할 것'은 우리 행위의 대상으로서 도덕의 세계에 속한다. 안다는 것은 이미 있는 것을 아는 것이지 아직 없는 것을 알 수는 없기 때문에 과학의 영역은 이미 있는 것의 세계, 즉 현상계로 제한된다. 이미 있는 세계, 즉 자연은 결정론적인 인과법칙이 지배하기 때문에 보편적이고 필연적인 인식이 가능하며, 과학이 성립한다.": 박정하, 『칸트 『실천이성비판』』, 『철학사상』 별책, 제2권 제6호, 2003, 5쪽.

64 같은 책, 30쪽: "도덕 법칙은 인간 이성이 스스로에게 부여한 것이므로 타율이 아니라 자율이다."

자율에 의해 도덕법칙의 주체[65]가 된다.

실증주의와 대결했던 신칸트학파는 자연과학의 범주와 다른 당위의 범주에 새로운 강조점을 두었다. 이돈화에게 영향을 준 일본의 구와키 겐요쿠(桑木嚴翼, 1874-1946)는[66] 신칸트학파 가운데 칸트철학의 가치론을 계승한 빌헬름 빈델반트(Wilhelm Windelband, 1848-1915)의 노선에 가깝다. 빈델반트는 입법자로서 이성을 가진 인간을 가치의 원천으로 강조했으며, 구와키의 문화주의 역시 입법자로서의 이성을 천명한 칸트의 사상을 기반으로 한다.[67] 구와키는 물질문명과 대립하는 정신으로서의 문화,[68] 자연과 대립하는 인문으로서의 문화,[69] 현실과 대립하는 이상으로서의 문화[70]라는 구호로 자신의 문화주의를 설명한다.

구와키는 "물질적 문명", "물질적인 설비의 진보 및 기타 유형상의 제도와 기계의 응용 방면"과 구별되며 대립하는 것으로서 문화를, "정신적 이상적 방면 즉 예술이나 종교·도덕·학문 방면에서의 진보

65 같은 책, 30쪽: "인간은 곧 그의 자유의 자율의 힘에 의해, 신성한 도덕 법칙의 주체"가 될 수 있다.

66 이돈화가 구와키에게 직접적으로 영향을 받았다는 것은 선행연구에서 밝혀진 대로이다. 허수, 『이돈화 연구』, 99-106쪽 참조.

67 구와키와 빈델반트의 관계에 관해서는 마키노 에이지(2014), 「일본 칸트 연구의 역사와 오늘날의 과제 1862-1945」, 백종현 편저, 『동아시아의 칸트철학』, 아카넷, 182쪽; 李明輝(2014), 「1949년 이전 중국의 칸트 연구 왕국유와 칸트철학」, 백종현 편저, 『동아시아의 칸트철학』, 아카넷, 83-84쪽 참조. 李明輝에 의하면 구와키의 책 『哲學史要』(早稲田大學出版部, 1902)는 구와키 자신의 저작이 아니라 빈델반트의 *Geschichte der Philosophie*(Freiburg Breisgau, 1892)를 번역한 것이다.

68 桑木 嚴翼, 『文化主義と社會問題』, 東京; 至善堂書店, 1920, 170-171쪽.

69 같은 책, 173-174쪽.

70 같은 책, 174-175쪽.

를 의미하는 것"으로 설명한다.[71] 그는 의지의 자유가 바로 사람의 본성이라고 생각했다. 그것은 그대로 인격이었다. 그리하여 "문화는 사람 능력의 자유로운 발달이라는 것으로 귀결한다." "인간의 모든 활동력이 자유롭게 발달해서 그 앞이 어디인지 정하지 않고 발전해 가는 일"을 "생활의 중심으로 삼는 사상이 곧 문화주의"라고 정리했다.[72]

이에 의하면, 자기 내면의 자유를 발휘하는 것은 인격의 성장이기도 하고 문화의 전개이기도 하다. 그러므로 인격의 성장을 추구하는 인격주의와 문화의 전개를 추구하는 문화주의는 같은 것의 다른 이름이 된다. 또한 인간의 본성은 가치를 성립시키는 근원이므로 인간 본성의 발현은 곧 도덕의 성취이기도 하다. 그러므로 도덕주의도 같은 것의 다른 이름이 된다.

다시 이돈화의 문화개조로 돌아가 보자. 이돈화의 소개에 의하면, 일본에서 신칸트학파의 문화주의가 유행한 사정은 한반도 내에서도 "세계대전의 결과 신문화 운동을 야기"한 것으로 회자되었다.[73] 근대 문명이 세계대전을 불러왔다는 판단에서 문명비판의 기류가 형성되었는데, 이에 동아시아에서는 '문명'은 '물질'이고, 문명을 대신할 새로운 '문화'는 '정신'이라는 도식적 이해 방식이 공유되었다.

신칸트학파의 문화주의가 자연과학과 병행해 다른 영역인 문화

---

71 같은 책, 171쪽.

72 같은 책, 178-179쪽.

73 이돈화, 「最近 朝鮮社會運動의 二三」, 『개벽』, 1920. 7. 25.; 이돈화 지음, 조남현 편저, 『시대정신에 합일된 사람성性 주의(외)』, 60쪽. 인용 글은 이돈화가 인용한 "조선교육회" '강령'의 일부이다.

를 확보하려는 것인 데 반해, 이돈화의 문화주의는 앞에서 보았듯이 문명 다음 단계의 진화로 설정된다. 문명과 문화를 이처럼 같은 흐름 위에 두는 발상은 유물론에서 유심론으로, 유심론에서 실재론으로 진화한다는 존재론의 진화로도 변주된 것이었다. 다음은 1921년의 글이면서 『신인철학』까지 이어지는 이돈화의 기본적인 생각이다. 문화주의는 도덕주의와 동일한 것으로 다뤄진다.

> 세계는 한 방면은 물질계이며 또 한 방면은 의식계이다. 이 물질계와 정신계는 유일의 우주활동으로 말미암아 운행하는 것이다. 이 운행에는 반드시 목적이 있으니, 목적이라 함은 아직 정해지지 않은 명사이지만, 모든 만물이 다 같이 불완전으로부터 완전으로 향하여 진행하는 그것이 바로 그의 목적이다. 신칸트학파의 완기설(完己說)은 자아의 완전을 기하는 것을 목적으로 하는데 사람이 의식적으로 대우주의 진화와 목적을 합치하고자 하는 운동을 말한다. 사람의 행동은 복잡하나 궁극적으로 인격수양, 인격발전이라고 하는 활동 외에 별 위대한 것이 없다.[74]

이 글이 보여 주는 바는 세계에 물질과 정신이 어떤 관계로 공존하든, 이 세계를 바꿔 가는 것은 인격수양, 인격발전에 의한다는 것이다.[75] 이러한 진화론이라면, 가령 빈델반트나 구와키의 문화가 문명

---

74 夜雷, 「意識上으로 觀한 自我의 觀念, 人乃天 硏究의 其七」, 『개벽』 제7호, 1921. 1. 1.; 이돈화 지음, 조남현 편저, 『시대정신에 합일된 사람성性 주의(외)』, 114쪽.

75 이돈화는 신칸트학파의 인격주의라고 이야기하지만, 인격의 완성이 목적이며 진화와 관련된다는 점에서 이는 이노우에의 직접적인 영향으로 보인다. 이노우에 역시

의 발달을 전제하고 그것과 병행해 중시되어야 할 것으로 주장된 데 반해, 이돈화의 문화는 문명의 단계를 지난 진화로 설정됨으로써 문명과 공존하지 않아도 된다.

수운주의의 개조를 포괄적으로 표현하는 문화개조가 자연과 감각이라는 현실에서 탈피해 정신으로 향하는 것이고 인격의 완성을 의미하는 것이라면, "수운주의의 성신쌍전의 일면인 물질적 활동을 대표"하는 "현대의 경제문제 해결"(신인철학, 284)을 위해서 동원되는 것 역시 정신적인 방법임은 당연한 귀결이다. 그의 진화론에 의하면 물질의 고조를 지난 다음에야 정신의 고조가 도래할 텐데, 성취되지도 않은 정신의 역할을 물질단계를 통과할 도구로 요구하는 것이다.

인간계의 기화(氣化) 즉 실재와 하나가 되기 위한 이른바 진화를 위해 이돈화가 구체적으로 제시하는 "도덕률의 최고행위"는 "수심정기(守心正氣)"이다.(신인철학, 268) 그의 해석에 의하면 '수심정기'란 "시대정신과 짝해서 나가는 창조적 희열이 충만한 주의"를 지키는 것이다. '창조적 희열'은 '쾌락'이나 '명예', '권리'에 대한 욕망 등의 "세간적 욕망"과 대비된다.(신인철학, 273) 이돈화는 "그러한 세간적 욕망을 절대 배척하는 것이 아니"지만 "그러한 잡다한" "공리적인 욕망은" "창조적 주의"라는 "더 큰 욕망과 큰 주의를 실현하는 과정에서 자연히 일어나고 우연히 생기며 필연적으로 기복하는 생리 혹은 심리 현상의 결과"로, 만나고 헤어지는 역(驛)처럼 "연소되고 세탁되"어야 할

"불완전에서 완전을 향해 가는 자연계의 추세가 진화론으로 확정되어 있다. 인간도 역시 도덕적으로 말하자면 완전을 기한다"라고 이야기한다. 井上哲次郎, 「哲学上に見たる進化論」, 『哲学雑誌』 281, 1910; 『井上哲次郎集』 제5권, 123쪽.

것이라고 정리한다.(신인철학, 274) 즉 '수심정기'의 수련은 공리적 욕망을 세탁해 더 큰 가치로 향하게 하는 것이라는 설명이다. '수심정기'는 개인적인 도덕률이지만, 개인의 정신개벽은 "모든 개벽의 준비행위"(신인철학, 210)이다. 사회적 도덕률 역시 '개인의 성격'에 근거를 두고 세워진다. 이돈화는 개인 사이의 "상호의 자율성"과 "상호의 부조성"에 의해 형성되는 "정연한 규율상태"를 의미하는 "경(敬)"이 "우주의 법칙을 의미"하며 동시에 사회의 법칙이라고 설명한다.(신인철학, 277)

> 수운주의의 이른바 수심정기의 수련은 단순히 소극적 의미를 표준으로 한 것도 아니며, 물과 심 어느 한편에 치우친 수양도 아니며, 모든 것을 인간격 중심에 귀납하게 하여 인간격의 향상과 발전을 도모하는 것을 그 목적으로 삼는 도덕률이다.(신인철학, 270)

즉 수심정기는 물과 심을 관통할 뿐만 아니라 개인 차원과 사회 차원, 나아가 "인간격 중심에 귀납"하는 데까지 관통하는 도덕률이다. 어느 한쪽에 치우치지 않으면서 "인간격의 향상과 발전을 도모"하는 "도덕률"이라고 한다. 이러한 설명은 곧 물질적 발전에서 정신적 발전, 이윽고 인간격 중심에 귀납하는 일련의 진화 과정의 원동력을 수심정기로 설정하는 것이다.

쾌락이나 권리에 대한 욕망 등 "세간적 욕망", "공리적 욕망"을 태워 버리거나 씻어 버림으로써 성취될 '수심정기'를 동력으로, 수운주의는 조선-한국의 어떤 미래를 바라볼 수 있었는가? 문화주의를 내세웠던 독일이나 일본은 한편에서 치열하게 물질과 과학을 추구하는 동족이 있었기에 문명을 선점한 나라들에 한발 뒤지면서도 그들을 따라잡을 수 있었다. '문화'에 대해 강조했던 것은 뒤처지면서도 자신들이 세계의 중심이라는 국민통합의 논리가 필요했기 때문이다. 이노우에의 현상즉실재론이 구사하는 특수와 보편의 논리는 일본이라는 특수한 현상에 대한 기여가 바로 보편의 실현이라는 일본 중심주의 세계관을 위한 것이었다. 어떤 현실적인 지지 없이, 일본의 자기중심주의를 원용한 이돈화의 수운주의는 현실에 어떤 의미를 주었을까?

6. 용과 절연된 체, 현실과 절연된 보편

수운주의는 체와 용, 정신과 물질, 이상과 현실 등 동서고금의 이분법을 그대로 받아들이고 활용함으로써 현실에서는 그 어느 쪽도 무시할 수 없는 물질과 정신을 실재론이라는 우산 아래 공존시켰다는 점을 앞 절에서 논했다. 그러나 앞에서 보았듯이 물질과 정신은 연결되지 않고, 물질에서 정신으로의 진화, 문명에서 문화로의 진화는 성취될 가망이 보이지 않는다. 사실 애초에 이돈화의 세계관에서 체와 용, 정신과 물질, 이상과 현실은 연결된 적이 없다.

일반적으로 체용론에서 일자(一者)인 지기(至氣)를 체와 용 즉 본체와 발용으로 나누는 이유는, 어떤 것도 배제하지 않는 존재 전체의 근원을 확보하는 동시에 운동하는 현실세계 역시 본체와의 관련 속에서 설명해야 하기 때문이다. 본체는 존재 전체로서 절대이지만, 발용이라는 본체의 속성 혹은 능력에 의해 현실세계의 운동은 본체의 규정을 받게 된다. 통상 기일원론의 세계에서라면 현실의 기 즉 발용적인 차원에서의 기는 과불급의 운동을 하지만, 근원적으로는 기의 본체의 성격에 수렴되는 운동을 하게 되는 식이다.

그런데 애초에 이돈화는 본체는 본체대로 운동하고 발용은 발용대로 운동한다고 설명했다. 본체 차원의 운동은 "본체 자율의 조화"인 "유기적 진화운동"이라고 묘사되며 이 운동의 결과가 '우주'라고 한다.[76] 그렇다면 용 차원의 운동은 무엇인가? "'원리상 인내천'이라는 것은 수운주의 사상의 본체론이 되었고, '응용상 인내천'이라는 것은 현실상 활용 문제"(신인철학, 206-207)라고 하니, 용 차원의 운동은 "현실상 활용 문제"이다. 구체적으로 현실상 활용 문제로 논의되는 것은 민족개조 차원의 민족성개조, 사회개조 차원의 창조투쟁[77] 등이다. 4절에서 언급했듯이 민족성개조에 이돈화가 넣은 내용은 "새것을 좋아하고 자립적이고 무를 중시하고, 계급을 나누지 않고, 적극적으로 현실노동에 참여하는 성격을 가진 민족이 되는 것"이라 정리된다. 모두 조선이 현실의 난관을 이겨 내기 위해 필요하다고 이돈화가 판단한 것들이었다. 이는 '본체 자율의 조화', '무위이화'의 운동을 한다고 하는 본체의 운동과 애초부터 다른 뿌리에서 나왔던 것이다.

같은 맥락에서 이돈화의 '진화론'은 두 방향으로 진행된다. 하나는 본체 차원 즉 실재 차원의 "수운주의 진화론"이며, 하나는 발용 차원 즉 현상 차원의 진화론 이른바 "과학적 진화론"이다.(신인철학, 11) 수운주의 진화론과 과학적 진화론은 인류가 "자연계에서 진화했다"(신인철학, 93-94)라고 주장하는 점에서 일치하며, "우주의 최후 최고의 단계를 인간에 종결"시킨 점에서 과학적 진화론 역시 "인류의

---

76 이돈화, 『新人哲學』, 13-16쪽.

77 같은 책, 227쪽.

고상을 증명하고 인간의 신성을 도와준 것"(신인철학, 93-94)이라고 긍정된다.

수운주의의 본체 차원의 진화는 통상의 범신론과 같은 방향으로 진행된다. "다른 존재를 허용하지 않는 절대 자존(自存)의 전체"로서 수운주의의 본체는 "무궁하므로 유일"(신인철학, 3-5)하며, 스스로의 원인에 의해 즉 자율적으로 진화한다. 이 진화의 끝은 인간 입장에서 말하자면, "인간성에서 신의 원천을 발견"해 "만유평등의 내재적 신"(신인철학, 57)을 드러내는 천인합일, 범아일여의 경지이다. 이러한 진화상에서 인간의 실천은 쉽지 않겠지만 이론상으로는 명확하다. 현실적인 나 즉 개체아의 욕망을 제거해 가면서 본체의 흐름에 합류하는 것이다. 이돈화가 제시하는 '수심정기'의 실천법에 의해, 물질적인 것에서 정신적인 것으로 진화하는 세계이다.

그렇다면 발용 차원의 진화 즉 과학적 진화론의 세계에서는 어떠한가? 그것이 이른바 민족개조, 사회개조를 요구하는 현실 문제에서의 진화이다. 민족개조의 방법으로 제시되는 것이 민족성개조라는 것은 이미 언급했다. 민족개벽 뒤의 사회개벽에 대해 이돈화는 '계급투쟁'에서 '창조투쟁'으로 전환하는 것이라고 설명하는데, 이 역시 실제로 계급투쟁을 대상으로 하는 개혁이 아니다. 계급투쟁은 이미 지나간 것으로 전제되고, 사회투쟁은 계급투쟁이 끝난 뒤를 설계한다. 여기에서도 이돈화는 인간이 의식주를 걸고 최고 투쟁을 삼는 것은 인간의 체면상 유치한 일이고 비열한 동기라며 계급투쟁의 의미를 폄하하고, 계급투쟁 뒤에는 과학·철학·종교·예술·도덕 등에서 최고의 인간격 발휘를 위한 '창조투쟁'을 하게 되리라고 전망한다.[78] 또한 이 역시 수심정기의 동력에 의해 바꿀 수 있다고 주장된다. 실제로 과학적 진화에서의 동력이 될 쾌락·권리·욕망 등은 "세간적 욕망"이나 "공리적 욕망"으로 묘사되고 수심정기의 대척점에 세워져 부정된다. 즉 실제로 과학적 진화세계에서 필요한 '공리적 욕망'은 발용차원에서도 인정되지 못한다.

그러나 때로는 본심을 드러내지 않을 수 없다. 가령 이돈화는 수운주의가 '생존경쟁 즉 이질적 기화'와 '상호부조 즉 동질적 기화'를 각각 주와 종으로 하는 운동이라고 해석한다.[79] 상호부조가 동행하긴 하지만, 생존경쟁 역시 정당한 요소라고 주장하는 것이다. 나아가 최시형(崔時亨, 1827-1898)이 내건 구호 '이천식천(以天食天)'을 저급한 존재가 고급의 존재에 흡수되는, 한울 자체를 키우기 위한 생존경쟁과 상호부조의 기화운동이라고 해석한다.[80] 저급한 존재를 이기고 흡수하는 것을 당연한 과정으로 정당화하는 것이다. 생존경쟁과 상호부조 방향으로 운동하는 "자연계에서 한울을 키우는 방법은 천연적 기화작용에 의할 뿐"이고, "인간계에서의 기화작용은 이를 의식적 능력에 의해 사람에게 유용하도록 힘쓰는 것"(신인철학, 255)이라고 나누기도 한다. "의식적", "능력에 의해", "유용하게" 등의 수식어는 유용성의 원리를 설명하기에 적합한 용어들로, 이것이 현실적으로 필요한 일이었다는 것을 웅변하고 있다. 이돈화가 솔직하게 인정하지는 않지만, 그가 설계하는 본체 차원의 진화와 발용 차원의 진화를 논리적으로 짐작하자면 발용 차원의 진화 즉 과학적 진화에서는 유용성의

---

78 같은 책, 227쪽.

79 같은 책, 254쪽.

80 같은 책, 253쪽.

원리에 따라 사람의 노력에 의해 진화가 진행될 것이고, 본체 차원에서는 본체의 무위이화의 자율운동이 이루어질 것이며, 이 본체 차원의 운동은 구체적으로 물질성이 사라지고 신성만이 남는 방향으로 움직일 것이다.

이돈화는 수운은 "위대한 이상주의자인 동시에 엄정한 현실주의자"(신인철학, 204)라는 수식으로 서로 접점이 없는 본체와 발용을 수운의 인격으로 양립시키기도 한다. 그리하여 수운주의의 목적은 "현실과 이상을 합한 것으로, 정신개벽은 사상개조를 이름하며 민족개벽·사회개벽은 현실개조를 이름한다"(신인철학, 207)라고 정리된다.

존재와 운동을 연결하기 위해 고안된 체용이론을 끌어왔으면서도 이돈화의 본체와 발용은 연결되지 않는다. 즉 실재와 현상이 연결되지 않는다. 현상은 실재의 드러남이라는 현상즉실재론의 세계관이 들어맞지 않는 것이다. 왜 이러한 세계관을 만들게 되었을까? 현실에서 유용성의 원리에 의해 근대화에 노력하는, 이른바 발용 차원의 세계만으로는 왜 부족했을까? 공리주의로는 선의 질적 구분이 어렵고, 그 때문에 선을 추구한다는 자기이해가 어렵다는 찰스 테일러의 주장과는 다른 이유일 것이라고 짐작된다. 천인합일의 도덕적 이상을 갖는 도덕주의자에게 유용성의 원리는 윤리이론으로도 인정되지 않았을 것이다. 그래서 천인합일이라는 도덕적 가치를 추구하는 사람이라는 자기이해와, 현실적으로 부강을 추구해야 하는 과제가 서로 조화되지 않고 동거하게 되었을 것이다.

문제는 이처럼 현실과 이상을 같은 선 위에 두는 실천에서 인간이 일관된 도덕의식을 갖기 어렵다는 점이다. 수심정기나 경(敬)에 의해서도 물질적 개선에 종사할 수는 있을 것이다. 그러나 이돈화의 수운주의에서는 물질적 개선에 종사하면서 자신의 행위를 도덕적으로 설명할 수 없다. 물질을 추구하는 공리적 욕구는 연소되어야 할 생리 현상으로 처리되기 때문이다. 자연적인 생리 현상이기 때문에 "절대 배척"하는 것은 아니라고 하지만, "세탁"되어야 할 것이라는 점은 분명하다. 세탁이 필요한 것은 오물로 여겨지는 분비물이기 때문이다. 유물론에서 유심론으로, 그리고 실재론으로 이르는 원동력이 물질적 욕망을 분비물 정도로 여기는 수심정기의 정신이라면, 물론 현실적으로 물질적 개선이 필요한 현실에 대처하려고 노력하겠지만, 물질적 개선에 종사하는 자신을 자랑스러워할 수는 없을 것이다. 즉 물질의 발전에 정신의 발전이 이어지는 그의 진화관에서 인간은 도덕적 진화를 일관되게 추구할 수 없을 것이다.

7. 바탕 없는 자기중심주의

이돈화의 지고선은 명백했다. 그것은 모든 존재의 근거이자 존재 전체인, 한울이자 지기이자 범신이자 실재였다. 이론적으로 개별 존재들의 실천이 향할 곳은 명백하게 그곳이다. 천인합일이며 동귀일체(同歸一體)이며 신성의 회복이다.

그런데 실제로 이돈화의 실천원리는 그곳을 향하지 않는다. 그곳으로 향하는 것이었다면, 이돈화의 보편이 향한 길은 자본주의와 과학, 사회주의 등을 뚫고 가야 했을 것이다. 이돈화가 제시한 진화의 전 과정에서 일관된 것이라고는 오로지 진화의 동력이 수심정기라는 사실뿐이다. 수심정기는 구체적으로 물질이나 권리에 대한 욕망을 씻어 내면서 순수하게 정신을 추구하는 것인데, 그러한 마음으로 어떻게 자본주의에 임하면서 도덕적일 수 있으며, 계급투쟁을 하면서 어떻게 도덕적일 수 있겠는가.

이돈화는 과학 및 철학과 모순되지 않는다는 의미에서 수운주의가 근대적이라 자평하고, 철학을 넘은 전생활운동으로서의 종교라고 규정했다. 나아가 물질에서 정신으로 진화한다는 새로운 진화론에 의해 조선이 세계선단에 서 있다는 시나리오를 만들었다. 그는 "우리는 이 새로운 정신철학 또는 베르그손의 생명철학에 의해 현대 인간 즉 최근 인간이 인내천사상을 얼마나 동경하는지 알 수 있다"(신인철학, 102-103)라며 자축한다. 이노우에가 현상즉실재론을 통해 일본이 세계 제일의 국가라는 시나리오를 만들고 싶어 했듯이, 이노우에의 현상즉실재론을 거의 그대로 베낀 이돈화 역시 조선이 세계 제일의 국가라는 시나리오를 만들고 싶었던 것이다. 식민지 아프리카의 "흑인들이 백인들에게 자기들의 사상도 풍요하고 정신의 힘도 동등하다고 한사코 증명하려"[81]고 하듯이, 일본인 이노우에는 백인을 향해 일본이 얼마나 우수한지 보여 주고 싶어 했고, 이돈화 역시 일본인과 백인을 향해 조선-한국인이 얼마나 우수한지 보여 주고 싶어 했다. 이노우에가 일본을 중심에 앉힌 보편세계를 그렸듯이, 그 구조를 그대로 답습한 이돈화는 조선-한국이 중심에 앉은 보편세계를 그렸다.

일본 정부의 이데올로그로서 이노우에가 제시한 현상즉실재론은 옛날 중국이나 조선에서 성리학의 세계관이 그랬듯이 그 사회의 구성원들에게 단일한 윤리를 제시하며 규율할 수 있는 이론이었다. 그

---

81 프란츠 파농 지음, 노서경 옮김(전자책), 『검은 피부, 하얀 가면』, 문학동네, 2022, 11쪽, 「서문」.

윤리의 내용은 권력이 원하는 대로 채워질 터였고, 이노우에는 거기에 충효가 한 뿌리라고 주장하며 천성에 의한 애국심을 채웠다. 식민지 주민으로서 어떠한 실질적인 힘도 갖지 못한 이돈화는 현상즉실재론으로 무엇을 할 수 있었을까?

이노우에의 절충주의가 노리는 것이 국가주의 윤리를 철학의 이름으로 절대화하는 것이었다면, 이돈화의 절충주의가 목표로 삼은 바는 세속적 물질 추구를 수심정기라는 옛 도덕으로 정당화하는 것이었다. 즉 이돈화는 민족개조든 사회개조든 현실을 바꾸는 모든 노력을 개인의 책임으로 돌리며 물질적 노력을 포함한 모든 노력에 윤리도덕이라는 이름을 붙인 것이다.

야스마루 요시오(安丸良夫)에 의하면 근대 사회 성립기의 민중투쟁은 동학처럼 종교적 형태를 취하는 것이 일반적이다. 민중이 현실의 봉건질서의 권위보다 우월한 권위의 관념을 제공받을 곳은 민중적 종교밖에 없기 때문이다.[82] 민중이 스스로를 주체로 자각하고 변화를 위해 노력하게 할 수 있는 민중종교는 "인간의 현실생활 자체에 최고의 가치를 두는" '통속도덕'과 결합되어 있다. 현실생활 자체를 중시하는 도덕이므로, 민중은 어떤 인위적인 노력 없이도 이를 공감하며 실천할 수 있다.[83] 최시형이 '시천주(侍天主)'를 "한울은 사람에 의지하고 사람은 먹는 데 의지하니, 만사를 안다는 것은 밥 한 그릇을 먹는 이치를 아는 데 있"다고 해석해 주었을 때, 즉 '이천식천(以天

82 야스마루 요시오 지음, 이희복 옮김, 『일본의 근대화와 민중사상』, 논형, 2021, 134-137쪽.

83 같은 책, 205-206쪽.

食天)'으로 해석해 주었을 때, 동학은 민중의 도덕이 되고 힘이 되었으리라 생각한다.

그러나 이돈화의 수운주의는 유물론과 유심론, 실재론 등 현실에서 실감하기 어려운 철학 용어로 가득 찬 것이었다. 그가 운위하는 도덕은 현실을 타개하기 위한 수단으로 요청된 것이었지만 어떤 현실적인 토대도 갖지 못했다. 그의 보편이 현실과 어떤 접점도 갖지 못한 것은 당연한 일이었다.

수운주의에 의해 이돈화 자신이 도덕적이라는 자기이해가 가능했을지 여부는 확인할 수 없다. 자신을 속이는 일도 얼마든지 가능하기 때문이다. 그러나 윤리도덕을 남용한 후유증은 분명하게 남아 있다. 현실과 유리된 터무니없는 꿈을 이루는 힘을 윤리도덕이라고 부르면, 윤리도덕은 현실과 무관한 것을 넘어 무용하고 기만적인 것으로 받아들여지고 위선의 다른 이름으로 느껴지기까지 한다. 그러한 윤리도덕의 남용은 정치, 경제를 비롯한 사회 전반의 변화에 수반해 윤리도덕 역시 달라져야 한다는 의식을 차단함으로써 건전한 윤리에 대해 사유하고 모색하는 길에 장애가 되었을 수도 있다.

제5장

국권상실이라는 장벽과 신채호의 지고선

1. 격동의 정점에서

1880년생인 신채호(申采浩, 1880-1936)는 박은식(1859-1925)보다 21년 연하지만, 두 사람은 종종 민족사학자로 나란히 일컬어진다.[1] 1910년 국권상실 이전에는 사회진화론을 개혁원리로 받아들이며 문명의 학습에 전력했고, 국권상실 이후에는 이역에서 국권회복을 위한 운동에 뛰어들었던 점도 박은식과 신채호가 공유하는 이력이다.

그런데 다른 각도에서 바라보면 두 사람 사이에는 세대 차이라고도 할 만한 것이 보인다. 연령의 차가 두 사람 사이의 모든 차이를 설명할 수 있지는 않겠지만, 이들이 살았던 시대가 총체적으로 급변하던 때였기 때문에 다른 시기의 시간차보다 더 큰 의미가 있을 것이다.

---

1 대표적으로 배용일의 『박은식과 신채호 사상의 비교연구』(경인문화사, 2002)는 "근대 민족주의 사학자"와 "광복운동사상가"라는 점을 박은식과 신채호의 공통점으로 보고, 이 두 사람의 사상이 상호보완적으로 형성되었음을 주장했다.

그 어떤 차이보다 두드러진 세대 차이라고 할 만한 것은 박은식보다 20여 년 늦게 태어난 신채호가 30세라는 젊은 나이에 국권상실이라는 참혹한 현실과 대면해야 했다는 점이다. 가장 왕성하게 사회에 참여할 나이에 그 이상 가혹할 수 없는 운명을 만난 것이다. 신채호는 앞 세대보다 더 냉정하게 현실을 직시해야 했고 더 거친 현실을 헤쳐 가야 했다. 대한제국이 외교권을 잃는 것을 시작으로 주권을 강탈당한 1905-1910년 사이에, 신채호는 박은식과 마찬가지로 현실을 생존경쟁의 시대로 인식하고 민족주의로 그 강권의 세계를 돌파해야 함을 절감하지만 그 시기에조차 민족주의는 수단일 뿐 가치가 아니라고 간파한다. 또한 박은식과는 다르게 이미 혁명을 인정하고 분명하게 입헌공화를 지향한다. 이는 박은식이 민족주의에 대해 반성적으로 사유할 수 있었던 시점이 국권상실 후 국경을 벗어난 뒤였던 것과 비교된다. 또한 박은식이 국권회복을 위해 양명학에 의지해 앞길을 열어 가려고 하면서도 입헌공화의 정치체제 도입에 대해서는 분명한 고민을 보이지 않았던 것과 다른 모습이다.[2]

이러한 배경에는 그들의 나이 차이와 연관되는, 유학 전통에 대한 애착 정도의 차이가 있을 것으로 생각된다. 박은식이 문명의 학습을 심각하게 고려하면서 유학에 대해 회의를 품은 것은 마흔 살이 훨

2 배경한은 박은식이 망명하기 전인 1911년까지 지향하는 정체에 대해 분명하게 밝히지는 않지만, 중국 변법파의 영향을 많이 받았다는 점과 독립협회에 가입했다는 점을 근거로 입헌군주제를 지향했을 것이라고 추측하면서, 망명 이후에는 중국 신해혁명의 영향으로 군권에 대해 회의하면서 공화주의자로 기울었을 것이라고 주장한다. 이러한 추측 역시 박은식이 분명한 의견표명을 하지 않았기 때문이다. 배경한, 「中國亡命시기(1910-1925) 朴殷植의 언론활동과 중국인식: 『香江雜誌』, 『國是報』, 『四民報』의 분석」, 『동방잡지』 121, 2003 참조.

씬 넘은 때였고, 유학에 대해 회의를 품은 것도 아주 짧은 기간이었다. 그는 문명의 수용을 의미하는 자강과 식산을 기치로 활동하다가 곧이어 문명의 비도덕성을 비판하며 양명학이 문명을 지도하고 새로운 시대를 열어 줄 것을 기대했다. 이후 중화주의가 중국 민족주의의 다른 이름이라는 것을 깨닫고 조선유학의 한심함을 비난하기도 했지만, 보편적 가치를 주장하는 유학의 의미는 평가하고자 했다.

박은식에게 유학은 자신을 성장시킨 자양물로서 이미 그의 피와 살처럼 되어 있었다. 그러므로 유학을 역사적인 산물의 하나로 객관화시키는 것이 그에게는 쉽지 않았다. 유학의 가치를 완전히 부정하는 일은 더욱 어려웠던 것으로 보인다.

그에 비해 어린 신채호를 키운 것은 이미 유학만이 아니었다. 물론 신채호도 어려서 서당에서의 유교 경전 학습으로 교육 이력을 시작했지만,[3] 열아홉 살에 성균관에 입학했을 때는 성균관에서도 이미 서양 학문의 교육을 병행했고, 그것을 오히려 유학보다 중시했을 정도로[4] 유학은 이미 유일한 가치체계로서의 지위를 잃은 상태였다. 신채호에게 유학은 개인으로서나 공동체의 일원으로서 당면한 과제와 인생의 지표 등을 모색하는 데 자원이 될 여러 철학 사상 가운데 하나였을 뿐, 특별하게 마음을 기울일 대상이 아니었다. 그에게는 앞선

3 여덟 살 무렵에 아버지를 잃고 할아버지 아래에서 성장했다. 할아버지가 향리에서 연 한문 사숙에서 한학교육을 받아, 열네 살 무렵에 사서삼경을 독파했다고 한다. 단재신채호전집편찬위원회, 『단재신채호전집』 제9권, 독립기념관 한국독립운동사연구소, 2008, 426쪽, 「年譜」 참조.

4 갑오경장 당시, 학부관제를 개정하면서 성균관에 어학과 기술학 등이 중요한 과목으로 편입되었음은 다음의 글에서 엿볼 수 있다. 정옥자, 『조선후기 조선중화사상연구』, 일지사, 1998, 109-208쪽.

세대에서 보이는 유학을 지켜야 한다는 집착이 없었고, 그러한 집착이 없었기 때문에 유학을 반드시 배척해야 한다는 강박증도 없었던 것으로 생각된다.

이러한 시대의 차이에서 갖게 된 특수성과 함께 신채호 개인의 성격 또한 그의 행로를 결정하는 데 중요한 요소였을 것이다. 신채호가 타협을 모르는 곧은 성격의 소유자라는 것은 잘 알려져 있는데, 신채호의 특징으로 무엇보다 두드러지는 것은 그가 대단히 철학적이고 논리적인 사람이었다는 점이다. 즉 그는 자신의 모든 생각과 행동을 자각하고 의지적으로 실행하려 했으며, 그것이 어떤 의미를 갖는지 명료하게 파악하고자 했다. 진리의 위계에 대한 관념이 분명했으며, 평생 최고의 진리를 찾고자 하는 열망을 누그러뜨리지 않았다. 또한 그는 자신이 빠져들 수 있는 모든 우상(잘못된 권위)에 대해 반성할 태세를 갖추고 있었다.

초기부터 그에게는 최고의 진리, 지고선의 추구라는 철학적 난제가 가장 절실했던 것으로 보인다. 국권회복은 중요하고 긴박한 문제였지만, 그는 국권회복에 쏟는 자신의 노력도 도덕적 가치로서 정당화하려 애쓴다. 현실에서 그의 행동을 요구하는 모든 상황에 대해 그는 그 행위가 도덕적으로 어떻게 정당화되는지 물었다. 국권회복을 위해 문명의 학습을 주장할 때도 그에게 문명은 무조건적인 긍정의 대상이 아니었으며 그는 문명을 평가할 더 높은 차원의 가치체계를 구축하고자 했다. 구국활동에 동반된 민족주의의 고취 역시 마찬가지였다. 민족주의는 더 높은 차원의 선에 의해 평가되는 하위 이념이었다. 문명도 민족주의도 그가 추구하면서 형성해 가는 가치관에 의해 판단되고 평가되었다.

그 가치체계가 완전한 것이 아니었고, 현실의 급박함 때문에 자신의 모든 실천을 가치에 합치시킬 수 없을 때도 많았기 때문에 그는 계속 흔들린다. 그러나 흔들리면서도 그는 세상의 모든 일과 자신의 실천을 비춰 볼 최고의 가치를 찾는 것을 멈추지 않았다. 국권상실이라는 현안을 풀어 나가면서도 지고선의 추구라는 지향을 놓은 적이 없었다. 그리고 민족주의 고취라는 현실 타개책 역시 지고선의 추구 아래 일치시키고자 노력했다.

박은식 또한 말년에는 민족주의와 보편적 가치의 공존을 모색하지만, 그가 그 상황에 도달하기까지는 문명비판, 양명학에 대한 평가, 중화주의가 중국 중심주의라는 자각 등 여러 차례의 굴곡을 겪어야 했다. 박은식이 이처럼 여러 곡절을 겪고 도달한 지점이 바로 신채호의 출발점이었다. 지금까지의 신채호 연구가 신채호의 '근대적' 혹은 '탈전통적'인 측면을 평가하면서 유학과의 관계에서도 그 단절을 강조해 온 것은[5] 이러한 성격에 기인한다. 그러나 그는 민족주의를 가치판단의 최후 근거로 삼지 않았듯이, '문명'으로 대변되는 근대적 가치 역시 가치판단의 근거로 삼지 않았다.

이 장에서는 철학적 진리를 추구하고 도덕적 가치를 열망하는 신채호가 국권상실이라는 장벽 앞에서 어떻게 철학적 열망을 실현해 가는지 그 행보를 따라가 본다. 신채호가 민족과 국가의 회복을 위해 쏟은 마음과 노력은 당시 누구에게도 뒤지지 않을 만큼 열정적이고

---

5 1980년대 신채호 연구에서 신채호의 '근대적 면모'에 초점을 맞춘 연구는 신용하의 『申采浩의 社會思想 硏究』(한길사, 1984)와 신일철의 『申采浩의 歷史思想硏究』(고려대학교출판부, 1983) 등으로 대표된다.

강력했다. 민족주의자로서 신채호를 조명하는 연구가 주류를 이뤄 온 것도 그러한 사실을 웅변한다.[6] 그러나 그는 인간으로서 추구해야 할 지고선에 대한 갈망을 잠재우지 못했으며 그것의 추구를 유보한 적도 없었다. 그가 민족주의자가 아닌 것은 아니지만, 그의 민족주의는 더 큰 가치에 부합하는 것으로서만 의미 있었다. 근대 유럽 문명 가운데서도 어떤 가치는 분명하게 인정했지만, 그것 역시 최고 가치에 대한 반성하에서 승인된 것에 한했다.

민족주의의 대표라는 말이 그에게 진정한 수식어가 되기 위해서는 그가 민족주의 고취라는 당면 과제를 수행하기 위해 어떤 고뇌 속에 있었는지를 함께 조명해야 할 것이다. 마찬가지로 근대 문명의 수용을 평가하기 위해서는 그가 어떤 기준을 가지고 근대 문명을 선별했는지도 함께 조명해야 한다. 그는 민족의 생존과 국권의 회복에 힘을 쏟으면서도 자신이 놓여 있는 존재론적 불안을 피하지 않고 마주했다. 이 장에서는 그가 진리를 추구하고 가치를 실천하고자 하는 사람으로서, 현실의 곤경들을 어떻게 도덕적으로 처리하는지 주목하고자 한다. 이러한 접근은 민족주의자, 근대 사상가, 아나키스트 등을 핵심으로 하는, 신채호에게 붙은 수사와 평가 등을 적절하게 배치할 수 있는 맥락을 보여 줄 것이다.

6 신채호를 민족주의자로 조명한 연구로 대표적인 연구로는 다음을 들 수 있다. 최홍규, 『신채호의 민족주의 사상: 생애와 사상』, 형설출판사, 1983; 이만열, 『단재 신채호의 역사학 연구』, 문학과지성사, 1990; 김종학, 「신채호와 민중적 민족주의의 기원」, 『세계정치』 7, 2007.

2. 국권상실이라는 변수와 자아

중화체제 속에서 살았을 때도 '나의 나라'라는 것은 있었겠지만, '국권'이라는 것이 근대와 같은 방식으로 사유되지는 않았을 것이다. 중화체제에서 중국과 그 주변 나라의 관계가 군사력의 강약이든 문화 수준의 차이이든 어떤 차이에 따른 주종관계였다고 해도, 그 관계의 원리와 명분은 약자에 대한 강자의 배려였다.[7] 문화적 강자가 문화적 영향력뿐 아니라 군사적 보호도 약속해 주는 배려였다. 약자를 배려하는 강자는 약자의 주권에 어떤 방식으로든 영향력은 행사할지라도 주권 자체를 탈취하지는 않는다. 극단적인 예로 청과 조선의 관계를 볼 수 있다. 이적 출신으로 중원의 주인이 된 청(淸) 조정은 군사적으로 조선을 굴복시키고, 인조(仁祖)로 하여금 청 태종에게 신하의 예를 취하게 함으로써 자존감을 바닥으로 끌어내리며 굴욕감을 줬지만, 주권을 빼앗기는커녕 오히려 자신들과 대적한 조선의 정권을 유지시키며 조선이 예전의 명조에 하던 것처럼 자신들을 중화의 종주국으로 대접하도록 하는 과제만 부여했을 뿐이다.[8]

그러나 경제적 팽창을 위해 군사적 정복이 앞장서고 그것이 '문명'이라는 이름으로 불리던 제국주의 시대에, 군사적으로 약한 조선은 군사적으로 침탈당하고 경제적으로 침탈당하는 데서 그치지 않았다. 문명이라는 간판을 달고 있는 제국주의에 국권을 빼앗기는 데 더

---

7 중화체제 안의 관계에 대해서는 다음을 참조하라. 이춘식, 『사대주의』, 고려대학교출판부, 1997; John F. Fairbank, *Chinese World Order*, Harvard University Press, 1968.

8 병자호란 이후 청과의 관계에 대해서는 허태구, 「丙子胡亂의 정치·군사사적 연구」, 서울대학교 대학원 박사학위논문, 2009, 122-136쪽 참조.

해 '야만' 종족이라는 굴욕까지 뒤집어써야 했다. 그것은 실제의 관계나 현실의 상황은 제쳐 두더라도, 군사적으로는 굴복했지만 문화적으로는 우위라는 자존감은 놓지 않았기에 '소중화'니 '북벌'이니 하는 담론이 가능했던 중화체제에서의 패배와는 차원이 다른 나락이었다.

그런데 근대의 경쟁세계는 국력의 강약이 정해진 것이 아니라 역동적으로 변할 수 있다는 희망도 함께 던져 주었다. 대등한 나라를 넘어 약한 나라를 제압하는 강한 나라가 될 수 있다는 역동성은 중화체제에서는 상상하지 못했던 새로운 가능성이었다. 국권상실의 위협에서 벗어나야 한다는 긴박감은 강한 국가가 될 수 있다는 희망에 힘을 받아, 국권을 빼앗기는 것도 모자라 과거를 부정당하고 야만으로 추락하는 운명에 처해서도 문명의 야만성에 대해서는 깊이 생각하게 하지 않았다. 조선 사람들은 강해지는 일에 힘쓰지 못했던 자신들의 과거를 반성하고 서둘러 경쟁체제로 뛰어들어야 했다. 근대 유럽의 등장이 아니더라도 자신들이 수백 년, 수천 년 동안 그 땅에서 쌓아 온 문화와 역사는 마침 청산할 참이었다는 듯이, 마치 누구에게나 자명한 부패와 무능인 것처럼 조선의 다수 지식인은 자신들이 쌓아 온 역사를 처절할 정도로 쉽게 비판하고 부정했다.

국권의 상실은 군사적 허약함만 반성하게 하는 것이 아니라 그들이 추구해 왔던 모든 가치와 그 가치체계 아래 영위되던 일상까지 부정하게 했다. 근대 유럽의 등장에도 소중화로서의 가치와 자존심을 지키고자 했던 위정척사파들의 언설에서 확인할 수 있듯이, 그들이 그때까지 지켜 온 세계관에 의하면 옳음이 아니라 이익에 의해 움직이는 근대 유럽은 의심의 여지없이 오랑캐였다. 근대 유럽인을 모범으로 해 생존경쟁에 뛰어들기로 결단한 조선 사람들은 말하자면 의

도적으로 오랑캐의 세계에 뛰어든 것이다.

부국강병을 가져다줄 여러 가지 이익이 진정 최고의 가치라고 인정했던 개화주의자는 없었을 것이다. 오직 그 길만이 달라진 세상에서 국권을 지켜 줄 것이라는 마음에서 개화를 지지했을 것이다. 근대 유럽문명이 제시하는 경쟁적인 이익 추구와 그로부터 파생된 공격성이야말로 오랑캐라고 비판하기에는, 국권상실의 위협이 너무나 가깝게 닥쳐온 현실이었다. 게다가 문명의 길이 곧 오랑캐의 길이라는 자각이 꼭 명료했던 것도 아니었다.

그러나 국권수호라는 가치를 추구하면서도 스스로를 자랑스럽게 느낄 수 없는 꺼림칙함은 줄곧 남아 있었다. 당시는 그러한 꺼림칙함을 무시하고 국권수호라는 절박함에서 뛰어든 우승열패의 난장판이었는데, 결국은 국권상실을 막지 못했다. 그 하나를 위해 모두를 버렸음에도 그 하나를 지키지 못한 것이다. 그렇다면 이제 어떤 길이 남는가?

근대 유럽 문명에서 다른 가치를 발견했기 때문에 중화적 세계관을 버린 것이었다면 사정은 좀 다를 수 있다. 가령 자유와 평등으로 상징되는 해방의 가치들을 적극적으로 받아들였다면 낡은 왕조국가의 몰락을 새로운 시작으로 받아들일 수도 있었을 것이다. 그러나 그 경우에도 자유와 평등을 선전하던 제국주의의 위선에 치를 떨어야 하는 것은 부차적인 문제이다. 자유와 평등이라는 가치를 정면에서 억압하는 식민지 상황에 맞닥뜨려야 했기 때문이다.

개화주의자로 맞이하든 위정척사주의자로 맞이하든, 국권상실은 가치의 추구와 자아의 이해라는 측면에서 봤을 때도 한 발짝조차 쉽게 옮기기 어려운 난관이었다. 위정척사주의자로서 맞이하는 국권상실은 더 이상 말이 필요 없는 경천동지의 변고였다. 그 이상을 상상하기 어려운 극한의 능멸을 오랑캐들에게 당한 것이다.

개화주의자로서 당하는 국권상실은 어떠할까? 개화파라고 해서 입장이 모두 한 가지가 아니었겠지만, 개화를 주장한 것도 강한 나라를 만들어 열강의 위협 속에서 독립국이 되고자 한 것이었음은 한결같았다. 국권의 회복은 문명개화를 꿈꾸면서 가장 먼저 이루어야 할 일이었다.

개화주의자로서 신채호는 어땠을까? 신채호는 을지문덕(乙支文德)의 입을 빌려 "나의 권리가 떨어지기 전에 칼과 피로 이를 보호해야 하고, 나의 권리가 이미 떨어진 다음에 칼과 피로써 이를 되찾아야" 한다고, 정면돌파를 선언한다. "설혹 참담한 가시밭 속에서 갈 길은 먼데 해가 벌써 지고 있는 절망적인 경우에 처해도" 월나라 왕 구천(句踐)처럼 "날마다 섶 위에서 자고 수시로 쓸개를 맛보면서 칼과 피로 전 국민을 불러일으키도록 해야 한다"[9]라고 자신의 행동방식을 명시한다.

이처럼 피를 부르는 정면돌파를 선언하면서 동시에 신채호는 '나란 무엇인가'라는 물음을 던지며 국권회복의 일을 자아와의 관계에서 다시 묻는다. 나라가 무너지는 것을 보고 아무것도 하지 못하면 자아라는 것도 온전하지 못하리라는 것을, 신채호는 피를 토하듯 다음과 같이 말한다.

---

9 신채호 지음, 박기봉 옮김, 『을지문덕전: 독립정신과 민족자존의 표상』, 비봉출판사, 2006, 41쪽; 『단재신채호전집』 제4권, 473쪽.

어떤 이는 구복(口腹)이 나라 하여 입에 달라붙는 맛있는 음식으로 이것만 채우고자 하고, 어떤 이는 피육(皮肉)이 나라 하여 찬란한 의복으로 이것만 따뜻하게 하고자 하며, 어떤 이는 생명이 나라 하고 어떤 이는 가문[門戶]이 나라 하여, 치욕이 오든 부자유가 오든 이것만 보전하고 이것만 장엄하게 하고자 하다가, 조국의 썩은 자손[敗孫]도 되며 국가의 죄인이 되고 동포의 좀벌레도 되며 인류의 악마도 되나니, 아아 자신의 진면목인 내가 발현되면 어찌 슬피 울며 분해하지 않으리오.[10]

이 글의 제목은 '대아(大我)와 소아(小我)'이다. 신채호는 일신의 나와 그것을 넘어서는 나를 나누는 '소아'와 '대아'의 수사를 동원한다. 이 수사는 신채호의 독자적인 것이 아니며, 신채호가 당시 계몽사상을 학습하는 데 참고했던 량치차오에게서 가져왔을 가능성이 크다. 그런데 량치차오가 말한 그대로는 아니다. 량치차오의 대아-소아론을 비롯해, 당시 '대아-소아'의 수사는 이기적인 욕망의 에너지를 국가경쟁력으로 결집하기 위해 동원된 것이었다.[11] 그런데 신채호에

---

10 신채호, 「大我와 小我」, 『대한매일신보』, 1908. 9. 16-17.; 『단재신채호전집』 제6권, 650-651쪽.

11 양계초 지음, 이혜경 주해, 『신민설』, 서울대학교출판문화원, 2014, 「제13절, 사회통합」(『新民叢報』 16, 1902. 9. 16.), 「제20절, 정치능력」(『新民叢報』 49, 1904. 6. 28.) 참조. 한편, 근대의 '大我'와 '小我'의 수사는 메이지 일본에서 처음 시작되었으리라 추측된다. 현재 확인되는 가장 이른 시기의 대아-소아론은 井上哲次郎의 「宗教の將來に關する意見」(『巽軒論文初集』, 東京: 富山房, 1900, 236-237쪽; 『井上哲次郎集』 제3권에 수록)에 실려 있다. 이노우에는 성리학의 천리와 사욕이 변주된 의미로 "일체가 융합된 무한의 대아"의 "음성에 따르는 것은 선이고 소아의 음성에 따르는 것은 악"이라고 대비시킨다. 이러한 대아-소아의 대비는 이후 이노우에의 글에서 산견된다. 혹

게서는 그 에너지의 확장이 국가와 민족을 위한 헌신에 그치지 않고 "인류"에까지 이른다. 신채호는 그의 말 그대로 '진면목의 나'를 염두에 두고 있었다. 이것이 단순한 수사가 아니라는 것은 최고의 가치를 지향하는 '진면목의 나'를 찾고 진정한 진리를 찾는 신채호의 열망이 이후의 글에서 일관되게 발견되는 데서 확인할 수 있다.

일신의 안전과 영화만 보장되면 "치욕"이나 "부자유"를 마다하지 않을 사람도 있을 것이다. 신채호는 그 사람들의 자아란 어떤 것인가 묻는다. 신채호는 "진면목"의 자아라면 그럴 수 없을 것이라고 생각한다. 그는 조국, 국가, 동포의 죄인이 되지 않을 뿐 아니라 "인류의 악마"도 되지 않고자 한다. 신채호가 꿈꾸는 '진면목의 나'가 무엇이든 그는 자아가 가치를 추구하는 존재이어야 함을 알고 있었다. 그에게 '진면목의 나'는 진면목의 가치를 추구하는 존재였다.[12]

신채호는 국권회복이라는 숙제를 마음에서 내려놓은 적이 없지만 '진면목의 나', '진면목의 가치'도 그의 마음에서 옆으로 치워 둔 적이 없었던 것으로 보인다. 그는 '도덕'이라는 개념을 자주 다루는데, 이 역시 가치 추구에 대한 그의 남다른 관심을 반영한다.

가령 그는 국권을 상실한 '망국민'의 행동 방침에 대한 이야기를 '도덕'을 주제로 풀어 간다. 그는 '망국민'이라는 상황은 일반적이지 않은 '다른 도덕'을 요청하는 특수한 상황이라고 인식한다. 특수한 상

날 이노우에는 "'大我'는 불교에 있는데 '대아'에 대해 '小我'를 논한 것은 나이다. 그 이전에 '소아'를 말하는 자는 없었다"(井上哲次郎, 『井上哲次郎自傳』, 1973, 34쪽; 『井上哲次郎集』 제8권)라고 말한다.

12 실제로 최고의 가치와 자아를 연결하는 이러한 생각은 신채호도 교육받은 성리학의 구조에서는 자명한 것이다.

황에서 도덕도 달라진다는 언설은 보편적 도덕에 대한 관념을 갖고 있기 때문에 가능하다. 망국 후에 쓰인 것으로 보이는 '도덕'이라는 제목의 글[13]에서, 그는 자신의 행위, 지향 등이 가치상 어느 좌표에 있는지 확인하고자 한다.

> 도덕은 하나뿐이지만 그 조건은 경우에 따라 변천한다. 그러므로 전제 시대 충군(忠君)의 윤리는 공화 시대에 부적합하며 승평 시대 안민(安民)주의는 파괴 시대에 부적합하다. 우리는 누구인가? 즉 쇠약함[支離]에 빠진 조선 구 영토에 나서 역사가 그친 대한의 말일(末日)에 이른 망국민이다. 망국민의 도덕은 하릴없이 유국민(有國民)의 도덕과 달라야 한다. 우리가 망국민으로서 미국 사람같이 평화를 부르면 금전을 벌지언정 노예는 면치 못할 것이며, 영국 사람처럼 보수에 힘쓰면 생명은 가질지언정 원수는 갚지 못할 것이며, 톨스토이의 주의를 가지면 안신입명은 될지언정 정치생활은 못 할 것이며, 부커 T. 워싱턴의 논법을 좇으면 배를 채우고 배를 두드릴 수는 있을지언정 정신의 고통은 없지 않을 것이다. 그러므로 우리는 오늘날 감정상으로나 이성상으로나 우리나라 종래의, 멸망하게 하던 나쁜 도덕[惡道德]은 버려야 하며 그 밖에 강국인(强國人)의 도덕을 맹종하는 것도 안 될 일이다.[14]

13 언제 작성된 것인지는 불명이다. 글 안에서 "망국민의 도덕"(『단재신채호전집』 제7권, 630쪽)이라고 하는 것을 보면 1910년 이후이고, "크로포트낀의 상호부조론보다 다윈의 생존경쟁설을 더 수입"(『단재신채호전집』 제7권, 631쪽)해야 한다는 등의 구절로 보면 그가 아나키즘을 수용한 1923년 이전 시기에 쓴 것으로 추정된다.

14 신채호, 「道德」; 『단재신채호전집』 제7권, 630쪽.

"하나뿐"인 "도덕"이 무엇인지 명시하지는 않지만, 하나이므로 언제 어디서나 누구에게나 들어맞는 보편적인 가치체계이어야 할 것이다. 신채호는 '하나의 도덕'을 전제하면서, 지금은 조건에 따라 달라지는 도덕을 이야기하려 한다. 조선인이 현재 당면한 특수한 조건은 망한 나라의 백성이라는 것이다. 망국민의 도덕은 어떤 것이어야 하는가? 신채호는 조선을 멸망으로 이끈 종래의 도덕도 버려야 하지만, 강국인의 도덕도 무턱대고 따를 수 없다고 판단한다. 미국이 말하는 평화 상태의 금전 벌이나 영국이 말하는 보수적인 보신이나, 톨스토이가 말하는 안심입명, 부커 T. 워싱턴[15]이 말하는 부유함 등이 강국인의 도덕일 것이다.

조선인으로서는 그러한 도덕을 취할 수 없다고 말하는 데서 신채호가 망국민의 과제를 무엇으로 보고 있는지 드러난다. 즉 "노예" 상태를 면해야 하며, "원수"도 갚아야 하며, "정치생활"을 할 수 있어야 하며, "정신의 고통"도 없어야 한다는 것이다. 그런데 노예 상태를 면하고, 원수를 갚고, 정치생활을 하며 정신적 고통에서도 벗어나는 것은 특수한 도덕이 아니다. 이것들은 누구나 누려야 하는 가치이다. 신채호가 이것이 특수한 사정이라고 말하는 것은 유국민은 이미 갖추고 있는 것인데, 망국민은 갖추고 있지 않으므로 그것을 평화적이지

---

15 부커 T. 워싱턴(Booker T. Washington, 1856-1915)은 노예로 태어나 1865년 남북전쟁 후에 자유를 얻었다. 그는 해방된 흑인 청년들이 자신의 노동으로 살며 경제적으로 자립하도록 돕기 위해 앨라배마에 터스키기 기술학교를 설립하고, 이를 터스키기 대학교로 키워 냈다. 이러한 노선은 투쟁을 통한 흑백평등의 즉각 실현을 포기하고 백인 우월의 체제를 받아들이는 타협적인 태도라고 급진적 흑인 민족주의자들에게 비판받았고, 백인에게 순순히 복종하는 '톰 아저씨의 생각(Uncle Tomism)'이라는 조롱의 대상이 되었다. 그러나 흑인에게 다른 선택지가 있었던 것은 아니었다.

않은 방법으로라도 얻어야 하는 조선의 상황 때문이다.

망국민으로서 도덕적이 되려면 노예 상태를 면해야 하고 원수도 갚아야 한다. 그것이 우선되어야 한다는 것이다. 국권회복이 최고의 가치이기 때문이 아니다. 망국민의 상태에서 국권회복이 무엇보다 필요한 이유는 그것이 도덕적이 되기 위해 실천해야 할 가장 눈앞의 숙제이기 때문이다. 즉 신채호는 국권회복을 그보다 더 상위의 가치인 도덕의 관점에서 요청한다. 즉 도덕적 가치의 실현을 위해서는, 국권을 상실한 국민으로서 국권회복보다 더 급한 것은 없다고 말하는 것이다.

'도덕'은 스스로 가치 있는 존재로 자리매김하고 그 가치를 실천하려는 인간의 의지에서 성립한 것이다. 신채호는 '진면목의 나'로 살고자 한다. '진면목의 나'가 어떤 존재인지 그 자신도 적극적으로 규정하기는 어려웠지만 소극적으로 설명할 수는 있었다. 진면목의 나는 어떤 억압도 받지 않아야 하며, 어떤 구속도 받지 말아야 하며, 자신이 속한 공동체에서 주인으로서 그 운영에 참여할 수 있어야 한다. 그러므로 진면목의 나는 억압과 구속 상태를 그대로 참고 있을 수 없다. 신채호는 진면목의 나를 찾기 위해 현실의 모든 억압과 구속 그리고 그로 인한 고통에서 벗어나야 한다고 결론 내린다. 그는 피 흘리는 것도 피하지 않고 국권회복에 헌신할 것이지만, 더 큰 가치체계를 전제하면서 그 헌신이 어떤 가치가 있는지 분명하게 하고자 했다. 그는 그처럼 도덕적 명료화와 정당화가 필요한 사람이었다.

3. 자연으로서의 민족주의, 가치로서의 자유주의

박은식은 "적자생존, 우승열패"가 자신이 지금까지 믿던 도덕과 다르다는 것에 곤혹스러워하면서도 그것을 새 시대의 '공리(公理)'로 받아들인 경험이 있다. 기존의 성리학적 세계관이 존재와 당위를 구별하지 않았기 때문인지, 박은식에게 '공리'는 존재와 당위가 분리되지 않은 원리를 의미했다.[16] 제국주의의 얼굴로 다가온 근대 유럽 문명은 국가의 존립을 위협하는 것이었으므로 이를 적대시하면서도, 다른 방법을 찾지 못하고 그 생존원리와 경쟁능력을 배워야 했다. 개인과 개인의 관계뿐 아니라 나라와 나라의 관계까지 모든 관계를 예(禮)의 체계로 파악했던 성리학적 세계관 아래에서 살던 사람들에게, 문명이라는 간판을 달고 온 제국주의는 그 관계의 원리를 혼란스럽게 했다. 박은식이 문명과 제국주의의 부도덕성을 비판하면서 "인의도덕"이 아니[17]라는 수사를 사용한 것도 그에게는 도덕이 사회의 변화에 따라 달라져야 한다는 인식이 없었기 때문이었음을 방증한다. 즉 당시 그에게 유학은 유일한 도덕체계였고, 부도덕을 비판할 때도 유학적 기준에서 바라볼 수밖에 없었을 것이다.

박은식과 달리 신채호는 문명을 처음 대면했을 때부터 그것을 평가할 수 있는 보다 상위 차원의 가치에 대한 관념을 가지고 있었다.

16 이는 박은식이 생존경쟁을 '공적인 원리'라는 의미를 갖는 "공리(公理)"의 이름으로 받아들이고, 추세와 가치를 구별하지 못한 것과 비교된다. 이를 구별하지 못했기 때문에, 세계를 설명하는 원리이며 동시에 행위의 지침이기도 했던 성리학의 리처럼 받아들였다. 그렇게 되면 생존을 위한 일이 지고의 가치가 되어 버린다.

17 이 책의 제3장 제4절 참조.

일본제국이 대한제국을 강제병합하기 직전에 쓴 「20세기 신국민」은 제국주의의 팽창 속에서 민족의 위기를 돌파하기 위한 방안 제시를 주제로 한다. 같은 상황에 봉착해 난관을 헤쳐 나가려 한 박은식은 문명이 도덕적 가치는 아니라고 생각하면서도 조선의 생존을 위해 우승열패의 경쟁에 뛰어들 방안을 모색했다. 즉 박은식은 '문명'을 하나의 덩어리로 받아들이고 그것이 가치와는 거리가 있다고 생각했다. 그러나 신채호는 '문명'이 여러 가지 요소로 구성되어 있다고 인지한다. 그리고 그 안에서 사실과 가치를 갈라내고, 자신을 비롯해 조선인이 추구해야 할 보편적 가치가 무엇인지 탐색한다.

신채호는 당시 세계의 추세를 제국주의, 민족주의, 자유주의의 세 키워드로 설명한다. 이 가운데 제국주의와 민족주의는 고대부터 장소를 불문하고 인류의 습속이었다고 이해하는 반면, 자유주의는 유럽의 산물이라고 평한다. 그런데 장소를 불문하고 나타난다는 두 주의와 유럽에서만 나타났다는 자유주의 사이에는 발생 장소 이상의 차이가 있었다.

먼저 제국주의와 민족주의에 대한 그의 이해부터 살펴보자. 그는 제국주의는 약육강식의 습성이 폭발한 것이며 민족주의는 그 약육강식이 동일 종족 즉 민족을 단위로 일어나기 때문에 생겨난 것이라고 이해한다. 그에 의하면, 종족 간의 약육강식은 원시 시대부터 있었지만 근대에 이르러 그 경쟁이 격렬해지고 잔혹해져서 제국주의로 드러난 것이다. 즉 그는 제국주의와 민족주의를 역사적으로나 지역적으로나, 인류가 살았던 곳에서는 어디에서나 나타나는 일반적인 현상으로 이해했다. 게다가 이를 약육강식이라는 인류의 습성이 드러난 것이라고 판단했다.

특히 "중고 시대 이후로 그 경쟁이 더욱 많아지고 그 경쟁이 더욱 처참하"[18]게 된 민족주의의 전개에 대해서 다음과 같이 한탄한다.

> 어느 민족이 어느 민족을 정복하든지 우수한 자는 이기고 못난 자는 패한다는 활극이 참혹하고 괴이하기 짝이 없으니, 아아, 이 시대의 민족주의여, 어찌 이 지경에 이르렀는가.[19]

민족이 단위가 되어 민족들 사이에서 일어나는 약육강식의 전개는 참혹하다 못해 괴이한 "활극"으로 묘사된다. 인류의 약육강식의 습성이 폭발한 결과, 근대의 제국주의로 인해 "구주인의 발길이 이르는 곳에 산하(山河)가 흔들리고 구주인의 깃발이 날리는 곳에 천지가 변"했다. 구주의 "여러 나라가 각자 사방을 호시탐탐 식민지 개척에 열심인 한편, 몇십 년 동안 몬로주의로 북미주에서 자립 발전하던 미국도 갑자기 미서전쟁(美西戰爭)을 일으켜 하와이와 필리핀을 한입에 삼키고, 몇천 년 동안 동양의 고도(孤島)로서 유신(維新)을 겨우 이룩한 일본도 홀연 러일전쟁에 발을 들여놓아 한국과 만주에 그 세력을 확장"[20]했듯이, 제국주의는 전 세계에 들불처럼 번졌다고 파악한다. 약육강식의 습성이 폭발한 현상인 제국주의는 "호시탐탐" 남의 나라를 식민지로 만들려고 노리다가 "한입에 삼키"는 동물적인 공격성으로 묘사된다.

---

18 신채호, 「二十世紀新國民」, 『대한매일신보』, 1910. 2. 23.; 『단재신채호전집』 제6권, 462쪽.

19 같은 글, 462쪽.

20 이상 같은 곳.

이처럼 신채호는 제국주의와 민족주의를 언제 어디서나 인류에게 발생하는 자연, 즉 인류의 자연적 습성에서 일어나는 일이라고 이해한다. 호랑이가 다른 동물의 고기를 먹고 사는 것을 인간이 바꿀 수 없듯이, 약육강식이 인간의 본능이라면 그 본능 자체를 없앨 수는 없을 것이다. 즉 인간의 의지와 노력으로 그 발생을 막을 수 없다. 인간이 바꿀 수 없는 자연에 대해 도덕적 판단을 하는 것은 무의미하다. 인간의 가치기준에서 그러한 습성을 방치하는 것이 나쁘다는 도덕적 판단은 가능하지만, 그때도 평가 대상이 되는 것은 방치하거나 제거하거나 하는 인간의 의지적인 행동이다. 신채호는 제국주의와 민족주의가 선악을 평가할 수 없는 자연이라고 생각했다.

그러나 그가 "세계의 추세"로서 제국주의와 민족주의에 이어 세 번째로 꼽은 자유주의는 사정이 다르다. 그는 자유주의에 대해 다음과 같이 말한다.

> 자유주의는 구주(歐洲)의 산물이니, 제1차로 영국 대혁명이 개가를 올리며, 제2차로 불란서 대혁명이 큰 조류를 일으켜, 이로 인하여 미국이 독립하고, 이로 인하여 독일이 강대하게 되었으며, 이로 인하여 벨기에가 자립하고, 이로 인하여 이태리가 통일하였으며, 이로 인하여 구주 여러 나라가 복리(福利)를 넓혔으며, 이로 인하여 남미 여러 나라가 자주(自主)를 얻었다.[21]

21 같은 곳.

"독립", "자주"뿐 아니라 "강대", "복리"로 수식되는 자유주의는 분명하게 가치로 다뤄지고 있다. 자유주의가 구주 즉 유럽의 산물이라는 말은 과거 조선에 없었던 것이라는 점을 분명하게 표현한 것이다. 제국주의나 민족주의와 달리 자유주의를 가치로 다루고 있다는 것은 다음 인용문에서도 확인할 수 있다. 다음은 같은 글 안에서 '문명의 진보'라는 소제목 아래에 서술된 내용이다.

> 저 서양은 암흑시대가 잠시 지나가고 황금시대가 다시 돌아와 문명의 기운이 정신계와 물질계에 팽창하여 도덕·정치·경제·종교·무력·법률·학술·공예 등이 장족의 진보를 이루니, 이에 국가에 이익이 날로 많아지고 인민의 복이 날로 커져, 전제봉건의 낡고 고루함이 사라지고 입헌공화의 복음이 널리 퍼져, 국가는 인민의 낙원이 되고 인민은 국가의 주인이 되어, 세상을 잘 다스려 백성을 잘살게 한다는 공자·맹자의 이념이 이에 실행되며, 루소의 평등·자유정신이 이에 성공하였도다.[22]

"인민의 낙원"이며 "인민은 국가의 주인"인 나라가 공자나 맹자의 이념이 실현된 것이라는 말은 공자가 이전부터 은밀한 언어로 민주주의를 주장했다는 캉유웨이의 금문경학[23]의 영향일 것이다. 신채

---

22 같은 곳.

23 캉유웨이(康有爲, 1858-1927)는 공자를 조술자가 아니라 창조자로 해석하기 위해 '素王改制'의 공자상을 제공한 공양학을 채택하면서 고문경학을 비판했는데, 공자를 조술자로 해석해 온 전통적인 경학의 책임은 荀子가 지도록 했다. 이러한 해석에 의하면, 공자와 맹자는 민주주의의 실행을 미언에 실어 예견했다. 이에 관해서는 後藤

호는 전제봉건이 사라지고 입헌공화가 실현되어 인민이 국가의 주인이 된 인민의 낙원은 자유와 평등이 실현된 곳이라고 이해한다. 즉 자유주의의 실현이 문명진보의 핵심이라고 받아들이며 가치로 평가하고 있다.

앞에서 살펴보았듯이, 신채호는 "세계의 추세"라는 명목으로 제국주의, 민족주의, 자유주의를 묶었지만, 실상은 이처럼 자연과 가치의 범주로 나누어 생각했다. 문명을 하나의 덩어리로 받아들이고 침략자이면서 교사인 그들의 이중성에 혼란을 겪었던 선배들과 달리, 그가 근대 유럽 문명을 이처럼 분석적으로 받아들일 수 있었던 것은 가치에 대한 남다른 예민함 때문이라고 생각된다. 민족주의와 제국주의는 인류의 본성에서 발현해 전개된 이 세상의 현실로, 조선이 생존을 모색해야 할 환경을 구성하는 것이었다. 생존은 확보되어야 하지만, 생존을 넘어서 추구해야 할 가치도 있었다. 신채호는 생존을 위한 활동과 가치 추구를 나누어 생각할 줄 알았고, 그 때문에 당시의 많은 애국지식인과 다르게 문명을 통으로 긍정하거나 통으로 부정하지 않았다.

그에게 근대 유럽 문명이 가진 가치는 자유주의를 실현했다는 것이었다. "참혹하고 괴이하기 짝이 없"는 데로 흘러가고 있는 민족주의와 제국주의의 횡행은 피할 수 없는 추세로 받아들여진다. 이 추세에 떠밀려 국권을 상실한 민족이 된다는 것은 자유와 평등이라는 가치에 반하는 일이다. 그러므로 가치 추구를 위해서 제국주의에 저항

延子, 「康有爲と孔教: その思想史的意義」, 『日本中國學會報』 25, 1973 참조.

해야 한다는 것은 논리적인 귀결이다.

그런데 "이 제국주의에 저항하는 방법은 무엇인가? 민족주의를 발휘하는 것"[24]이다. 입헌공화를 이루고 나아가 자유와 평등을 실현하기 위해서, 다시 이 민족주의를 고취해야 하는 것은 가치의 실현을 위해 추세를 판단한 결과이다. 그는 당시의 현실을 돌파할 방법이 민족주의의 고취에 있다고 동시대 많은 지식인과 같은 목소리로 외치지만, 그에게 민족주의를 고취하는 명분 역시 가치를 실현하기 위함이었다. 즉 민족주의는 추구할 가치가 아니라 가치를 추구할 방법이자 수단이었다.

신채호는 위와 같이 세계의 추세를 판단한 뒤, 이어서 한국의 현실을 파악한다. 한국의 민족주의란 결국 제국주의에 저항할 민족의 실력인데, 실력이 될 만한 요소들에 대해 신채호는 다음과 같이 열거한다.

> 오늘날 한국에 정신이 발달하였는가? 아니다. 실력이 확장되었는가? 아니다. 문명이 진보하였는가? 아니다. 오직 도덕이 부패하며, 경제가 곤궁하고 궁핍하며, 교육이 부진하며, 모든 권리가 타인의 손으로 돌아가며, 민기(民氣)의 타락이 극도에 이르러, 보이는 바가 매우 쓸쓸하며 들리는 바가 처량할 뿐이니, 아아, 저 하늘이 어찌하여 이 백성을 구하지 아니하는가.[25]

---

24 신채호, 「帝國主義와 民族主義」, 『大韓每日申報』, 1909. 5. 28.; 『단재신채호전집』 제6권, 721쪽.

25 신채호, 「二十世紀新國民」, 463쪽.

민족주의란 제국주의의 전쟁터에서 민족의 경쟁력을 고양할 원동력이고, 그 경쟁력의 요소를 신채호는 "정신", "실력", "문명" 등으로 나열한다. 그 뒤에 이어지는 "도덕", "경제", 그리고 "교육"이 그 각각의 실제 내용에 상응하는 것으로 보인다. 이어지는 글에서 그는 도덕, 경제, 교육 각각에 대해 대략적으로 제안한다. 다음은 「20세기 신국민」의 말미에서 신채호가 자신의 제안을 요약한 글이다.

> (…) 우리가 국민의 도덕을 논할 때는 평등·자유·정의·의용(毅勇)·공공(公共)을 논하였으며, 우리가 국민의 무력(武力)을 논할 때는 정신계와 물질계의 무력발흥(武力發興)을 논하였으며, 우리가 국민의 경제를 논할 때는 근면·진취·국민경제를 논하였으며, 우리가 국민의 정치를 논할 때는 사상·능력을 논하였으며, 우리가 국민의 교육을 논할 때는 상무교육(尙武教育)·의무교육을 논하였으며, 우리가 국민의 종교를 논할 때는 국가적 종교를 논하였나니, 아아, 동포여, 동포는 이 논설을 들어 보아라, 듣고서 이 논설이 옳거든 실행하라. 실행하여 20세기 신국민이 될지어다.[26]

도덕, 무력, 경제, 정치, 교육, 종교 등 20세기 신국민이 되기 위해 갖춰야 할 것은 많다. 특이한 것은 그중에 하나로 '도덕'을 꼽은 것이며, 그 도덕의 내용이 평등, 자유 등이라는 점이다. 즉 신채호는 달라진 시대에 도덕 역시 달라졌음을 인지했고, 그것은 그가 새롭게 가치

26 같은 글, 469-470쪽.

로 평가한 것들이었다.

그 도덕 안에 자유와 평등만 있는 것은 아니다. 위 인용문에서처럼 신채호는 새로운 도덕으로 다섯 항목을 꼽으며 각 항목에 대해 자세히 설명한다.[27] 그 설명으로 판단하건대 뒤의 셋, 즉 정의, 의용, 공공은 다분히 집단주의적인 가치이다. 그는 한국 동포가 "대를 잃고 소를 얻을 뿐이므로" 나라와 민족이 위험에 빠져도 무감하게 움직이지 않는 상황을 정의가 희박한 것으로 묘사한다.[28] 그러므로 정의를 키우기 위해 신채호가 한국인에게 요구하는 것은 미신에서 벗어나는 것과 함께 "사리심(私利心)" 즉 이기심에서 벗어나는 것이다. "격렬하게 싸우는 세계"에서, "의용"은 뜻한 바를 "실행"해 "성공"하는 데 필요한 덕목이다.[29] "공공심"은 "개인이 있는 줄만 알고 사회가 있는 줄은 모르며, 가족이 있는 줄만 알고 국가가 있는 줄은 모르"는 한국 동포가 특히 발휘해야 할 덕목으로, 이 덕목이 발휘되면 "단체를 위하여 희생하며, 공익에 힘써 동포를 자기 몸으로 생각하며, 국가를 자기 집으로 생각"하는 효과가 기대된다.[30] 이러한 '도덕'은 민족주의와 관련된 가치일 것이다. 민족주의는 대외적 경쟁력을 위해 개인의 안위와 이익은 뒤로하고 집단에 헌신하라고 요구한다.

이러한 항목은 '도덕' 항목에 같이 묶인 "자유"와 "평등"과는 방향이 다르다. 평등에 대해 신채호는 "인류는 인격이 평등하고 인권이 평등"하다고 선언하며, 한국의 씨족 사이의 불평등, 관민 사이의 불평

27 같은 글, 464-465쪽.

28 같은 글, 465쪽.

29 같은 곳.

30 같은 곳.

등, 적서 사이의 불평등이 철폐되어야 한다고 주장한다. 자유에 대해서는 "자유는 제2의 생명"으로서 "자유를 잃는 것은 인격을 잃는 것"인데 한국은 자유를 모르던 민족이라고 자평하며, 세력의 노예, 옛사람의 노예, 현상의 노예에서 벗어나야 한다고 주장한다. 세력의 노예란 상등사회에 중등사회가 저항 없이 복종하는 것처럼 둘 사이의 불평등 때문에 생기는 종속관계를 말한다.[31]

이 시점에서 신채호가 사회에 대한 개인의 자유에 특별하게 관심을 둔 것으로 보이지는 않는다. 평등과 자유 역시 나라의 흥망과 관계있는 것으로 논의된다. 그러나 그가 그것을 가치로 인정한 이상, 자유와 평등이 추구하는 그 끝을 찾아갈 것이라고 기대된다. 자유를 설명할 때 "현상의 자유"에서 벗어나야 한다고 하면서 그가 구체적으로 드는 것은 "인순고식을 옳다고 하고, 치욕과 고통도 아랑곳없이 개처럼 구차하게 생명을 보존하고, 국세를 회복하려는 웅대한 기획은 잊은 채 조공을 바치는 사신의 행렬이 500년 동안 끊어지지 않았으며, 백성을 수탈하는 악독한 정치가 수 세기 동안 그대로 계속되었다"[32]라는 것이다. 이러한 기개와 정신이라면, 자유와 평등의 이름으로 추구될 수 있는 최선의 상태를 좇을 것이라고 기대된다.

가장 필사적으로 민족주의를 고취했을 이때도 신채호는 이미 민족주의 자체가 가치가 아니라는 것을 알고 있었다. 민족주의는 그보다 더 상위의 가치를 추구하면서 요청된 것이었다. 그런데 그가 열거한 도덕 항목에서도 엿보이듯이, 민족주의의 고취는 그가 가치로 여

31 같은 글, 464쪽.

32 같은 곳.

기는 자유와 평등을 유보하거나 그에 반하는 결과도 초래할 수 있었다. 나아가 그가 스스로 추구하고자 하는 '진면목의 나'를 거스르는 것일 수도 있었다. 이 시기 그의 내면에는 서로 갈등하는 것들이 공존했다. 그리고 그가 '진면목'의 가치를 추구하고 '진면목의 나'를 찾고 실현하고자 하는 열망을 멈추지 않는 한, 민족주의를 요청하는 현실에서 신채호의 고민과 갈등도 계속될 수밖에 없었다.

4. 갈등하는 가치들

민족주의는 생존을 위한 대처였을 뿐이다. 인간은 스스로를 생존을 넘어서 가치를 추구하는 존재로 인정해야 비로소 인간으로서 자부심을 가질 수 있다. 민족주의는 노예 상태로 전락한 조선의 인민들이 노예 상태를 벗어나 인간으로서 살기 위해 필요한 것이었으나, 그 자체로 가치는 아니었으며 지고선은 더더욱 아니었다. 신채호는 국권회복을 위해 몸과 마음을 아끼지 않고 독립운동에 뛰어들었다. 그러나 한편에서는 그것이 자신이 추구해야 하는 지고의 가치인지, 지고의 가치가 있다면 당면 과제를 수행하는 것이 그 지고의 가치에 부합하는 것인지 끊임없이 고뇌했다. 이 절에서는 독립운동에 투신하는 한편으로 그가 겪은 도덕적 가치에 대한 혼돈과 갈등, 그리고 더 상위의 가치에 대한 물음을 멈추지 않는 신채호의 의식을 따라가 본다.

일본 제국주의의 강제병합 전에도 신채호는 어떤 종교나 주의가 아니라 진리를 선생으로 삼으리라는 태도를 표명한 적이 있다.

> 나는 공자로 선생을 삼을까, 예수로 선생을 삼을까, 마호메트로 선생

을 삼을까. 대답한다. 모두 아니다. 오직 진리로 선생을 삼으리라.[33]

이러한 입장이라면, 때로는 공자를 비판할 수 있지만 때로는 공자를 옹호할 수도 있다. 기독교나 이슬람교의 경우도 마찬가지이다. 그들이 주장하는 교리가 진리에 부합하는 부분이 있다면 옹호할 것이며, 그렇지 않다면 비판할 것이다.

그런데 신채호는 진리만을 추구할 수 있는 처지가 아니었다. 때로는 진리가 아니라 "국민의 전도"가 종교를 평가하는 기준이 되기도 한다.

> 그러나 지금 한국 종교계에서 가장 힘쓸 것은 첫째 유교를 개량하는 동시에 그 발달을 힘써 꾀하고, 둘째 예수교를 확장하는 동시에 그 정신을 보전하는 것이다. 우리가 이 말을 왜 하는가 하면, 유교는 한국 사람에게 준 감화력이 대단히 크기 때문에 이를 좋은 법으로 발휘하여 현 세계에서 국민적 종교의 지위를 얻게 하려는 것이다. 예수교는 각 방면에서 한국 종교계 제일의 지위를 점령하였으므로 결과적으로 20세기 신국민적 종교의 가치를 가졌으니 이를 확장하는 동시에 그 교도 가운데 정신이 박약한 사람들을 깨우쳐 일깨우게 하려는 것이다. 또한 외래의 침략을 물리치면 가히 국민 전도의 대복음을 이룰 수 있으리라 생각하기 때문이다.[34]

---

33 신채호, 「惟眞理」, 『대한매일신보』, 1910. 1. 7.; 『단재신채호전집』 제6권, 542쪽.

34 신채호, 「二十世紀新國民」, 469쪽.

이 글에서 신채호는 "외래의 침략을 물리치"고 "국민 전도의 대복음"을 이루어 줄 "국민적 종교"를 탐색하고 있다. 즉 민족주의적 입장에서 종교를 평가하고 있다. 여기에서 유교와 기독교는 모두 진리를 깨우쳐 주고 진리로 인도한다는 기준에서 평가되는 것이 아니라, 각각 한국 사람에게 영향력을 행사해 왔던 과거와 현재의 종교로서 그 효용성이 조명된다. 이 시각에서는 외래의 침략을 물리칠 수 있도록 국민에게 좋은 영향을 주는지 여부가 종교 자체의 진리보다 더 상위 가치이기 때문에 유학과 기독교 어느 하나가 배타적으로 선택될 이유가 없다.

이처럼 신채호에게는 '진리'라는 가치와 '국민의 전도'라는 가치가 공존했고, 그 기준에 따라서 유학이든 기독교든 평가하고 있었다. 그러므로 유학 자체나 기독교 자체는 진리나 국민의 전도보다 하위 가치에 해당한다고 할 수 있다. 신채호에게 유학은 여러 종교 혹은 철학 가운데 하나였을 뿐 특별한 존재가 아니었으며, 예수교 또한 마찬가지였다.

신채호에게 이처럼 '진리'와 '민족주의'라는 두 가지 가치가 공존하면서 같은 대상에 대한 평가가 달라지는 상황이 발생하기도 한다. 가령 그는 한국 서적계의 쇠퇴를 지적하며 그 이유로 유학자의 비루한 이단관, 가족주의, 중국숭배주의 등을 꼽는데,[35] 이는 '진리'의 기준에서 평가한 것이라 할 수 있다. 그런데 '국민의 전도'라는 입장에서는 그 가족주의가 요구된다. 가족주의를 비판하는 한편 신채호는

35 신채호, 「舊書刊行論」, 『대한매일신보』, 1908. 12. 18.; 『단재신채호전집』 제6권, 657-658쪽.

가족주의를 국가로 확대해서 국가를 일가족처럼 보고 대가족을 돌보는 마음으로 국가유신에 참여하라고 촉구한다.[36] 이 두 주장 사이에 1년 3개월 정도 시간차가 있으나, 이 시간 동안 사상의 변화라고 할 차이를 낳을 만한 것은 없었다. 즉 신채호에게서 민족주의 고취와 진리 추구는 계속 공존하며 부딪히고 있었다.

그는 또한 유학이 가진 진리성을 인정하기 때문에 "유교 확장의 길은 진리를 확장함에 있다"라고 말하면서 맹목적 존화주의나 완고함 등을 유교의 적으로 배척한다.[37] 또 "유교의 진의를 발휘하여 보수를 바꾸고 실천에 힘쓰"라고 요구한다.[38] 즉 유교보다 상위의 진리 기준에서 유교의 개혁을 요구한다. 그런데 동시에 기존의 유학에 특별한 기대를 하기도 한다. 즉 "유림 말류의 폐해는 없지 않으나" "한국부흥 여부는 유림에 오로지 있다고 생각한"다면서, "유학자가 나서야 부패한 사회도 개혁할 것이며, 유학자가 나서야 완고하고 어리석은[頑迷] 국민을 깨우칠 수 있으며, 유학자가 나서야 문명학문도 수입할 것"[39]이라고 유학자의 분발을 요구한다. 이는 앞에서 인용했던 「20세기 신국민」에서처럼 조선 역사에서 유학이 갖는 특수한 위치를 인정하기 때문이며, '국민의 전도'에 유용하리라는 시각에서 나온 것이다.

---

36 신채호, 「家族教育의 前途」, 『대한매일신보』, 1908. 6. 11.; 『단재신채호전집』 제6권, 635-636쪽.

37 신채호, 「儒教擴張에 對한 論」, 『대한매일신보』, 1909. 6. 16.; 『단재신채호전집』 제6권, 676-677쪽.

38 신채호, 「儒教界에 對한 一論」, 『대한매일신보』, 1909. 2. 28.; 『단재신채호전집』 제6권, 668쪽.

39 신채호, 「警告儒林同胞」, 『대한매일신보』, 1908. 1. 16.; 『단재신채호전집』 제6권, 623-624쪽.

이처럼 신채호에게는 진리라는 가치와 민족주의라는 가치가 공존하며 경우에 따라 각각이 판단의 기준으로 적용된다. 그렇다면 당연히 진리와 민족주의가 충돌하는 경우도 있을 것이다. 그럴 때 신채호는 어떻게 하는가?

일제의 강제병합 후에 쓰였으리라 짐작되는 「도덕」은 "국민 공동의 덕"이라고 규정한 "민덕(民德)"의 중요성에 대해 논하고 있다. 이 글은 신라와 고구려가 강성할 수 있었던 것은 민덕이 좋았기 때문이며 대한제국이 망한 것은 민덕이 나빴기 때문이라는 도덕주의를 설파하는데, 신채호는 여기에서 도덕의 상대성에 대해 언급한다. 2절에서도 신채호의 글 「도덕」을 언급한 적이 있다. "도덕은 하나뿐이지만 그 조건은 경우에 따라 변천"해야 한다는 신채호의 말을 인용하면서, 나라 잃은 국민의 도덕은 나라가 있는 국민의 도덕과 달라야 한다는 신채호의 주장을 소개했다. 지금 「도덕」에서 주목하려는 것 역시 '도덕의 상대성'과 관련되는데, 특히 가치의 기준이 복수일 때 발생할 수 있는 가치의 충돌 상황에 대해서 신채호가 분명하게 인지하고 있었다는 것에 초점을 맞추고자 한다.

그는 세계의 복리 증진을 최고 가치로 두는 도덕체계와 국가의 복리 증진을 최고 가치로 두는 도덕체계가 다르다고 말한다. 이어서 대한 민족은 국가의 복리 증진을 최고 가치로 하자고 제안하며, 그러한 전제를 받아들인다면 나라를 위해 "칼을 잡는 것도 도덕이며" "도적질을 좋아하는 것도 도덕"이며 "전쟁에서의 살상을 즐기는 것도 도덕"이라고 언명한다. 그러므로 자신이 처한 상황을 판단하고 그 상황에서 올바른 도덕을 "단도직입적으로 자유롭게" 개진하자고 촉구하며, "나의 주장을 찬성하든 비판하든 조소하는 것은 타인의 자유"로 남겨 두자고 마무리한다.[40] 세계의 복리 증진을 가치로 여기는 입장 혹은 보다 고차원적인 가치체계에서라면 명백하게 비윤리적인 행위라는 것을 알면서도, 내 나라의 복리라는 상대적 가치를 추구하겠다는 의지를 명시한 것이다.

그는 대한 민족의 민족주의가 지고의 가치가 아니라는 것을 넘어, 그것이 "도둑질"과 "살상"의 경우처럼 반가치일 수 있다는 점까지도 알고 있었다. 세계의 복리라는 기준에서는 반가치일지라도, 우선 당장의 필요에 충실하겠다는 결의를 진솔하면서도 비장하게 드러낸 것이다.

그런데 이러한 결의의 한편에서 가치의 불협화음을 정리해 줄 진정한 가치를 찾고 있었다는 것도 엿볼 수 있다. 나의 도덕도 타인의 도덕도 각자 "단도직입적으로 자유롭게" 실천하면서 타인의 도덕을 비판할 수 있는 "타인의 자유"도 열어 두고자 하는 마음은 더 상위의 어느 지점에서 공동으로 지향할 수 있는 가치를 찾기를 기대하는 마음일 것이고, 그러한 가치가 있으리라고 기대하는 마음일 것이다. 즉 자신의 자유의지에 의해 민족의 복리를 추구하지만, 그것이 비판받을 수 있고 비판에 의해 변화할 수도 있음을 열어 두는 것이라고 생각된다.

「도덕」과 상통하는 논지를 펼치고 있는, 비슷한 시기의 글로 짐작되는 「이해」에서 신채호는 분명한 어조로 당시 자신이 선택한 '도덕'의 위상과 성격에 대해 분석한다. 즉 그는 국가의 이익을 최우선

40 신채호, 「道德」; 『단재신채호전집』 제7권, 632쪽.

으로 하든 세계의 이익을 최우선으로 하든, 그것은 이익의 생산을 최고의 가치로 설정한 윤리설이라고 설명한다. 직접 그 용어를 사용하지는 않지만, 유용성의 원리를 채용하는 윤리설 즉 공리주의를 의미하는 것이다. 나아가 그는 이익을 좇는 윤리설을 생존을 추구하는 윤리설이라고 규정한다. 그러나 단순히 "개별 몸[個身]의 생존이 아니라 전체의 생존이며, 육체의 생존이 아니라 정신의 생존"을 추구하는 윤리설이라고 부연한다. "육체와 개별 몸의 생존만 알면 이는 금수요, 정신과 전체의 생존을 알아야 사람의 생존"이라면서, 그 생존은 금수의 생존을 넘어서는 것이라고 상위의 가치를 부여한다.

생존은 기본적으로 성취되어야 할 가치이다. 그런데 신채호는 인간에게 생존은 가치가 아니라고 생각한다. 특히 '윤리'라는 가치를 성취하는 일에서는 생존 이상의 가치가 있어야 한다고 주장한다. 나아가 신채호는 이익 추구의 '윤리설'이라는 것의 존재에 대해 인정하는 듯이 말하지만, 다음 인용문을 보면 그것이 진정한 윤리라고 생각하지 않는 것처럼 보인다.

> 인류는 생존하는 것 이외에 다른 목적이 없다. 생존에 부합하면 이익이라고 하고 생존에 반대되면 해로움이라 하여, 이익과 해로움[利害]의 저울로 온갖 논설이 생긴다. 인류에 이로운 것은 선이라 하며 해로운 것은 악이라 하며, 이로운 것은 올바름이라 하며 해로운 것은 사악함이라 한다. (…) 윤리, 도덕, 종교, 정치, 풍속, 습관 모두 이익과 해로움 두 단어 밑에서 비평을 하는 것이다. 옳고 그름[是非]이 어디 있는가. 옳고 그름이 어디 있는가. 이익과 해로움의 다른 이름일 뿐이다.[41]

윗글에 이어서 신채호는 "그러므로 한 국민이 되어 이 세계에서 생존을 하려 한다면, 없는 옳고 그름을 가리지 말고 오직 이로움과 해로움을 위해 활동할 뿐"[42]이라고, '이로움과 해로움' 즉 이해에 따른 행동방식을 제시한다. 이는 이 시대에 맞는 유용성의 윤리를 현명하게 받아들이자는 의미로 읽힐 수도 있다. 그러나 윤리적인 이익 추구, 즉 공리주의 입장이라면 "옳고 그름은 없"는 것이 아니라, 이익이 곧 옳음이다. 그런데 "옳고 그름이 어디 있는가"라는 신채호의 자조적 수사는 이익을 옳음이라고 인정하지 않기 때문인 것으로 읽힌다. "없는 옳고 그름 가리지 말자"라는 신채호의 말은 "생존"이 당장의 과제인 현 상황에서 옳고 그름을 따지는 호사는 접어 두자는 말로 들린다. 즉 가치의 추구는 잠시 접어 두고, 당장 급한 이익을 추구할 수밖에 없다는 말이다. 이처럼 그의 마음속에는 이익이 아닌 다른 옳음이 따로 있는 것으로 생각된다.

「이해」와 비슷한 시기의 글로 보이는 「명과 리와 진의 삼인」을 보면 '진리'를 향한 신채호의 열망이 얼마나 간절한지 느껴진다. 600자 정도 되는 이 짧은 글에서 신채호는 명예[名], 이익[利], 진리[眞]라는 세 가치를 각각 추구하는 사람을 비교한다. 이익을 좋아하는 사람은 "나라도 팔아먹"을 수 있으니, 길게 논할 것도 없다. 그런데 명예를 좋아하는 폐해도 때로는 이익을 좋아하는 것과 마찬가지 결과가 나온다고 논평한다. 가령 "시속(時俗)의 명예를 얻을 일이면 비록 그 내용에 나라를 해치고 백성을 병들게 할[禍國病民] 이유가 잠재

---

41 신채호, 「利害」; 『단재신채호전집』 제7권, 619쪽.

42 같은 글, 620쪽.

할지라도 그 일을 할" 것이라고 신채호는 비판한다. 이어서 다음과 같이 마무리한다.

> 갑은 명예를 이익으로 알며 을은 금전과 권력을 이익으로 안다. (…) 두 사람의 취향은 다르나 심술(心術)의 동기는 한가지이다. 이익과 이익이 싸우면 사회는 더욱 혼탁하여질 뿐이다. 진리를 사랑하는 사람[眞人]은 이와 달라 명예도 보지 않으며 이익도 보지 않고, 오직 불평등[不平]을 위하여 칼을 빼며 중생을 위하여 탁계에 내리나니라.[43]

신채호는 금전이나 권력을 추구하는 일이나 명예를 추구하는 일이나 그 동기는 이익 추구 한 가지라고 정리한다. 금전이든 권력이든 명예든 자신을 즐겁게 하는 것이 무엇인가의 차이일 뿐, 자신을 즐겁게 하기 위한 것이라는 목적, 즉 자신의 이익이라는 목적에서는 한가지이기 때문이다. 앞에서 신채호는 국민의 생존을 구하려면 "시비를 가리지 말고 오직 이해를 위해 활동해"야 한다고 이야기하지만, 이익을 추구하는 일의 끝을 이처럼 비관적으로 보고 있다.

그가 이해를 벗어나 진리를 추구하는 사람으로서 살고 싶어 한다는 것은 분명하다. 그러나 유용성의 원리에 따라 생각하고 행동하며 조국의 생존을 위해 힘써야 하는 현실을 피할 수는 없다. 현실을 외면할 수는 없지만, 그래도 이익과 다른 차원의 가치를 추구하는 일을

43 신채호, 「名과 利와 眞의 三人」; 『단재신채호전집』 제7권, 194쪽.

그만둘 수 없는 신채호의 괴로움이 그대로 전달되는 글이다.

그가 '평등'을 진리와 관련짓는다는 것도 주의할 점이다. 그는 진리를 사랑하는 사람이라면 평등을 위해 칼을 빼어 들 것이라고 말한다. 진리가 무엇이라고 단언할 수 없는 단계이지만, 평등이 진리에 속한다는 것은 인정하는 것이다. 그가 진리를 추구하는 일을 포기하지 않는다면 결국 그가 갈 길은 이러한 길이 될 것이다. 문제는 조국의 생존을 위해 이해관계에 따라 행동하는 일과의 병행 혹은 갈등이다.

비슷한 시기에 쓰였으리라 추측되는 「차라리 괴물을 취하리라」에서는 '노예'가 그의 강력한 적임을 드러낸다. 이 글에서 신채호는 "죽을 때까지 남이 하는 노릇은 안 하는 존재"로 "괴물"을 소개한다. "괴물"이라는 이름을 얻을 정도이니 부정적인 존재이다. 그런데 그가 보기에는 사방이 노예투성이다. "노예는 주장은 없고 복종만 있"으니, 예수교든 민주주의든 노예의 복종은 주인이 바뀌면 언제든 바뀐다. 신채호는 "하도 부화뇌동을 좋아하는 사회이니 괴물이라도 보았으면 하노라"라며, 조선인의 '노예' 상태를 비판한다. "군함, 대포, 부자유, 불평등, 생활곤란, 경제압박 등 모든 목하의 현실을 대적하지 못하고 도피하여 이상적 무릉도원의 생활을 찾으니 무슨 괴물이 되리오"라며, 닥친 현실을 정면돌파하지 못하고 회피한다고 당시의 조선을 판단하고 비판한다.[44] 국권회복이라는 당면 과제를 수행해야 하는 것도 노예로 살지 않기 위해서였다. 노예로 살지 않는 것이야말로 진정한 나를 위해 필수적이었다. "군함"과 "대포"를 비롯한 "목하의

44 신채호, 「차라리 괴물을 취하리라」; 『단재신채호전집』 제7권, 190-193쪽.

현실"을 외면하고서는 진정한 나도 대면할 수 없을 것이다.

자신이 지향하던 가치를 분명한 언어로 표출하지는 않았지만, 그의 지향은 감춰지지 않고 드러났다. 현실의 압박이 군함이든 대포이든, 부자유와 불평등이든, 생활 곤란과 경제 압박이든 그는 자유로운 사람이고자 했다. 그래서 자유를 구속하는 것이라면 무엇이든 대적하고자 했다. 또한 그러한 자유를 평등하게 누려야 한다는 평등의식도 가지고 있었다. 누구나 스스로 자유로운 사람이 되어야 하며 그 자유는 누구나 평등하게 누려야 한다는 신채호의 자유와 평등에 대한 생각은, 그의 자존감이 평등하게 자유로운 인류라는 인간관에서 나온 것임을 보여 준다.

그가 민족주의를 필요로 한 것은 자신을 포함해 동포가 자유와 평등이라는 가치를 누리는 자존감 있는 사람으로 살 수 있어야 한다는 생각에서였다. 민족주의는 목전의 수단이었을 뿐, 그보다 더 애써 추구해야 할 가치가 누구 앞에나 있었다. 그는 자신의 동족이 스스로 자유와 평등을 누리고자 하는 자존감 있는 존재가 되기를 촉구한다. 그러한 존재가 된다면 민족주의를 고취하는 것과 인류의 복리를 추구하는 것, 진리를 사랑하는 것 사이에는 큰 간극이 없을지도 모른다.

5. 현실을 지도할 지고선이 있는가

3·1운동을 경험한 뒤 신채호는 "강철 같은 주먹과 붉은 피"로 싸우는 방법이 아니면 일본인의 압제에 대적할 수 없다고 확신한다. 그리고 3·1운동을 계기로 민중의 저력도 확인한다. 1921년 중국 상하이에서 신채호가 발행한 월간 『천고(天鼓)』에는 독립운동을 하는 와중에 나

온 글들이 실려 있다.

『천고』 제2호에 실린 「한한(韓漢) 두 민족의 친밀한 결합」에서 신채호는 두 가지 분명한 태도를 표명한다. 하나는 "문예"는 "실질적인 역할을 하지 못하"므로 문예의 방법으로는 압제를 막을 수 없고, 주먹과 피를 사용해야 압제를 막을 수 있다고 하는 생각이다. 다른 하나는 대한의 독립이 "동양의 평화"를 유지하는 방법이라는 생각이다.[45] 이 두 생각을 종합하면, 압제에서 벗어나려면 폭력에 의거할 수밖에 없지만, 그 일은 단순히 대한의 독립을 목표로 하는 것이 아니라 '동양의 평화'라는 상위 가치를 성취하기 위해서라는 것이다. 즉 신채호는 민족주의의 고취와 그보다 더 상위 가치의 추구라는 두 일을 '일관된 가치의 실천'으로 묶어서 사유하기 시작한다.

일본은 중국 민족과 대한 민족의 공공의 적이므로 두 민족이 서로 협력해서 일본에 대항해야 한다고 신채호는 제안한다. 그 과정에서 중국인은 자신을 너무 높이고 조선인은 지나치게 겸손한 데서 각각 손실이 있었다고 지적하며, 조선인을 향해서는 비루함을 멈추라고 조언하고 중국인을 향해서는 조선의 땅을 자신의 땅으로 생각해 조선인을 욕되게 하는 일을 멈추라고 조언한다.[46] 중국과 조선이 협력해서 일본을 물리치는 것이 "동아시아의 평화"를 실현하는 길이라고 생각하기 때문에 이러한 협력을 기획한다. 그러나 평화는 평화로운 방법에 의해 얻어지지 않는다. 신채호은 다음과 같이 말한다.

---

45 신채호, 「韓漢 두 민족의 친밀한 결합」, 『天鼓』 2(2), 1921. 2. 1.; 『단재신채호전집』 제5권, 398-399쪽.

46 같은 글, 391-395쪽.

> 이때 비록 공리(公理)가 있다 한들 어찌 그 폭압스러운 행위를 막을 수 있으며, 비록 정의가 있다 한들 그 학살을 저지할 수 있겠는가? 그러므로 평화는 비록 내가 바라는 것이지만 강한 적을 제거하고 동양을 평화롭게 유지하는 것은 '유혈'이라는 두 글자를 떠나서는 얻을 수 없다.[47]

자신이 가치라고 믿는 것을 향하는 데 '유혈'도 불사하겠다는 결연함은 그것이 '평화'를 향한 것일지라도 굳건하다. 폭압과 학살을 용인하는 평화는 평화가 아닐 것이다.

『천고』에는 표트르 크로포트킨(Pyotr Kropotkin)과 무정부주의에 관한 기사도 실렸다. 「크로포트킨의 죽음에 대한 감상」에서 신채호는 크로포트킨을 잘 모르고 무정부주의도 자신이 연구하는 바가 아니기 때문에 왈가왈부할 처지가 아니라고 밝히면서, "가장 급한 것은 적을 몰아내는 데 있기" 때문에 "이웃집에 가득한 산해진미"라 하더라도 맛볼 겨를이 없다고 말한다.[48] 즉 이 글을 실은 1921년 2월의 시점에서, 신채호는 무정부주의를 자신과 연관시켜 생각하지 않았다. 그러나 크로포트킨에 대해서는 "크로포트킨과 같은 자는 진실로 세속에 따르지 않고 오로지 믿는 바에 따라 행동하는 사람이어서, 세상의 추이가 함께하지 않는 것이로구나. 내 어찌 이 사람에게 큰절하지 않을 수 있겠는가"[49]라며, '자신의 믿음'을 실천하는 그의 사람됨에 경의를

---

47 같은 글, 399쪽.

48 신채호, 「크로포트킨의 죽음에 대한 감상」, 『天鼓』 2(2), 1921. 2. 1.; 『단재신채호전집』 제5권, 412쪽.

49 같은 글, 414쪽.

표한다.

그런데 이 글은 무정부주의에 대한 평가보다 다른 점 때문에 주목된다. 그는 봉건을 깨뜨리고 나면 전제가 폭력적인 권력을 휘두르고, 전제를 무너뜨리고 헌법을 세웠더니 또 노동자와 자본가의 불평등 문제가 발생했다고 말한[50] 뒤, 다음과 같은 생각을 내보인다.

> 탕탕한 흐름도 바다에 이르면 그치고, 삼라만상의 흐릿함도 해가 뜨면 이내 밝아진다. 나는 어떤 것이 바다요 만 리의 해인지 알지 못한다. 인류의 진보는 그칠 때가 없고 수천, 수백 년은 진실로 한순간이다. 사물의 생겨남을 모두 깨달으면, 타인과 내가 모두 공(空)해지고 무정부주의 또한 유치하고 부족한 도가 되고 크로포트킨을 옛사람으로 여기지 않을지 어찌 알겠는가.[51]

신채호는 하나를 해결하면 그다음 문제가 발생해 할 일이 끝이 없다는 한탄이 아니라, 점점 더 진리에 가까워지는 길이라는 희망을 내비친다. 봉건을 깨뜨리고 전제를 무너뜨리고 불평등 문제를 해결하는 그 길은 '바다'와 '해'에 비유되는 최후의 진리를 향한 길이다. 그것이 아직 어떤 것인지 모르겠다고 그는 고백하지만 그 길로 향하고자 한다. 아직 현실에서 그 진리를 경험했다고 생각하지 않지만, 자신이 혹은 인류가 진리를 향한 진보 위에 있다고 믿는다. 그러면서도 오롯하게 진리의 길을 갈 수 없는, 가시밭길 위에 있는 자신의 현실

---

50 같은 글, 415쪽.

51 같은 글, 415-416쪽.

을 슬퍼한다.

> (…) 왜병의 혁혁한 기염은 전국의 동포가 가위눌려 죽기에 족하고, 천황의 한 조각 명령은 일천만 생명이 곧 죽고도 남음이 있다. 우리는 이때 다만 왜를 몰아내고 독립을 옳다고 택한 것일 뿐이니 어찌 다른 것을 물을 겨를이 있겠는가. 내가 슬퍼하는 것은 성패의 흔적에서 진리를 구하고자 함에 그칠 줄 모른다는 것이다. 기왕에 크로포트킨의 죽음을 슬퍼하며 한마디 덧붙인다.[52]

그는 독립이라는 눈앞의 과제에 몰두하며 순간의 판단에 충실해서 몸을 던지는 것도 불사한다. 그 과제는 성공과 실패가 분명하다. 그리고 앞에서 이야기하듯 성공할 방법은 폭력밖에 없다고 절감한다. 그 눈앞의 과제에 한시도 소홀히 하지 않았고 그 일만으로도 다른 곳에 마음을 쓸 겨를이 없는 것 같은데도, "진리를 구하고자" 하는 그의 마음 역시 한순간도 잠잠한 적이 없었던 듯하다. 그가 슬픈 것은 "성패의 흔적"이라는 순조롭지 않은 일에 종사하면서도 "진리"를 구하는 일을 그만둘 수 없기 때문이다. 눈앞의 부조리를 해결해야 하는 일을 멈출 수 없었지만, 진리를 향한 탐색도 멈출 수 없었다. 멈추면 그 사실이 오히려 그를 더 괴롭히기 때문에 그 어느 쪽도 그만둘 수 없었을 것이다. 독립하지 못하면 짓밟힌 인간의 존엄성이 회복될 길이 없다. 그러나 그것은 인간의 존엄성을 위한 기본일 뿐이고, 그

52 같은 글, 416쪽.

일에 종사하면서도 그 이상 가치 있는 것을 알고 거기에 헌신하고자 하는 본능을 잠재울 수 없었다.

신채호의 이러한 괴로운 상황은 1923년 정처를 찾은 것으로 보인다. 1월에 발표된 「조선혁명선언」에서 신채호는 아나키즘으로의 경도를 분명하게 드러낸다. 아나키즘이 지향하는 최고의 가치는 개인의 자유이다. 개인의 자유를 위협하고 박탈하는 것이라면 무엇이든 그에 저항한다. 대표적으로 사회제도와 국가정부가 있다. 아나키즘은 국가를 비롯해 모든 권력을 거부하면서, 자유의지에 의해 연합한 개인들에 의한, 권력도 없고 지배도 없는 사회의 건설을 지향한다.[53]

「조선혁명선언」에서 신채호는 일본을 "강도"라고 선언한다. 정권을 빼앗고 모든 자원을 빼앗아 생산 기능을 마비시켰으며 각종 세금으로 고혈을 짜내고 이동·언론·출판·집회·결사의 자유를 빼앗았으니, "생존적 필요조건을 박탈"한 강도인 것이다. 신채호는 "혁명수단으로 우리 생존의 적인 강도 일본을 살벌(殺伐)함이 우리의 정당한 수단임을 선언"[54]한다. 일본제국의 제도라는 것이 우리 민족을 경제적으로 약탈해 우리 민족의 생존권을 위협하는 수단이므로, 그 제도를 용인하며 그 제도하에서 무엇이든 하겠다는 모든 집단, 가령 "문화운동"이나 "외교론", "준비론" 역시 적이라고 그는 선언한다.[55] 그리하여 이족 통치와 특권 계급뿐 아니라 경제적 약탈 제도, 사회적 불평등,

53 아나키즘의 기본 사상에 대해서는 이호룡, 『한국의 아나키즘: 사상편』, 지식산업사, 2001, 197-227쪽 참조.

54 신채호, 「朝鮮革命宣言」, 1923; 『단재신채호전집』 제8권, 891쪽.

55 같은 글, 893-896쪽.

노예적 문화 사상 모두 파괴 대상이 된다. 그는 문화운동, 내정 독립, 참정권 논의 등이 모두 강도정치하에서 기생하려는 것일 뿐, 자유를 위한 참된 운동일 수 없다고 일갈한다.[56]

신인(新人)이나 영웅에 기대할 것이 아니라 민중이 민중을 위해, 민중을 가로막는 "모든 불평등, 부자유, 불합리"를 타파하는 것이 "민중이 각성하는 유일한 방법"이라며 신채호는 민중의 자각을 촉구한다. 민중이 아닌 누군가가 도와준다는 "미망을 버리고 민중이 직접 혁명의 수단을 취하"는 방법만이 남을 뿐[57]이라고 역설한다. 그에 의하면 "민중"은 "혁명의 대본영"이고 "폭력"은 "혁명의 유일한 무기"이다.[58] 민중의 해방을 위한 민중의 직접 행동만이 남은 것이다. "암살·파괴·폭동"[59]의 그 길은 당연히 처절하리라고 그는 예상한다. 그는 "고유의 조선의 민중적 경제의 민중적 문화의 조선"을 건설하는 것을 목표로 세운다. 그 조선은 "인류가 인류를 압박하지 못하며 사회가 사회를 박삭(剝削)하지 못하는 곳"이다.[60]

개인의 자유를 압박하는 모든 사회와 모든 권력을 처단하고 남는 것은 자유로운 민중뿐이다. 자유로운 민중만 남으면 민족주의에 의지하며 조국의 독립을 호소해야 했을 때 처했던 곤경에서 벗어날 수 있다. 즉 스스로의 민족주의를 시행하면서 일본제국의 민족주의, 나아가 다른 제국의 민족주의의 시행을 반대할 근거가 없다는 곤경에

---

56 같은 글, 899-901쪽.
57 같은 글, 896-899쪽.
58 같은 글, 901쪽.
59 같은 글, 899쪽.
60 같은 글, 901쪽.

서 벗어날 수 있다.

그런데 개인의 자유로움을 성취하고 지키는 일은 광범위한 분야의 실력을 요구한다. 즉 개개인이 그런 실력을 갖춰야 한다. 신채호는 조선인 개인의 현실을 비평하면서, 자유를 얻고 자유를 누리는 개인이 되기를 촉구한다. 가령 「문제 없는 논문」[61]에서는 당시 조선에서 금전주의가 전면적으로 급격하게 일어나는 풍조를 지적하는데, 신채호가 개탄하는 것은 "단조로" "맹종부화하는 사회"라는 현상이다. 그의 비판에 의하면 고려 시대에는 사회 전체가 오로지 불교였고, 조선 시대에는 오로지 유교를 신봉했다. 그것만 해도 이상한 일인데, 근래에는 기독교를 신봉한다고 하면 없는 재산 팔아 교당에 바치고, 정치 활동을 한다고 하면 생업을 정리해 민족에 바친다. 나아가 "금전이 고려의 석가나 이조의 공자보다도 신성해져 가는" 목하의 현실에서, "조선인이 만일 금전주의로 나아간다면 인류의 상애(相愛)니 호조니 하는 것은 명사(名詞)까지도 잊어버리기 쉬울 것이며, 사회적·민족적 운동 같은 것은 몽중에 재현하기도 어려울 것이며, 조선어·조선문이 만일 금전 벌이에 불편하다면 헌신짝 벗어 버리듯" 할 것이라 염려한다.

신채호는 조선인이 이해(利害)에 밝다면 차라리 괜찮다는 생각이다. 문제는 주체성을 가지고 스스로 사유하지 못한다는 점이다. 즉 자유를 향유할 능력이 없다는 점이다. 자유는 스스로의 사고와 의지에 따라 가치를 선택하고 가치를 추구하는 활동을 가능하게 한다. 이해타산이 필요하다면 그렇게 결정하고 의지적으로 실행하는 것이 필요

61 신채호, 「問題 없는 論文」, 『동아일보』, 1924. 10. 3.; 『단재신채호전집』 제6권, 198-199쪽.

하다. 이해를 무시하고 진리를 추구하고자 하면 그렇게 하면 될 일이다. 스스로 책임지면 되는 것이다. 그런데 조선인은 스스로 생각하고 스스로 선택하는 중심이 없으니 이해를 관철하는 것마저 제대로 하지 못한다며 한탄한다.

그는 “인류는 이해 문제뿐”이어서, 석가·공자·예수·마르크스·크로포트킨 모두 이해를 위해 태어났다고 해석한다. 그들의 제자들 역시 스승의 본의를 잘 알았기 때문에 자기 시대와 상황에 따라 자신들의 석가를 만들어 내고 자신들의 공자를 만들어 냈다는 것이다. 그러므로 “중국의 석가가 인도와 다르며, 일본의 공자가 중국과 다르며, 마르크스도 카우츠키의 마르크스와 레닌의 마르크스와 중국이나 일본의 마르크스가 다 다르다.”[62] 이처럼 신채호는 모든 이념의 발생 배경에 있는 특정 집단의 이해관계를 꿰뚫어 본다. 각각의 이념이 각 민족의 이해관계에서 정당화되는 것은 당연하다고 생각한다. 문제는 그러한 세태에서 조선인들이 보여 주는 특이한 무능력이다.

> 조선 사람은 매양 이익과 해로움 이외에서 진리를 찾으려 하므로, 석가가 들어오면 조선의 석가가 되지 않고 석가의 조선이 되며 (…) 그리하여 도덕과 주의를 위하는 조선은 있고 조선을 위하는 도덕과 주의는 없다. 아 이것이 조선의 특색이냐. 특색이라면 특색이나 노예의 특색이다. 나는 조선의 도덕과 조선의 주의를 위해 곡하려 한다.[63]

---

62 신채호, 「浪客의 新年漫筆」, 『동아일보』, 1925. 1. 2.; 『단재신채호전집』 제6권, 583쪽.
63 같은 글, 583쪽.

신채호는 이익과 해로움 즉 '이해'에 충실해야 한다고 주장하려는 것이 아니다. 그러나 조선의 운명이 주제가 되면, 이는 이해의 문제가 된다. 사람은 때로는 이해에 따라 행동할 수도 있다. 신채호가 국권회복을 추구하는 것도 그러한 일이다. 그러나 그 일도 자신이 무엇을 위해 그러한 자세를 취하는지 자각하고 선택해야 하는 문제이다. 신채호는 개인의 자유를 구속하는 모든 것에서 스스로 해방되어야 할 주체의 자세에 대해 이야기하려는 것이다. 스스로 자유를 성취하고 누리고 지켜야 할 민중 개개인은, 추구하는 것이 진리라는 이름으로 불리는 것일지라도 거기에 구속되어서는 안 된다. 그렇지 못하다면 이해의 추구도 진리의 추구도 모두 이름일 뿐, 실제로는 노예의 노동일 뿐이다.

한국인이 이해에 따라 행동해야 할 때도 그것을 자각하고 이해에 충실한 대신 남들이 내세우는 가치를 맹종한다는 신채호의 비판은 근거 있는 것일까? 그렇다면 그러한 특징은 어디에서 연유한 것일까?

6. 신채호의 해방: 지고선과 민족의 운명

신채호는 잃어버린 국권을 찾는 일에 인생의 가장 많은 시간과 노력을 할애했다. 그러나 그 이전에 그는 진리와 지고선을 향한 질문을 멈추지 않은 철학자였다. 진리를 주장하는 어떤 이론도 절대화하지 않으면서 상대적인 관점에서 모든 이론을 검토할 줄 아는 비판적 철학자였다. 그리하여 민족주의에 복무하면서도 그것을 상대적인 가치로 자리매김시킬 수 있었다. 개인이 자유로운 주체로서 이용할 수 없다면, 민주주의도 무정부주의도 그 어떤 것도 질곡이 될 수 있음을 간파했다. 자유로운 인격으로서 자신을 믿고 자신의 판단을 믿는다면, 구체적인 선택은 문제가 아니다. 그 자유의 길을 가는 데서 피해야 하는 위험으로 "형식화"와 "피난의 심리"를 들고 있는 것으로부터[64] 그의 구도정신과 비판정신을 엿볼 수 있다.

국권상실이라는 곤경은 그의 머리를 복잡하게 하고 그의 실천을 더욱 분주하게 했겠지만, 그것이 그의 자아를 왜곡하지는 못했다. 어떤 곤경도 지고선을 향한 그의 지향을 꺾을 수 없었다. 그가 찾은 지고선은 모든 사람이 평등하게 자유로워지는 것이었다. 그것이 지고선임이 분명해지자, 국권회복을 위한 노력과 진리를 탐구하는 노력이 서로 모순되지 않는 길을 찾을 수 있었다. 그것은 조선인을 비롯한 모든 개개인이 자유로운 주체가 되는 것이었다.

자유는 그 한자가 의미하는 그대로 자신이 운동의 원인이 되는 일, 스스로가 자신의 주인으로 사는 일이다. 신채호는 자유를 그 의미 그대로 받아들였다. 그는 개개인이 자유로운 주체가 되기를 바랐고 그가 선택한 무정부주의는 그러한 그의 가치 지향에 가장 가까웠다.

그는 "20세기 이래 편협한 국가주의는 이미 지나가 버린 과거의 명사"[65]라는 것을 분명히 알았다. 그러나 조선의 독립을 위한 무력투쟁을 멈춘 것은 아니다. 그는 세계평화를 시야에 놓고 조선 민족의 자결권을 요구한다. "조선 문제는 조선인 자신만의 문제가 아니라 세

64 같은 글, 587-588쪽.

65 한 중국 혁명가가 신채호에게 보낸 편지에 있는 표현이다. 種樹, 「중국인 친구가 보내온 두 개의 큰 글: 자유를 다투는 천둥소리」, 『단재신채호전집』 제5권, 348쪽.

계평화와 관련된 최대 문제이다. 조선인들이 현재 요구하는 민족자결은 편협한 국가주의를 위한 것이 아니라 자유의 길을 찾아가는 주의여야 한다"[66]라는 중국 혁명가의 글에 신채호 역시 동의한다. 그는 최고의 가치를 지향하는 스스로에게 충실한 삶을 살았으며, 자신이 선택한 것은 온몸을 던져 실천했다. 그리고 그것이 어떤 의미의 가치인지 늘 명료하게 파악하고자 했다. 그리하여 그는 그 길이 어디로 향하는지 찾아냈다. 그는 확신에 차서 '선언'한다.

> 우리의 생존은 우리의 생존을 빼앗는 우리의 적을 없애 버리는 데서 찾을 것이다. 일체의 정치는 곧 우리의 생존을 빼앗는 우리의 적이니, 제일보에 일체의 정치를 부인하는 것, (…) 저들의 세력은 우리 대다수 민중의 허용에 의하여 존재한 것인즉 우리 대다수 민중이 부인하며 파괴하는 날이 곧 저들이 그 존재를 잃는 날이며 저들의 존재를 잃는 날이 곧 우리 민중이 열망하는 자유평등의 생존을 얻어 무산계급의 진정한 해방을 이루는 날이다. 곧 개선의 날이니 우리 민중의 생존할 길이 여기 이 혁명에 있을 뿐이다.[67]

그가 도달한 무정부주의적 비자본주의 사회는[68] 지고선을 향한 그의 진리탐구의 여정 끝에 이른 곳이었다.

한 치 앞을 내다볼 수 없었던 격동의 시기, 신채호는 민족주의자

66 같은 글, 348쪽.

67 신채호, 「宣言」, 1928; 『단재신채호전집』 제7권, 656쪽.

68 신용하, 『申采浩의 社會思想研究』, 237-266쪽.

이기도 했으며 무정부주의자이기도 했다. 그러한 그의 진폭은 지고의 가치를 찾고 실천하고자 하는 열망으로 인한 것이었다. 그는 가장 열정적으로 민족주의에 몸을 바친 때도 민족주의를 지고의 가치로 여기지 않았다. 그러한 그가 현재 민족주의의 대표자로 부각되는 것은 아이러니하다.

신채호는 사람은 스스로를 도덕적인 사람으로 이해하려는 본성을 가진다는 테일러의 주장을 가장 선명하게 보여 주는 인물이다. 신채호는 지고선의 존재가 불투명해진 상황에서, 당면한 구국의 과제가 치열한 노력을 요구하는 와중에도 진정 도덕적인 사람이 되기 위해 지고선의 존재를 끊임없이 탐구했다. 진리를 탐구하는 개인적인 특성 탓이기도 했을 것이고, 전 세대와 달리 유학의 영향을 적게 받은 이유도 있었을 것이다. 유학적인 세계를 놓아 버리고 새로운 지고선을 찾았다는 점에서 그는 진정 근대의 정치·경제적 변화를 전면적으로 받아들인 사람이었으며, 도덕질서의 변화 또한 그에 동반된다는 것을 자각하고 능동적으로 수용한 사람이었다.

제6장

중화의 주체와 지고선의 향방

량치차오를 중심으로

1. 비교지표로서 량치차오의 의미

앞에서 다룬 네 사람에게는 지고선과 윤리와 관련해 조선-한국인이었기 때문에 경험하고 겪어야만 하는 일들이 있었다. 특히 중국인과 비교해서 그러하다. 이 장에서는 그들이 조선-한국으로서 갖는 특수성이 무엇인지 부각시켜 줄 배경으로서 동시대의 중국인 량치차오(梁啓超, 1873-1929)를 다루고자 한다. 즉 네 명의 조선-한국 지식인이 조선-한국인이기 때문에 량치차오와 달라지는 점을 살펴보고자 한다.

유길준의 『서유견문』이 세상에 나온 뒤 신채호의 「선언」이 나오기까지는 약 40년의 시간이 있었다. 그 기간이 량치차오가 생존했던 시기와 겹치기는 하지만, 량치차오 한 사람을 네 사람과 비교하는 것이 과연 유의미한 일인가? 비교 대상으로서 량치차오가 의미 있는 이유, 그리고 그 네 사람 각각과 비교를 시도하는 이유는 다음과 같다.

첫째, 잘 알려져 있듯이 량치차오는 동시대 조선-한국인의 계몽운동에 큰 영향을 미친 외국인이었다. 그 시기 한반도에서 구국을 위한 계몽을 기치로 내걸고 발간된 매체의 거의 대부분에 량치차오의 글이 빠지지 않고 실렸다. 때로는 량치차오의 글임을 표기하고 번역되었으나, 출처 표시 없이 한국인 저자의 작품으로 인용되는 일도 무수히 많았다. 그의 글이 조선-한국인에게 많이 읽힌 이유는 우선 그가 많은 분량을 썼기 때문일 것이다. 박은식이 적극적으로 소개했던 「변법통의」를 쓴 것이 량치차오의 나이 20대 중반이었으며, 그때 이후 그는 자신이 주도적으로 관여하는 매체의 거의 반 이상을 채웠고, 평생 그 호흡을 유지하며 글을 발표했다. 또한 어려서부터 신동 소리를 듣고 자라 열일곱 살에 향시에 합격했으니, 일찍이 그의 뇌를 채운 것은 유교 경전이었음을 짐작할 수 있다.

그의 명석함은 근대 유럽의 문물을 빠르게 이해하고 그것을 사람들에게 이해하기 쉽게 소개하는 능력으로 발휘되었다. 그의 깊은 유학적 소양은 새로운 문물의 이야기를 이물감 없이 전하는 데 도움이 되었다. 유교문화를 공유하고 근대 유럽 문명에 압박받는 비슷한 처지였기 때문에도 그의 글은 조선-한국인에게 호소력이 있었다.[1] 동시대 중국인뿐만 아니라 한국인에게도 영향력 있는 사람이었다는 점에서, 량치차오는 근대 한국을 연구하면서 비교 대상으로 고려될 충분한 의미를 갖고 있다. 국권상실의 위협을 겪는 같은 처지라고 해도, 중국과 조선은 그 역사와 국력이 달랐기 때문에 현실 역시 달랐다. 조선-한국의 지식인들이 량치차오의 주장을 어떻게 소화했는지 살펴봄으로써 조선-한국인의 특수한 상황을 이해할 수 있을 것이다.

둘째, 량치차오는 자신의 주장을 자주 바꾼 인물이라는 점에서

1 량치차오의 글이 한국 개화기에 미친 영향에 관해서는 우림걸, 『한국개화기문학과 양계초』, 박이정, 2002 참조.

복수의 조선-한국인과 비교될 수 있다. 그가 주장을 자주 바꾼 배경에는, 우선 광서제(光緒帝)와 연합해 제도적 개혁을 전망할 수 있었던 상황에서 개혁에 실패한 뒤 망명객의 처지가 되는 등 정치적 상황의 변화가 있었다. 그리고 유럽의 근대 문물을 두서없이 압축적으로 수용해야 했던 사정 또한 관계가 있다. 그는 현재의 주장이 과거 자신의 주장과 양립하지 못한다는 것을 자각하기도 했으나, 때로는 서로 대립하는 이론을 그러한 줄 모르고 하나로 엮는 일도 드물지 않았다. 사상전변의 가장 큰 원인은 그가 20대에 시작한 계몽운동을 위해 죽을 때까지 한순간도 쉬지 않고 현실을 재진단하며 길을 찾으려 노력했기 때문일 것이다. 현실 인식과 그 대처는 객관적인 상황의 변화로 인해 달라질 수 있다. 그가 살던 시기에는 나라의 존립을 위협하는 환경이 시시각각으로 바뀌었고, 세상의 소용돌이 속에서 어떤 대처도 당장의 효과를 거두기 어려웠다. 그런 상황에서 계속 다른 타개책을 찾았다는 것은 그가 노력을 멈추지 않았음을 웅변하는 것일 수도 있다. 그가 활동한 수십 년 동안 사상전변을 보여 줬다는 점에서, 조선-한국인 네 명 각각과 상응하는 시대 혹은 문제의식의 비교가 가능하다.

셋째, 량치차오는 중국인 사대부 출신으로서 중화주의의 주체였다. 이 점이 이 절에서 조선-한국인의 비교 배경으로서 량치차오를 다루려는 가장 중요한 이유이다. 중화주의는 모든 존재를 포괄하는 보편주의이다. 이 보편주의는 유학을 기반 이념으로 하며 성리학에 이르러 체계적으로 형식화되었다. 성리학의 지고선은 "성즉리(性卽理)"로 명제화된다. 우주적 진리로서 리(理)라는 지고선은 개인에게는 본성[性]으로 부여되어 개체의 본질을 이룬다. 조선-한국인은 근대 이전에는 중화의 주변으로 살다가, 근대 이후에는 중화체계에서 벗어나 문명의 주변이 되었다. 그런데 중국인은 보편원리를 사유하고 실천하는 주체로서 자신이 세계의 중심임을 의심해 본 적이 없었다. 그런 점에서 문명이라는 새로운 보편을 마주했을 때도 조선-한국인과는 다른 반응을 보였다. 중화의 주체인 량치차오가 다른 보편체계로서 문명을 대하는 방식은 주변인 조선-한국인과 어떻게 다른지 살펴볼 수 있을 것이다.

앞 절에서 네 사람의 조선-한국인을 다루면서, 유길준의 경우에는 『서유견문』에 한정했고 박은식의 경우에는 사상의 변화에 초점을 맞췄다. 이돈화의 경우에는 그의 절충주의가 어떤 방식의 대응을 의미하는지에 초점을 맞췄고, 신채호의 경우는 그의 진리 의식이 국권상실이라는 현실을 어떻게 돌파해 가는지에 초점을 맞췄다. 이는 지고선과 도덕질서라는 관점에서 각각의 사상을 가장 잘 드러내 줄 수 있다고 생각되는 면을 부각하기 위한 초점 맞추기였다. 그러한 초점은 량치차오와의 비교에도 적용될 것이다.

시기적으로 정확하게 일치하는 것은 아니지만 내용상으로 량치차오는 그들 각각에 상응할 만하게 시대에 따른 입장의 변화를 보여왔다. 량치차오는 근대 문명의 학습과 근대 문명의 극복이라는 두 방향에서 조선-한국인에게 길잡이 역할을 했다. 이 장에서는 그들 각각과 그들에 상응하는 량치차오의 특정 시기를 대비하는 방식으로, 조선-한국 지식인들의 특징을 부각시켜 보려고 한다.

앞에서 네 사람을 통해 사람은 도덕적 존재로서 지고선을 요청한다는 찰스 테일러의 주장이 충분히 설득력 있음을 확인했다. 테일러에 의하면, 자신을 가치 있는 존재로 규정하고자 하는 의식은 지고선의 존재를 전제한다. 기존의 지고선이 흔들리고 어떤 길이 옳은지 다시 정비하기도 전에 한국인들은 국권상실이라는 난국에 빠졌다. 국권상실은 더 나쁜 것을 상상하기 어려운 재난이었다. 유길준, 박은식, 이돈화, 신채호, 이들이 처한 상황이 재난이라는 점에서는 변함없지만, 그들이 보여 준 반응과 대처는 달랐다. 그 차이는 그들이 처했던 시간의 차로 인한 것도 있겠지만, 그들 각자의 성격 차이로 인한 것도 있을 것이다. 네 사람이 보여 준 반응과 대처 방식은 현대 사회에도 여전히 공존하며 남아 있는 것 같다. 그 점에서 그들의 차이는 단순히 시간의 차이가 낳은 것이 아니며, 그 시기 한반도라는 환경에서 생겨난 변주라고 생각된다.

유길준은 지고선의 흔들림을 실제로 경험하지 않았다고 할 수 있다. 그렇기 때문에 그는 비교적 평온하게 유교국가 안에서 변화를 도모할 수 있었다. 그가 시도한 어떤 개혁도 그의 유학적 세계관을 바꿀 것을 필연적으로 요구하지 않았다. 비록 그의 개혁이 그 세계관과 양립할 수 없는 요소를 품고 있어 그 세계관이 미세하게 균열되기 시작했지만, 그 자신은 이를 인지하지 못했기 때문에 가치를 추구하는 자로서의 자기이해는 동요 없이 유지되었다.

박은식은 지고선의 역할을 하던 기존의 유학이 더 이상 예전 같을 수 없음을 인지했고 확대된 세계를 포괄하는 보편진리를 찾고자 했다. 그런데 그에게 유학은 특별한 이념이고 가치였기 때문에, 그것이 세상의 유일한 진리가 아니라는 것을 인정하면서도 그것이 가진 진리성에 대해서는 부정하지 않았다. 그는 기존의 세계종교 혹은 철학이 각자 다른 이름이지만 보편적인 가치를 추구해 왔으리라고 믿으며, 유학도 그 가운데 하나로 인정한다. 그는 여러 곡절을 겪은 뒤에도 유학에 여전히 보편의 가치가 있다는 믿음을 잃지 않았다.

박은식이 이국땅에서 한편으로는 조선의 독립을 위해 심신을 바치고 한편으로는 흔들린 보편원리 때문에 구국운동과 다른 차원의 고민을 해야 했을 때, 이돈화는 일본 제국주의 치하에서 조선 민족의 앞날을 열어 가고자 했다. 실제로 현실적 돌파구를 찾기가 쉽지 않은 상황에서, 그는 서양에서 들어온 여러 종류의 철학 이론을 섭렵하고 그에 기반해 근대 세계를 반영하는 새로운 세계관을 구축하고자 했다. 그러나 그가 가장 중요하게 참고한 것은 서양 열강의 위협 속에서 한편으로는 일본 국민의 헌신적 애국을 요청하고 한편으로는 일본의 우월성을 충족시킬 수 있는 일본 중심주의 세계관이었다. 독일의 근대 철학을 참고했다는 점에서 새로운 세계관이라고 주장되었지만, 그 세계관은 생사즉열반의 불교 논리를 기반으로 하는 것이었다. 비슷한 논리를 가진 성리학이나 대승불교가 현실의 지도 이념으로 작동할 때 현실의 개선보다는 진리 차원에서의 환기 혹은 도덕적 재정립을 중시하는 쪽으로 흐르듯이, 그것을 모방한 이돈화의 세계관 역시 현실을 돌파해 가기보다 도덕을 강조하는 쪽으로 흐를 수밖에 없었으며, 이는 현실과 괴리된 도덕이었다. 특히 일본 중심주의를 이식한 결과 이돈화의 세계관은 어떤 토대도 갖지 못한 조선 중심주의가 된다.

신채호는 다수의 윤리적 가치체계가 이 세상에 병존하며 각각의 가치체계는 특정 집단의 이해를 반영한다는 것을 파악했다는 점에서 근대인이었다. 그러나 그러면서도 그는 상대적 가치를 넘는 보편적 가치가 있으리라 기대하고, 자신은 그 가치를 추구하는 사람이고자 했다. 그는 보편적 가치와 그렇지 않은 가치를 구분했고, 자신이 처한 현실에서는 유용성의 원리에 따를 수밖에 없다고 판단했다. 자신이 의지적으로 수행하는 구국활동에 대해 유용성의 원리에 의한 윤리적 정당화를 시도하면서도, 자신이 추구해야 할 더 상위의 가치를 마음에 간직하고 있었다. 그는 점점 현실의 활동과 지고선을 추구하는 행위를 일치시켜 나가는 방법을 찾아 나갔다.

2. 유길준과 량치차오: 개혁도 의무로 수용하는 유학자의 길

유길준(1856-1914)은 조선에서 처음으로 근대 유럽 문물을 본격적으로 접한 사람이다. 일본 유학과 미국 유학을 경험한 뒤 직간접 경험을 바탕으로 비교적 체계적인 서양 소개서를 발간했다. 그런데 그 소개서인 『서유견문』에 한정해서 보자면, 유길준은 세계관과 지고선의 변화를 경험하지 않은 것으로 보인다.

조선 밖에서 일어나는 일들을 보고 그가 내린 결론은 조선도 달라져야 한다는 것이었다. 그는 중화라는 우산 아래에서 살 때는 몰랐던 다양함으로 가득한 세상을 보았다. 입헌군주제를 시행하는 영국이라는 나라가 세상에서 가장 부강한 나라라는 것을 알게 되었으며, 영국을 본받아 입헌군주제로 탈바꿈한 일본이 짧은 시간에 아시아에서 부강한 나라로 부상하는 과정을 가까이서 볼 수 있었다. 나라의 부강을 좌우하는 것은 정치체제임을 그는 거듭 확인했다. 그러나 조선도 입헌군주로 바꾸어야 한다고 주장하지는 않았다. 각자의 사정에 따라 적절한 정치체제가 있으며, 무리해서 바꾸는 것은 오히려 해롭다고 분명하게 말했다.

당시 군주였던 고종의 심기를 살피느라고 그랬을 수도 있지만,

『서유견문』의 전반적인 논조로 판단하자면 이는 기본적으로 유길준 자신의 의견이었던 것으로 생각된다. 그는 개화 즉 문명을 이상적인 상태, 정치를 비롯해 학술에서 일상생활까지 더 이상 좋을 수 없는 완전한 상태로 설정했다. 현실의 인간은 그 이상을 향해 한발 한발 다가가는 존재로 이해했다. 이상은 현실과 차원을 달리하는 영역이므로, 이상에 도달한 현실국가가 어디에도 없다는 것은 논리적인 귀결이다. 즉 그가 '문명'이라는 말로 사용한 그것은 근대 유럽이 성취했다는 그 특정한 문명이 아니었다. 당시 사람들이 배워서 변화해 갈 목표로서 사용한 '문명'이라는 이름을, 그는 이미 그에게 익숙한 성리학에서도 설정한 이상 상태를 가리키는 것으로 받아들였다. 자신이 이상으로 생각했던 것이 바뀌지 않았으므로, 유럽의 등장 때문에 자신이 기존에 갖고 있던 세계관을 바꾸거나 지고선에 대한 생각이 흔들릴 이유는 없었다.

이 책의 제2장에서는 근대 국가의 부유함과 강함의 원천이 되는 상업, 상인의 이윤 추구가 그의 세계관과 윤리관에 어떤 균열을 내었는가라는 질문을 던지고 그에 대한 답을 찾아 보았다. 유길준은 상업이 과거의 군사력을 대신하는 국력의 원천이라 이해하고, 상업을 촉진하는 것이 국가부강의 핵심이라고 판단했다. 그는 농업 중심의 유교 사회에서 상업을 천시했던 시각에 교정이 필요함을 역설하며 상업 역시 정당한 생업이라고 주장했다. 그런데 그가 상업을 촉진하는 방법은 상업을 장군이나 재상의 일에 필적하는 공무로 승격하는 것이었다. 그리하여 상업을 수행할 상인은 공무를 담당할 자격을 갖추어야 했으니, 그 자격이란 유교국가에서 공무에 임하는 사람에게 요구되는 도덕성이었다. 즉 마음속에 깃드는 사심을 지속적으로 제거해 본래의 본성인 우주적 '리'에 가까워지기를 희구하는 사람이 되는 것이었다. 유길준은 상업의 부상을 개인의 이윤 추구라는 새로운 가치를 인정하는 방식이 아니라 상인에게 공인의 역량을 요구하는 방식으로 뒷받침하고자 했다. 즉 상인이 덕을 갖춘 선비이기를 바란 것이다. 실제로는 선비의 수양 과정을 거친 사람이 상인이 되는 방식이었을 것이다. 상업이 이전의 군사나 정치처럼 공적인 일이 되었으니, 공무를 담당할 자격을 갖춘 사람의 일이 된 것이다.

유길준의 기획에서는 개인이 의도하지 않더라도 개인의 이익 추구가 결과적으로 사회의 부를 낳는다는, 근대 유럽에서 태어난 개인주의, 자본주의 등과는 전혀 다른 식으로 상업의 운명이 흘러가게 된다. 유길준에게는 만물을 낳고 살리는 인(仁)의 덕을 가진 천(天)이 흔들림 없이 건재하고, 그 덕을 닮고자 노력하는 자로서 선비의 실제적인 일이 좀 더 다양해졌다는 정도의 변화가 발생했다.

『서유견문』 시기의 유길준은 유럽의 근대 문명을 적극적으로 수용해야 한다고 촉구했던 량치차오의 활동 초기와 비교할 수 있다. 이 시기 량치차오의 생각은 1896년부터 『시무보(時務報)』에 연재한 「변법통의」에 중점적으로 반영되어 있다. 유길준과 량치차오는 직접적인 관련이 없는 것으로 보인다. 유길준은 량치차오의 문집이나 량치차오가 발간하는 기관지가 한반도에 본격적으로 유입되기 전에 외국 유학을 경험하면서 『서유견문』을 쓰기 시작했다.

1895년, 중화의 언저리에 있던 작은 섬나라 일본과의 전쟁에서 패배한 중국인들은 일본의 승리를 '문명'의 힘이라고 받아들였다. 그러한 놀라운 힘을 보유한 문명으로 가는 길에는 우승열패라는 진화의 원리가 작동한다고 생각했다. 량치차오의 스승 캉유웨이(康有爲,

1858-1927)는 광서제를 설득하는 데 성공하고 입헌군주제로의 전환과 함께 전반적인 제도개혁을 도모했다. 그 개혁 시도는 100일 만에 구관료파의 반격으로 실패했지만, 이 시기 량치차오의 개혁안은 「변법통의」를 통해 엿볼 수 있다. 이때 량치차오의 '변법' 즉 제도개혁은 실제로 실행되리라는 전망을 갖고 구상된 것이었다.

그는 세상을 우승열패의 법칙이 지배하는 곳이라 받아들였고, 특히 당시를 "황인종과 백인종이 용호상박의 혈전"[2]을 벌이는 시기라고 진단했다. 백인종과 싸워 이기는 방법을 얻기 위해 그는 백인종이 강해진 방식을 파악하고자 했다. 그리하여 승패를 가를 근본적인 힘은 "지식"에 있다고 판단했다. 그 지식은 최근 100년 동안 유럽인이 "물건의 제작에 의해 타국을 멸망시키고 통상의 방법을 빌려 영토를 넓혀 전 지구의 9할을 통할하게 되었다"라는 그 지식이다. 그리하여 량치차오는 "자강(自强)을 논하는 사람은 민지(民智)를 넓히는 것을 가장 중요하게 여긴다"[3]라고 결론 내리며 새로운 지식체계를 도입하는 일을 추진했다. 량치차오는 교육제도와 관리등용제도가 관제개혁의 핵심이라고 생각했다. 생존경쟁에 투입될 인재를 길러 내는 것이 관건이었기 때문이다.[4] 그 지식으로 관리를 뽑는다면 교육을 확실하게 바꿀 수 있을 것이었다. 덕이 아니라 각 분야의 지식을 갖춘 사람을 공무원으로 뽑아야 한다고 생각했고, 공무원이 되고자 하는, 학습 능

---

2 梁啓超, 「變法通議, 論變法必自平滿漢之界始」, 『淸議報』 제1책, 1898. 12. 23.; 林志鈞 編集, 『飮冰室合集』 21, 上海中華書局, 1932, 83쪽. 이하, 『飮冰室合集』의 표기는 생략하며, 『飮冰室文集』과 『飮氷室專集』을 『문집』, 『전집』으로 표기한다.

3 梁啓超, 「변법통의, 學校總論」, 『時務報』 제5책, 1896. 9. 17.; 『문집』 1, 14쪽.

4 梁啓超, 「변법통의, 論變法不知本源之害」, 『時務報』 제3책, 1896. 8. 29.; 『문집』 1, 10쪽.

력이 좋은 아이들에게 체계적으로 통상을 가르치고 기술을 가르치는 학교가 필요하다고 생각한 것이다. 즉 량치차오는 이 시기 정치와 공무에 종사하는 사람의 자질로 도덕성을 요구하는 유학의 정치이념에서 벗어나 있었다.

유길준 역시 통상이 새로운 부강의 핵심이라 판단했고, 통상에 관한 지식과 함께 통상의 대상이 될 물건 제작에 관한 지식이 필요하다고 생각했다. 그러나 『서유견문』에 근거해서 판단하건대 유길준이 실제 정치와 국가기획을 했다면 유학적 교육을 받고 유학적 소양을 쌓은 선비에게 상인이 되라고 권유했을 것이다. 그에게는 통상에 관한 지식보다 통상에 임하는 사람의 도덕적 자질이 더 중요했기 때문이다. 통상에 관한 지식은 도덕적 자질을 갖춘 자가 부수적으로 배워야 할 것이었다.

량치차오는 "황인종과 백인종을 비교해서 우열을 가린다면 지금은 분명 우열의 차가 있"다는 것을 인정하면서도 "최후에 전쟁의 승패가 어떻게 될지는 아직 그 행방을 정할 수 없다"[5]라며 자신감을 내보였다. 그 자신감을 뒷받침한 것은 중국의 비옥한 토지 외에 "백성은 재능과 지식이 있고 군권(君權)은 통일되어 있다"[6]라는 점이었다. 그는 일본의 메이지 천황을 모델로 광서제가 강력한 왕권을 가지고, 덕치가 아니라 법치를 시행하는 군주로 거듭나서 개혁을 추진해 나가기를 기대했다. 이는 곧 군주에게도 덕이 최고의 자질이 아니라고

---

5 梁啓超, 「변법통의, 論變法必自平滿漢之界始」, 『淸議報』 제1책, 1898. 12. 23.; 『문집』 1, 78쪽.

6 梁啓超, 「변법통의, 論不變法之害」, 『時務報』 제2책, 1898. 8. 19.; 『문집』 1, 4쪽.

인정한 것이며 관료에게도 통상이든 제작이든 실제적인 지식을 갖추기를 요구한 것이다. 그리고 그 지식은 새로운 교육과정을 가진 학교에서 가르쳐야 했다.

이 시기 량치차오의 개혁 구상은 그의 일생에서 가장 혁신적인 것이었다. 유길준이 상업의 중요성을 인정했기 때문에 상인의 선비화를 꿈꿨다면, 량치차오는 상업의 중요성을 인정하는 동시에 인재의 성격이 달라져야 한다고 생각했다. 윤리적 성장이 그대로 정치적 영향력으로 연결되는 유가적 세계관에서 유길준이 흔들림이 없었다면, 량치차오는 달라진 세상을 우승열패의 시대라고 파악하고, 이 시대에 힘의 원천은 윤리와 분리된 사물에 관한 지식이라고 판단했다. 기계를 제작하거나 통상을 유능하게 하는 데 지식이 발휘되어야 했으므로 그 지식을 보급하는 일을 덕성의 수양처럼 개인이나 가정에 맡길 수 없다는 점도 인지했다. 그래서 그는 "법을 잘 세우면 보통 사람도 현명해지고 지식 있는 사람이 된다"[7]라고 말한다. 체계적으로 제도를 갖춰 지식을 키워야 경쟁력을 발휘하리라 생각한 것이다.

문명의 수용을 기획하면서 량치차오가 덕이 아닌 지식을 사회의 기반으로 만들어야 한다고 파악한 점에서 유길준이 시도한 변화의 폭을 훨씬 넘어섰다고 할 수 있다. 그런데 량치차오가 상업의 이익 추구가 상인 개인을 위한 것이라고 인정했는가 묻는다면 그 대답은 유보적이다. 「변법통의」는 캉유웨이나 량치차오 자신과 같은 개명 지식인들이 의회를 만들어 정치 참여를 확대하면서 변화하는 세상에

7 같은 글, 4쪽.

대응하고자 하는 구상을 보여 준다. 그들은 교육과 나라의 운영 면에서 기존의 유학적 베이스를 변화시켜 실용적 능력을 가진 인재를 키워 내고 눈에 보이는 결과 즉 나라의 이익을 내는 국정 운영을 해야 한다고 생각했지만 개인의 권리, 특히 사유재산을 처리할 수 있는 자유 등에 대한 관념은 없었던 것으로 보인다. 이는 유럽 제국주의의 식민지로 전락할 수 있다는 위협 속에서 그들의 문명을 방어적으로 수용한 나라들에서 공통적으로 볼 수 있는 현상일 것이다.

한 가지 짚고 넘어가야 할 것은 량치차오의 제도개혁에서 그가 자신과 같은 주도적 정치가를 어떻게 자리매김시켰는가 하는 문제이다. 그들 개혁 세력이 공화나 민주 등을 주장한 것은 아니다. 그들은 자신들과 같은 소수의 깨어 있는 엘리트가 나라를 운영해야 한다고 생각했다. 이 시기 엘리트의 성격이 유교국가의 도덕적 엘리트에서 기능적 엘리트로 바뀌었다고 할 수 있는데, 량치차오 자신도 스스로를 기능적 엘리트로 자처했는지는 의문이다. 먼저 깨달은 사람으로서 갖는 선각자 의식, 선각자로서 뒤에 깨닫는 사람을 이끌어야 한다는 책임 의식은 이 시기부터 평생 량치차오를 지탱하는 중요한 힘이었다. 이것은 그 어떤 것보다 유학적인 정신이다. 실제로 「변법통의」를 연재하던 시기 량치차오는 스승 캉유웨이가 주장하던 공양학적 삼세설(三世說)에 동조하고 있었다.[8] 그래서 제도개혁의 당위성을 공자의 권위를 빌려 설명했다. 량치차오는 기본적으로 여전히 공자

---

8 당시 량치차오가 삼세설을 전제하면서 유학적 미래 지향을 드러낸 글로 다음과 같은 것들을 들 수 있다. 「論君政民政相嬗之理」, 『時務報』 제41책, 1897. 4. 10.; 「讀春秋界說」, 『淸儀報』 제6책/제8책, 1899. 2/3; 「讀孟子界說」, 『淸儀報』 제21책/제22책, 1899. 7. 18/28.

의 학도였고 유학적 가치를 떠나지 않았다.

그러한 점에서 량치차오나 유길준은 모두 선각자이기 때문에 특별히 사회에 책임을 느낀 유학자였다고 할 수 있다. 유길준은 상인의 일을 선비의 일로 승격시켰다는 정도의 변화를 추구했고, 량치차오는 엘리트의 자격을 파격적으로 바꿨다. 그러나 량치차오는 스스로 기능적 지식인이라고 생각하지 않았을 것이다. 그는 당시 나라에 필요한 인재를 넓은 시각에서 판단할 수 있도록 세계와 역사에 대한 식견을 갖추고, 공을 위해 헌신할 수 있는 자긍심도 갖춘 사람으로 자처했을 것이다.

공을 위해 헌신하는 태도는 스스로 가치 있는 존재가 되고자 하는 인간의 본성에서 나올 것이다. 유학은 그 본성을 충족시켜 주었다. 공을 위한 헌신을 가치로 여긴다는 점에서는 량치차오와 유길준이 차이를 보이지 않는다. 이 시점에서 그 사회의 근심을 앞서 근심하고 길을 모색하는 엘리트로서의 책임감은 량치차오와 유길준이 닮아 있다.

3. 박은식과 량치차오의 차이: 보편이념으로서 유학의 위상

박은식(1959-1925)은 유길준보다 3년 늦게 태어났으니 거의 동시대인이라고 할 수 있다. 그러나 유길준이 젊은 나이에 외국 유학을 경험한 것과 달리, 박은식은 동시대의 많은 청년처럼 고향에서 선배들이 하던 대로 유교 경전을 공부하는 것으로 사회에 나갈 준비를 했다. 그러나 시국에 대한 불안과 염려 속에서 유교 경전을 공부하는 자신의 현실에 대해 피어나는 회의감을 어찌할 수는 없었다.

시대에 대한 고민과 방황 끝에 처음으로 제안이 담긴 글을 세상에 내놓은 것은 마흔세 살 되던 1901년이니, 고민과 방황의 시간이 꽤나 길었다고 할 수 있다. 위기의 시국을 돌파해야 한다는 생각으로 그가 처음 내놓은 개혁안은 큰 틀에서 『서유견문』과 궤를 같이한다고 생각된다. 즉 유학적 가치체계와 정치체제를 유지하면서 그 안에서 실용적 차원의 개혁을 도모하자는 것이었다. 그는 삼강오륜이 나라의 기둥이 되고 육경사서가 가르침의 표본이 되는 유학적 사회의 기본 골격을 지키면서 부강의 원천이 되는 "새로운 학문[新學]"을 배워야 한다고 주장했다. 삼강오륜에 근거한 사회질서를 유지하면서 나라를 부강으로 이끄는 데 성공하고, 그리하여 국권을 유지하면서 19세기를 지나 20세기에도 조선으로 존속할 수 있었다면, 박은식을 비롯한 조선의 선비들은 자신들이 생각하는 세계질서와 가치체계 안에서 큰 변화 없이 개인의 생활을 영위하며 나랏일에도 참여했을 것이다.

그러나 상황이 점점 나빠져 1905년에 대한제국은 외교권을 빼앗겼다. 이 시기부터 박은식의 행보도 급박해지기 시작한다. 황해도 출신인 박은식은 황해도와 평안도 출신들이 주축이 된 서우학회를 중심으로 활동하면서 『서우』(1906. 12.-1908. 1.), 『서북학회월보』(1908. 6.-1910. 1.) 등의 지면을 통해 이전과는 다른 차원에서 '문명'의 학습을 역설했다. 이 시기에 박은식은 량치차오의 「변법통의」를 번역해서 연재하기도 했는데, 직접 량치차오의 글을 소개하는[9] 데서뿐 아니라

9 박은식은 량치차오의 『변법통의』 일부분을 번역해서 연재했다. 「變法通議·學校總論」을 같은 제목으로 『서우』 제2호(1907. 1. 1.)-제5호(1907. 4. 1.)에 연재했으며, 「論幼學」

자신의 주장이 담긴 글에서도 량치차오의 영향이 곳곳에서 드러났다. 당시를 "생존경쟁으로 우승열패하는 때"라고 정리하고, 유학적 도덕세계를 이루기 위해서가 아니라 경쟁에서 이기기 위해 "실력"을 키워야 하며, 실력을 키우는 핵심은 "교육"을 통해 새로운 "지식"을 장착하는 것이라는 기본 구상은 직접적으로 량치차오에게서 온 것으로 보인다.

그런데 량치차오에게서 수용한 것은 이 시기의 문명학습론에 국한되지 않는다. 박은식이 교육과 경제[殖産]에 의한 자강을 소리 높여 외치다가 도덕적 방향성과 과학을 함께 해결해 줄 수 있는 학문으로 양명학을 평가하고 현창한 것 역시 량치차오가 걸었던 길을 따라간 것이다.[10]

박은식은 지식과 식산에 의한 자강을 외치던 시기부터 자신이 나라를 위해서 하는 일이 자신의 도덕의식에 어긋난다는 점 때문에 끊임없이 고민해야 했다. 적자생존의 사회진화론을 받아들이는 것은 이전의 중화주의 질서에서 이탈해 새로운 가치체계로 들어가는 것이었다. 사회진화론은 행위의 지침을 알려 주는 원리로 받아들여졌지만, 강자가 되어 약자를 짓밟는 것을 당연하게 여기는 원리를 기존의 유학적 가치질서를 대신하는 것으로 받아들이기는 어려웠다. 박은식은 경쟁력이 없는 존재는 인의도덕이라는 가치를 가져 본 적도 없고,

---

역시 같은 제목으로 『서우』 제6호(1907. 5. 1.)-제10호(1907. 9. 1.)에 연재했다.

10 박은식이 직접 참고한 양명학은 일본의 다카세 다케지로의 것이었으며, 량치차오가 양명학에 관심을 돌리게 된 직접적인 자극도 다카세의 양명학이었던 것으로 보인다. 박은식과 다카세의 양명학의 관계에 대해서는 이혜경, 「박은식의 양명학 해석: 다카세 다케지로와의 차이를 중심으로」 참조.

가질 가치도 없다는 절망적인 말로 자신과 조국과 조국의 역사를 부정해야 했다.

자기부정까지 하면서 추구해야 했던 더 중요한 가치는 무엇이었을까? 무엇이 있을 수 있을까? 자기부정은 오로지 국가의 생존이라는 당장의 절박한 목표를 위한 것이었다. 그런데 그 목표에 가까이 갈 수도 없는 데다 인간으로서의 기본적 자존감마저 흔들린다면, 그 길을 더 이상은 갈 수 없다.

양명학에 의지해 도덕을 유지하고 동시에 문명의 학습도 해결할 수 있다는 희망은 먼저 그 일을 시도한 일본의 학자나 량치차오 때문에 품게 되었을 것이다. 박은식은 문명 추구가 자신의 도덕성에 위배된다는 사실 때문에 괴로워하다가, 유학이 시대에 맞지 않는 점을 개선한다면 도덕체계로서 유학을 그대로 유지하면서 살 수도 있지 않을지 탐색하게 된다. 그 와중에 강국으로 부상한 일본에서 양명학을 현창한다는 소식을 접하고, 이어서 량치차오까지 그 길을 따른다는 사실을 확인하면서[11] 희망을 보았을 것이다.

그러나 양명학으로 어떻게 해보기도 전에 대한제국은 국권을 잃었다. 박은식은 한반도를 떠나 국권회복을 위한 노력에 몸을 던졌다. 그러나 그의 마음을 괴롭히는 것은 국권을 회복해야 한다는 한 가지 근심만이 아니었다. 그가 양명학을 다시 뼈대의 학문으로 올려놓아야겠다고 생각한 것은 유학은 자신의 이익을 위해 타인을 능멸하는 전쟁을 당연하게 여기지 않기 때문이었다. 또한 우애로운 마음으로

---

11 같은 글 참조.

만물을 포용하려는 유학은 인간으로서 숭고한 가치를 지향하고 산다는 자존감을 충족시켜 주기 때문이었다.

그런데 애초에 생존경쟁의 정글에는 왜 뛰어들게 되었는가? 누군가는 생존경쟁이 진보를 촉진하기 때문에 기꺼이 경쟁에 뛰어들었겠지만, 조선은 당장의 생존을 위해서 나라의 존망을 걸고 뛰어들었다. 그리고 조선은 열패자가 되어 국권을 잃었다. 그러나 그렇다고 해서 생존경쟁의 장에서 내려올 수는 없었다. 어떤 방법을 쓰든 잃어버린 국권을 다시 찾아야 했다. 국권을 잃고 국권을 되찾기 위해 나라 밖으로 나와 보니, 세상은 모두 민족주의를 가치로 내걸고 민족국가의 독립과 번영을 위해 국민의 협조를 호소하고 있었다.

박은식은 이국에서 비로소 다른 민족의 민족주의를 의식하며 조선의 민족주의를 고취한다. 그러다 보니 유학이든 양명학이든 중화주의의 소산이고, 중화주의는 중국의 민족주의로서 역할을 다하고 있음을 알게 된다. 박은식은 조선 민족주의의 고취를 위해 중화주의를 비판하고 중화주의의 다른 형태인 유학을 비판해야 했다. 그러나 민족주의적 시각에서 조선인의 중화주의를 비판할 수는 있었지만, 중국인이 그들의 민족주의를 발양하는 것을 비판할 수는 없었다.

민족주의 역시 문명의 자식이다. 문명의 시대에 민족주의가 발양된 배경에는 민족제국주의의 팽창 욕구가 도사리고 있었다. 박은식은 문명의 비도덕성을 절감하며 양명학의 인도주의를 선택했지만, 민족주의를 포기할 수 없다면 문명에서 도망할 수도 없었다.

민족주의가 지고선이 아니라는 것을 깨달은 박은식은 민족주의를 넘어서 보편의 가치 아래 생존할 수 있는 길을 모색한다. 그는 유불도와 기독교를 불문하고 모두 가치를 추구하는 노력임을 인정한다. 그 모든 것이 다다르는 보편적 가치체계를 그 자신 역시 찾고자 한다. 나아가 민족의 생존도 그 가치를 실현하는 근거로서 요구할 방법을 찾는다. 개인으로나 애국지사로나 박은식이 보여 준 고민과 갈등과 그가 겪은 여정은, 자신을 둘러싼 상황이 아무리 나쁘다 하더라도 스스로를 가치를 추구하는 사람으로 규정해야 하는 열망은 꺼지지 않는다는 것을 보여 준다.

문명의 적극적인 수용에서 양명학으로의 선회까지 박은식은 량치차오가 따른 길을 뒤따랐다. 문명 수용에서 양명학의 현창으로 선회했던 량치차오 역시 박은식이 겪은 고민과 방황을 겪었을까?

량치차오가 적극적으로 문명 수용을 주장했던 시기의 사상은 「변법통의」와 「신민설(新民說)」(1902-1906)의 전반부에 반영되어 있다. 그런데 박은식이 우승열패로 다가온 문명을 수용하면서 인의도덕을 뒤로 밀어내야 했던 현실 때문에 겪은 고민이 량치차오의 「변법통의」에나 「신민설」에는 보이지 않는다. 즉 량치차오는 우승열패의 부도덕함 때문에 심각하게 고민한 흔적이 없다. 왜 량치차오는 그러한 고민을 하지 않았을까? 량치차오 역시 유학적 윤리의식을 가진 사람이었다. 우승열패의 경쟁에 종사하는 일은 그 윤리의식에 분명 저촉되는 일이었다. 그런데 왜 량치차오의 글에서는 그와 관련한 갈등이 보이지 않을까?

그것은 량치차오가 중화주의의 심장에 있는 중국인이었기 때문일 것이다. 중화주의는 모든 존재를 포괄하는 보편원리이지만, 지리적으로는 중국을 중심으로, 종족상으로는 한족을 중심으로 모든 존재를 위계적으로 배열한다.[12] 중화주의는 '천하(天下)'라는 용어로 표현되는 존재 전체를 가슴에 품고자 하지만, 중국인이 '천하'로써 가리킨 실질은 중국 땅이었고 과거에는 중국 외에 다른 세상은 없다고 생각했다. 중국 주위의 존재는 '이적'이라 부르는, 아직 인간의 범주에 넣을 수 없는 존재였다. 다만 중화의 문화를 습득하면 인간이 될 수도 있었다. 세상 전체인 천하를 위해 헌신한다는 것은 이념상으로는 보편을 추구하지만, 실질적으로 현실에서는 중국의 안위를 위해 헌신하는 것을 의미했다.

근대 유럽 국가들의 등장으로 중국은 존재 전체가 아니라 많은 나라 가운데 하나가 되었다. 게다가 그 나라들 사이에서 존망을 다투는 우승열패의 시대가 도래했다. 량치차오는 중국의 안위를 위해 중국에 헌신하고자 한다. 그러나 과거 중국이 존재 전체라고 여겼던 때와 실질적으로 달라진 것은 없었다. 문명이 전해 온 자유와 민권, 그리고 사회진화론을 평가하고 취사하는 기준은 중국의 안녕과 영화였다. 중화의 세상에서 살 때와 비교해서 중국의 안녕과 영화라는 기준도 달라지지 않았고 그에 헌신하는 자신의 마음도 달라지지 않았기 때문에, 새로 생긴 외부에 적대감을 가져야 했지만 그 사실이 기존의 유학적 가치체계에 위배된다는 사실은 의식하지 못했던 것으로 짐작된다.

량치차오가 문명학습의 기치를 내걸다가 양명학으로 선회한 이유 역시 박은식과 차이가 있다. 앞 절에서 언급했듯이, 량치차오가 「변법통의」를 연재할 때는 정부 차원에서 전면적인 제도개혁이 가능하다는 전망이 있었다. 그러나 서태후 일파의 정변으로 광서제가 유

12 량치차오와 중화주의에 관해서는 이혜경, 「청인(淸人)이 만난 두 '보편' 문명: 중화와 시빌라이제이션」 참조.

폐되고 캉유웨이와 량치차오는 일본으로 망명했다. 최고 권력자인 황제의 신뢰를 받는 신하로서 할 수 있는 일과 어떤 것도 쉽게 전망할 수 없는 망명객이 할 수 있는 일은 차이가 컸다. 량치차오는 무술변법 시기에 지식으로의 전환을 강조했으나 일본에 정착해서는 변혁의 핵심 동력으로 다시 '덕(德)'을 소환했다. 『신민총보(新民叢報)』에 「신민설」을 연재하던 초기에 량치차오는 국가라는 공적 단체에 헌신하는 덕이라는 의미의 '공덕(公德)'을 적극적으로 소개했지만, 2년이 채 지나지 않아 개인적 덕이라는 의미의 '사덕(私德)'을 공덕보다 근원적인 덕으로 자리매김시키며 강조하게 되었다. 사덕을 중시한 실제적 의미는 유학의 중요성 내지 유용성을 재평가했다는 것이다. 그가 사덕으로서 확보하려고 했던 중국인의 심성은 '양심'이었다. 그는 그 '양심'에 의해 사익 추구의 욕망을 극복하기를 기대했다. 그 '양심'을 키워 줄 역할을 유학에 부여했으며, 특히 양명학이 적절하다고 생각했다.[13]

그렇다면 량치차오는 왜 사익 추구의 욕망을 극복할 양심을 필요로 했을까? 양명학을 필요로 했을 때 박은식의 구체적인 적이 과학과 생존경쟁으로 대변되는 유럽 문명이었다면, '사덕'을 강조할 당시 량치차오의 적은 노선을 달리하면서 함께 구국운동에 종사했던 혁명파였다.[14] 량치차오는 유럽에서 자유, 평등, 권리, 경쟁, 파괴 등의 이념이 들어와 좋은 영향을 미치지 못하고 기존의 질서와 규제 등만 파괴

---

13 사덕과 관련해 량치차오의 입장 변화에 관해서는 이혜경, 『천하관과 근대화론: 양계초를 중심으로』, 196-236쪽, 「제7장 천하관의 붕괴에 의한 도덕관의 동요」 참조.

14 같은 곳 참조.

해 버렸다고 한탄하면서, 그 이유가 사덕의 부재 때문이라고 진단한다. 그런데 근대 문명의 여러 가지 이념 가운데 그가 실제로 공격의 표적으로 삼은 것은 '파괴'라고 지칭되는 혁명이었다. '파괴'에 대해 부정적이었기 때문에 혁명파를 비판했는지, 아니면 혁명파를 비판하기 위해 '파괴'의 부정적인 면을 특필했는지는 알 수 없지만, '파괴'에 대한 비판은 현실의 경쟁자인 혁명파를 비난하는 일과 겹쳤다.

그는 혁명파는 소수일 수밖에 없다고 단정하고, 소수일 수밖에 없는 혁명파가 기득권을 상대로 싸우기 위해서는 온갖 수단을 동원해야 하므로 부도덕할 수밖에 없다는 논리를 펼쳤다. 즉 혁명파는 구조적으로 도덕성을 갖출 수 없다고 주장하면서, 도덕성이 부족하면 새로운 건설을 할 자격이 없다며 새로운 중국을 건설하는 일에 대한 혁명파의 역할을 부정했다.[15] 따라서 량치차오가 문명 수입에 주력하던 입장에서 유학 중시로 선회한 것은 구국운동의 주도권을 혁명파들에게 맡길 수 없다는 판단이 가장 크게 작용했다고 볼 수 있다. 혁명파를 배척하는 입장을 분명히 하면서 그는 덕치의 시스템을 명실공히 부활시킨다. 「신민설」 연재를 시작할 때 중시하던 '공덕'만 해도 「변법통의」 시기 '지식'을 강조하던 입장과 비교하면 국민국가의 국민 될 자격으로 '덕'을 요구했다는 점에서 덕치에 가까워졌다고 할 수 있다. 그런데 이것이 '국민'의 덕이라는 점에서 공화주의 사회에서 사회 구성원에게 요구할 수 있는 시민의 덕이라고 해석할 만한 요소도 있었다.[16] 그러나 '사덕'을 강조하면서 량치차오는 명실상부하게

15 량치차오의 혁명관에 관해서는 이혜경, 「양계초와 '혁명' 개념의 전변: 『청의보』·『신민총보』 시기를 전후하여」, 『인문논총』 72(2), 2015 참조.

엘리트주의적 덕치를 부활시킨다. 그는 혁명을 하든 정치를 하든 비이기적인 양심만큼 중요한 게 없으며, 일반 백성들이 아직은 민주 정치를 할 만한 덕성을 갖추지 못했으므로 자격을 갖춘 사람들에 의해 한동안 '개명전제'라는 것을 시행하자고 주장한다. '문명'과 거리가 먼 '전제(專制)'에 '문명'과 같은 의미를 갖는 '개명(開明)'을 붙인 이유는 과거의 전제군주와 달리 국가의 이익을 위한 전제라는 의미이다. 량치차오의 생각에 국가의 이익을 추구한다는 것은 문명적인 특성이며, 그렇기 때문에 전제냐 민주냐는 부차적인 문제였다.[17]

량치차오가 양명학을 다시 꺼내 든 이유가 이러한 것이라면, 그는 왜 박은식이 느낀 지고선의 상실에서 오는 흔들림을 느끼지 않았을까? 박은식과 마찬가지로 량치차오 역시 상대를 죽임으로써 자신이 사는 생존경쟁의 전쟁터에 종사했다. 양심을 지키는 학문인 양명학을 믿는 사람으로서 그러한 전쟁터에서 도덕적 동요를 느끼지 않았을까? 예전처럼 다른 민족국가들을 오랑캐로 치부할 수도 없는 시대였는데 말이다.

박은식이 만주에서 독립운동을 하던 시기, 양명학을 비롯한 유학에 당혹감을 느낀 것은 유학에서 말하는 '천하'가 존재 전체가 아니라 그저 중국이라는 사실 때문이었다. 유학은 중화주의의 뼈대를 이룬다. 존재 전체로서 천하를 전제하고, 타고난 본성을 온전히 회복하면 개인은 천하를 자신의 몸처럼 여길 수 있는 존재가 된다고, 특히

---

16 량치차오의 공덕이 갖는 공화주의적 성격에 대해서는 이혜경, 「공화주의의 시민적 덕의 관점에서 본 양계초(梁啓超)의 '공덕(公德)'」, 『철학사상』 46, 2012 참조.

17 이혜경, 『천하관과 근대화론: 양계초를 중심으로』, 「제8장 문명을 위한 권도(權道): 종교와 전제정치제」 참조.

유학 가운데 성리학은 주장한다. 이 세계관 아래 사람은 이러한 본성을 타고나서 그 본성을 온전히 회복하는 일을 일생의 과제로 삼아 도덕적으로 성장해 나간다. 인의예지라는 인간 사이의 질서를 실질적 내용으로 하는 본성은 인간이라면 마땅히 타고난다고 주장된다. 그리하여 인의예지를 갖추지 않으면 인간이 아니라는 논리로, 중화주의는 중화문화 밖의 사람을 존재론적으로 부정한다. 그 논리로 그 문화가 미치는 곳은 존재 전체가 된다. 미치지 않는 곳은 비존재의 영역이기 때문이다.

그리하여 존재 전체를 포용한다고 표방하지만, 그러한 포용은 완전한 상태의 본성을 가진 자만이 할 수 있는 일이다. 현실적 인간의 한계로 완전한 본성의 실현은 늘 이상으로 남아 있다. 현실의 부족함은 노력 중이라는 말로 용납된다. 그리하여 현실에서는 민족을 위해 애써도, 세계를 향한 마음이 멈춰 있거나 닫혀 있는 것은 아니라는 합리화가 가능하다. 의식적으로 합리화하려는 노력을 하지 않더라도 유학적인 사고방식에 익숙한 사람이라면 무의식적으로 이루어지는 합리화일 것이다. 즉 이들의 수양은 "수신·제가·치국·평천하"가 시사하듯이 현재의 도덕성 정도에 따라 그 영향 범위가 정해지며, 종국에는 천하에 미치는 도덕성을 목표로 한다. 현실의 인간은 도덕적으로 성장 중이므로 늘 도덕적으로 미완성 상태이다. 아직 힘이 미치지 못해 국가에 대한 헌신을 생각할 뿐, 세계에 대한 헌실을 목표로 하지 않는 것이 아니라는 합리화가 가능한 것이다.

량치차오로서는 여전히 중화의 주체로서 세계의 중심일 수 있었고, 중화는 국경을 초월하는 것이라는 자부심도 억압될 이유가 없었다. 즉 량치차오는 민족주의에 봉사하면서도 보편적 가치를 가슴에 품고 추구하는 사람으로 자처할 수 있었다. 그 자신이 사적인 이익에 몸과 마음을 빼앗긴 적이 없다는 사실에 변함이 없다면, 그 '공'이 중국인지 '천하' 즉 '세계'인지는 예민하게 인지되지 않았을 것이며, 인지되더라도 합리화할 여지는 얼마든지 있었을 것이다.

그러나 중화의 주변이었던 조선-한국인 박은식은 그러한 중심을 자처할 수 없었다. 그러므로 량치차오가 아무런 고민 없이 민족주의에 봉사하고 나아가 양명학을 민족주의에 동원하면서도 느끼지 못한 불편함을 박은식은 절절히 느꼈고, 마침내 새로운 보편을 찾아 나설 수밖에 없었다.

4. 이돈화와 량치차오의 차이: 문화주의가 작동하는 데 필요한 배경

이돈화(1884-1950)는 신채호(1880-1936)와 나이 차이가 거의 안 난다. 일제강점 이후 신채호는 한반도 밖에서 독립운동에 투신했고, 이돈화는 한반도에서 이른바 문화운동에 투신했다. 신채호의 비판이 꼭 이돈화를 지목해서 한 말은 아니겠지만, 신채호는 이미 경제적으로 약탈당하는 상황에서 어떤 문화의 발전이 가능할 것인지, 설사 문화의 발전이 있다고 하더라도 그것은 제국의 입장에 도움이 되는 것이 아니겠느냐는 취지로 문화운동을 비판했다.

이돈화의 문화운동이 실제로 식민지하의 조선인에게 어떤 영향을 미쳤는지, 특히 신채호의 비판처럼 오히려 부정적인 결과를 가져왔는지는 판단하기 어려운 문제이다. 문화 담론이 민족의 고유성을 상기시킴으로써 저항의 동력으로 작용했다는 평가도 가능하다. 결과가 어찌 되었든 이돈화 역시 신채호 못지않게 민족을 생각하는 절박한 마음에서 문화운동을 시작했다는 점만큼은 부정하기 어려울 것이다.

이돈화가 택한 문화주의라는 노선은 일본뿐 아니라 중국에서도 중요한 메시지로 받아들여졌다. 특히 량치차오는 이즈음 중국에서 물질문명의 파산을 선고한 선구자로 회자되었다. 량치차오는 제1차 세계대전 뒤에 폐허가 된 유럽을 직접 보고 돌아와서, 물질문명과 정신문명을 양분하고 과거 자신이 개혁운동의 동력으로 삼았던 국가주의뿐 아니라 진화론 역시 유물론 철학이라고 비판하기 시작했다. 그는 물질문명과 정신문명을 각각 과학과 인생관이라는 말로 대신해서 대립시키기도 했다. 그는 물질문명 즉 과학이 세계대전을 유발한 원인이라고 비난하면서, "과학의 파산을 승인하는 것이 아니라 다만 과학의 만능을 승인하지 않는 것"이라는 말로 '과학 파산'을 주장했다는 지목은 피하고자 했지만,[18] 중국에서는 이즈음에 '과학과 인생관 논전'이 전개되었고 뒤에 이 논쟁을 단행본으로 정리한 후스(胡適, 1891-1962)는 량치차오의 이 언명을 과학 파산 선고의 선구라고 지목했다.[19]

당시 과학, 국가주의, 진화론 등으로 상징되는 근대 문명에 대한 비판은 세계적인 추세였다. 그 반동으로 문화에 대한 강조는 그때까지 시대에 뒤떨어진 것이라고 비판의 대상이 되었던 것들을 다시 주

---

18 梁啓超, 『歐游心影録節錄』, 1920; 『전집』 제23권, 12쪽. 『歐游心影録』은 1920년 3-6월에 北京 『晨報』와 上海 『時事新報』에 동시에 연재되었다. 『飮氷室合集』에는 깎여서 『歐游心影録節錄』이 수록되었다.

19 胡適, 汪孟鄒 編, 『科學與人生觀之論戰』, 香港中文大學近代史料出版組, 1973, 「序」.

목하고 평가하는 일로 이어졌으며 보통은 자신의 전통에 대한 재평가로 나타났다. 전통을 재평가하는 입장은 사회의 다른 기반에 대해서도 보수적인 자세를 유지하기 쉬워, 당시 문명비판의 유력한 목소리로 성장하고 있던 사회주의에 대한 비판을 동반하는 것도 어렵지 않게 볼 수 있었다.

량치차오는 자본주의뿐 아니라 사회주의까지 비판했는데, 그 비판의 명분은 이 둘 모두 물질에 치우쳐 있으므로 인류가 당면한 문제를 해결할 수 없다는 것이었다. 그는 인류가 전쟁을 겪은 뒤에 인생관이 달라졌으므로 철학과 종교가 부흥할 것[20]이라는 예상도 했다. 실제로는 자신이 중국의 철학이자 종교인 유학과 공자를 부활시키고자 하는 의도를 표현한 것으로 보인다.

그는 그 시대가 해결해야 할 과제를 정신생활과 물질생활의 조화, 개성과 사회성의 조화라고 진단했다. 그가 보기에 자본주의와 공리주의는 물질에 치우친 주의였다.[21] 그는 또한 자신이 지난 20년 이상 추구해 온 국가주의 역시 전쟁을 유발한 원인이었다고 비판하는데, 국가주의와 사회주의를 묶어서 개성을 무시하는 이념으로 지목한 점이 주목된다.[22]

량치차오 역시 유럽에서 문화를 중시하는 사조가 있다는 것을 모르지 않았지만, 그에게는 문화주의를 위한 다른 재료가 필요 없었다. 그에게는 유학이 있었기 때문이다. 그는 유학의 '균안주의(均安主義)'

---

20 梁啓超,『歐游心影録節錄』, 1922;『전집』 제23권, 18-20쪽.
21 梁啓超,『先秦政治思想史』, 1922;『전집』 제50권, 182-183쪽.
22 같은 책, 166-171쪽.

가 "현대의 과학이 융성한 물질적 조건하에서" "개개인이 불만이 없는 물질생활을 실현하고 보급할 수 있도록 지도할 수 있으리라 예상"한다.[23] 또한 "복잡하고 거대화되고 있는 사회를 기계적인 방향으로 향하게 하지 않고 개성 중심의 '인(仁)'의 사회"로 만드는 것[24]이 유학의 역할이라고 주장한다. 즉 유학의 '인' 사상과 균안주의를 각각 정신생활과 물질생활의 조화, 개성과 사회성의 조화의 처방으로 제시했다.[25] 그는 유학을 중국만을 위한 이념으로 제시한 것이 아니다. 유학은 본래 보편주의를 표방하며 '인'은 한계 없는 사랑이다. 량치차오는 물질과 정신의 조화, 개성과 사회성의 조화라는 문제에서 유학이 담당할 조화자의 역할은 중국뿐 아니라 세계에 대해 중국인이 져야 할 책임[26]이라고 선언한다.

당시 량치차오는 개인적으로 정치적인 영향력을 잃은 상태였다. 1920년의 중국은 군벌들이 난립하면서 앞날을 예측할 수 없었으며, 당시 량치차오가 꿈꿨던 유학의 세계적 역할은 그의 호기로운 선언으로 끝났다. 군벌들을 정리하고 마침내 중원을 차지한 것은 그가 몰개성주의라고 비판했던 중국 공산당이었다. 그러나 현실이 어떠하든 량치차오는 유학을 주장하면서 어떤 흔들림이나 일말의 자괴감 같은 것도 흘리지 않았다.

유학은 도덕주의의 전형을 보여 준다. 도덕이 모든 것의 근원적인 가치이며 사회적인 성취의 원동력이라고 생각한다. 량치차오는

23 같은 책, 183쪽.
24 같은 책, 184쪽.
25 같은 책, 183쪽.
26 같은 책, 184쪽.

「변법통의」 시기의 몇 년을 제외하고는 그 도덕주의를 굳건하게 견지했다. 「변법통의」 시기에 량치차오는 도덕 대신 사물에 대한 지식이 사회 변화의 원동력이라고 생각했다. 그리하여 기존의 교육제도 대신 새로운 지식을 육성할 새로운 교육제도로의 개편을 핵심으로 하는 제도개혁을 주장했다. 그러나 제도적 개혁을 시도할 수 없는 망명객 입장이 되자 량치차오는 다시 근대 국가의 건설을 위해 국민이 각자 분발해야 한다는 논리로 중국인 개개인에게 '공덕'을 요구했다. 도덕주의 안의 변화로 보자면 덕을 갖춰 정치의 주체가 될 사람을 과거의 사대부에서 일반 민중으로 확대시켰다고 평가할 수 있다. 그러나 얼마 지나지 않아 혁명파와 신경전을 벌이면서 공덕을 뒷받침하는 역할로 '사덕'을 재평가하고 요구했다. 사덕은 공덕을 강조하던 초기에는 중국에 이미 넘치는 것이라며 도외시하던 것이었다. 그가 사덕이라고 부른 것은 실질적으로 유학적 도덕이었다. 이 지점에서 량치차오는 근대 국가의 국민 모두가 갖춰야 할 공덕 대신에 개명전제를 운영할 소수 엘리트에게 '사덕'을 요구하면서 다시 유학적 엘리트주의로 돌아왔다. 근대 국가의 주체가 될 준비가 되어 있지 않은 중국인들이 오히려 "애국, 자유, 평등 등의 구두선을 호신부로 해서" 이전보다 더욱 이기적이 되기 쉬운 환경에 놓였다는 것이 그가 당당하게 전제를 주장한 이유였다. 그가 재평가한 유학적 사덕이란 이기심을 억제할 수 있는 덕이었다.[27]

1920년대에도 그는 중국 민중에게 정치적 주체성을 부여하지 않

27 梁啓超, 「新民說·第十八節 論私德」, 『新民叢報』 제40·41합호, 1903. 11. 2.

았다. 대신 그는 자본주의와 사회주의의 장점이라고 판단되는 특징들을 뽑아 유학의 '대동' 이미지에 투영했다. 그런데 그 '대동'은 영원히 도달할 수 없는 이상으로 설정된다. 그에 의하면 "대동이란 인격이 완전히 실현된 우주의 원만상(圓滿相)이다. 그러나 우주가 원만한 때는 영원히 없다. 원만하다면 그 이상 우주는 성립하지 않는다." 사람이 할 일은 "항상 심력(心力)을 다하여 한 걸음 한 걸음 향상함으로써 우리들의 이상적 인격과 우주의 원만을 향하여 근접해 가"는 것이다.[28] 그는 장차 전체 인류의 이상이 될 '대동'과 그에 이르는 인간의 자세에 대해 다음과 같이 말한다.

> 유가 정치의 목적은 한때, 한 장소에서의 효과를 가지고 가늠할 수 있는 것이 아니다. 우주는 본래 미완성의 것으로 창조와 진화가 그칠 날이 없다. 그리하여 우리들이 만족할 수 있는 일이 있다면 건곤(乾坤)의 작용도 멈출 것이다. 어떤 사람이 공자를 평하여 "안 되는 줄 알면서도 하는 사람"이라고 했는데, "안 되는" 것이 바로 우주의 항상된 모습이며 "하는" 것이 인간이 인간일 수 있는 도(道)이다.[29]

인격의 완성이 도달할 수 없는 목표가 되었으므로, 논리적으로도 현실에서는 누구나 불완전한 인격을 가질 수밖에 없다. 그런데 유학이 이러한 성격을 갖는 것이라면 그리고 유학을 인류의 미래로 삼는다면 민주주의는 포기해야 할 것이다. 량치차오는 유가의 정치적 목

28 梁啓超, 『先秦政治思想史』, 74쪽.
29 같은 책, 84쪽.

표를 민중의 도덕을 고양시키고 정치적 습관을 양성하는 것으로 삼았다. 그 학습 과정의 최종 목표는 인민의 '자득'이며, 자득한 인민이 조직하는 사회라고 설정한다.[30] 즉 인민이 자득하기 전에는 끊임없는 학습 과정에 있어야 한다는 것인데, 사실 '완전한 인격'과 다르지 않은 의미를 갖는 '자득'은 영원히 도달할 수 없는 이상으로 설정된다. 량치차오는 영원히 민중을 학습 대상자로 삼고, 소수의 뛰어난 도덕적 엘리트가 그 민중을 교육시키며 사회를 운영해 나간다는 미래를 설계했다. 도덕적 엘리트가 사회의 교사로서 민중을 교육해 가며 정치를 담당한다는, 2,000년 전의 공자와 다르지 않은 꿈을 꾼 것이다.

량치차오의 유학이 여전히 엘리트주의와 도덕주의를 내세웠지만, 현실의 변화를 담보하려는 노력을 보여 주지 않은 것은 아니다. 그는 현실 자본주의와 사회주의를 선택적으로 받아들이고자 했다. 자본주의에서는 생산성 제고 기능을 채택하면서 개인의 이익 추구와 사유재산을 부정했다. 사회주의로부터는 공동체의 추구를 선택하고 계급투쟁을 부정했다.[31] 당시에 량치차오의 구상이 현실화될 전망이 전혀 없었다는 것은 큰 문제가 아닐 수 있다. 그에게 중요한 것은 중국인으로서 세상을 열어 가는 주체라는 자신감과 자존감을 다시 찾았다는 것이다.

그렇기 때문에 그는 여전히 엘리트주의가 적합하다며 노골적으로 엘리트주의를 합리화했다. 그의 자신감은 100년이 지난 지금 현실적인 실력에 뒷받침되어 명실상부한 것이 되고 있다. 즉 현대 중국이

30 같은 책, 81-83쪽.
31 같은 책, 72-73쪽.

세계에 통용될 보편정신으로서 공자를 다시 불러내어 경제적으로 세계 대국으로 뻗어 나가려는 데 문화적 간판으로 작용하도록 하는 것은 량치차오가 구상했던 것과 일맥상통한다. 즉 중화의 현대화인 것이다.

현대화를 담당하는 것은 무엇인가? 세계에 통용되는 실질적인 힘을 갖추는 것으로 귀결할 것이다. 경제력이든 군사력이든, 실력을 갖출 때 중화주의가 그것의 보편주의든 팽창력이든 그 역할을 다한 것을 역사에서도 확인할 수 있다. 그것은 중화주의가 상황이 안 좋을 때는 몸을 움츠리며 민족주의로 기능하면서도, 이론적으로는 언제든 보편주의로 작동할 수 있는 데서 나오는 힘일 것이다.

근대 문명을 비판하면서 문화주의로 근대를 돌파하려 했다는 점에서 이돈화 역시 량치차오와 다르지 않다. 량치차오나 이돈화가 구상한 문화주의가 당장의 효과를 보지 못했다는 것 역시 마찬가지이다. 그러나 그들이 구상했던 문화주의가 어떤 역할을 했는지를 보면 량치차오가 구상했던 것과 같은 맥락의 중화주의는 현재에도 그 명맥을 유지하면서 실질적인 영향력을 행사하는 데 반해, 이돈화가 구상했던 사람성주의의 인격주의는 그 흔적도 찾기 어렵다. 왜 그런가?

량치차오가 주장하는 유학의 미래적 역할과 이돈화가 주장하는 인격의 완성은 서로 많은 것을 공유한다. 문명을 비판하는 입장에서 자신들의 문화를 재평가하며, 그것에 의해 미래를 설계하고자 한다. 문명 뒤의 진화 단계로 도덕주의를 선택하고, 그 진화의 끝인 완전한 인격은 영원히 성취되지 않는 이상으로 두었다는 점에서도 량치차오와 이돈화는 유사하다. 각자의 나라를 문화의 중심으로 두고 세계주의를 구상했다는 것도 겹친다. 다른 점이 있다면 량치차오는 조선-

한국의 문화이기도 했던, 이제는 중국의 것이 된 유학을 문화주의의 재료로 삼았고, 이돈화는 조선의 종교로 성장한 천도교를 내세웠다는 사실이다.

왜 이돈화에게는 미래가 보이지 않는가? 량치차오의 유학은 변화한 현실, 즉 문명이 가져온 변화를 인정하고 그것을 올바른 방향으로 지도하겠다고 나섰다. 생산성의 증대를 가져오는 자본주의의 장점을 인정하고, 이기심을 절제하고 공동체를 추구하는 사회주의를 인정했다. 그러면서 그 근대 문명이 노정한 폐해를 바로잡는 역할을 자임했다. 즉 량치차오의 유학은 변화를 선도하겠다고 나서는 것이 아니라 추세를 따르며 그 추세 위에서 자신의 역할이 있다고 주장했다. 이런 식의 적응이라면 세상이 어떻게 바뀌어도 유학은 할 일을 찾을 것이다. 량치차오는 노골적으로 엘리트주의를 유지하며, 새 시대에 제공할 수 있는 유학의 특징을 제시했다. 즉 현실의 진화를 인정하고, 그 진화가 어떤 방향으로 향하든지 유학의 길을 찾을 수 있다는 비전을 보여 주었다. 중국 혹은 세계가 자본주의로 흐르든 사회주의로 흐르든 그 대세에 따라 할 일이 있음을 확보한 것이다. 이런 점에서 량치차오는 현대 신유학의 나아갈 길을 보여 준 사람이라고 평가할 수도 있다.

문명을 극복하고 문화를 지향하겠다는 량치차오를 받쳐 주는 것은 유학이라는 탄탄한 지지대였다. 나아가 유학을 유학이게 하는 본질을 무엇으로 규정하느냐에 따라 유학은 얼마든지 새 시대에 적응할 수 있다. 량치차오는 유학에서 도덕주의와 교화주의를 핵심으로 끌어냈다. 이는 평민주의를 거부하지 않았지만 당장 허용하지도 않았다. 엘리트주의를 유지했지만, 평민에게까지 교육을 허용함으로써 이론적으로는 평민을 포섭했다. 이리하여 유학은 평민의 시대에도 민주주의까지 포용하면서 새로운 시대의 지도 이념이 될 수 있다는 청사진을 보여 주었다.

유학과 같은 토대 없이, 문명 시대 뒤의 문화를 담당하기를 자임한 수운주의의 지지대는 무엇인가? 량치차오가 유학이 세계를 지도하는 미래를 꿈꿨듯이 이돈화 역시 수운주의로 세계의 선두에 서는 꿈을 꾸었다. 수운주의는 서양 철학으로도 수식되지만, 수운주의의 도덕주의와 그것을 지탱하는 수신은 유학을 닮아 있었다. 그러나 서양 철학이 조선의 문화가 될 수 없음은 말할 것도 없고, 유학을 비롯해 도교나 불교 등의 전통을 자랑스럽게 자신의 문화로 드러내지도 못하는 상황이었다.

이돈화의 수운주의는 정신 혹은 도덕으로서 문명의 단계를 뛰어넘고자 했다. 이돈화는 정신을 진화의 동력으로 설정했다. 그의 문화주의 혹은 도덕주의는 문명을 극복하고 나아가는 문명 다음의 진화 단계로 설정되었으나, 그 정신이 문명과 어떻게 대결하고 극복할지에 대한 전망은 보여 주지 않았다. 이돈화가 되풀이하는 인격의 완성 과정, 즉 범신화의 과정은 사실 성리학의 엘리트적 수양과 다른 점을 찾기 어렵다. 그는 당시의 가치이던 평민주의를 추구한다고 언명했지만 그가 견지한 정신주의, 도덕주의는 평민을 위한 길을 제시하지 않았다. 어떻게 보면 조선 시대보다 더 어려운 상황에서 진화의 방법으로 성리학적 수양과 비슷한 고도의 정신적 수양을 제시했기 때문이다. 수심정기라는 개인의 수양은 육체노동에서 벗어나 전문적으로 수신에 전념하는 유학자 혹은 승려나 가능할 정도로 어려운 것이었으니, 어디에 발붙여야 하는지 알기 어려운 문화였다.

진화의 동력으로 제시된 수신도 이처럼 현실이라는 땅에 붙어 있지 않았지만, 수운이 제시한 문화는 더욱 손에 잡히지 않는 것이었다. 조선 땅에 실제로 필요한 것은 문명이었으나 이돈화의 문화는 성취하지도 못한 문명을 비판했으며, 실제로는 문명 시대의 물질을 추구하는 경쟁력이 있는 인재가 필요하면서도 물질을 비하하며 정신력을 추앙했다. 문화주의는 단순히 정신활동만으로 성취되는 것이 아니다. 문화가 문명과 대결하는 만큼 문명에 필적하는 물적 토대를 갖거나 물적 토대를 대신할 만한 문화적 축적을 가져야 가능한 것 아닌가. 수운주의는 문명을 부정하지 않으면서 부정하는 언설로, 우승열패를 부정하지 않으면서 초월하는 언설로, 엘리트주의를 벗어나지 않으면서 평민주의를 표방하는 언사로 구성되었다. 현실을 돌파할 전망 없이 현실을 벗어날 방법을 찾을 때 귀결하는 곳은 어디인가? 이돈화의 수운주의는 철학, 과학과 동행하는 근대적인 것이며, 과거의 종교운동처럼 전생활운동임을 표방했지만 단지 현실과 근대를 회피하고 현실과 전혀 끈이 없는 이상으로 도망한 토대 없는 종교가 아니었는가.

5. 신채호와 량치차오의 차이: 제국주의에 대한 평가

태어나 보니 나라가 개화파니 위정척사파니 갈라져 북새통이었고, 철들어 뭔가 해보려 하니 국권은 거의 강탈당하기 일보 직전이었다는 신세 한탄을, 신채호(1880-1936)로서는 할 법도 하다.

대한제국이 외교권을 박탈당한 시점부터 명실상부하게 국권을 넘겨준 5년 정도의 기간에, 신채호는 량치차오의 충실한 사숙 제자였다. 신채호의 근대화 기획이 량치차오에게서 많은 영향을 받았으며, 그것이 사회진화론의 수용과 국민국가의 형성을 핵심으로 한다는 것은 일찍부터 많이 연구되었던 바이다.[32] 특히 1910년 2월에 발표한 「20세기 신국민」은 량치차오의 저작 「신민설」의 압축판이라 할 수 있다. 신채호는 이 글에서 적자생존의 시기에 대한의 백성이 신국민이 되어야만 우승자로서 생존할 수 있다고 전망하면서, 신국민이 갖춰야 할 자격에 대해 이야기한다. 이는 량치차오가 중국인에게 국민국가의 국민 될 자격으로 갖춰야 할 공덕을 열거한 「신민설」과 그 구상 및 내용에서 일치한다.

신채호는 "단지 20세기 신국민의 이상과 기력을 불러일으킨"다면, "가히 동아시아 한쪽에 우뚝 서서 강국의 기초를 자랑할 것이며, 가히 세계무대에 뛰어올라 문명의 깃발을 휘날릴 것"[33]이라는 희망도 내비쳤다. 량치차오의 목소리가 한반도에서도 힘을 가졌던 것은 다른 무엇보다 제국주의 열강의 위협 속에서 위기의식을 공유하는 처지였기 때문일 것이다. 신채호는 량치차오가 중국인을 위해 제시한 그 길로 한국인을 이끌고 가보고자 했다.

그 길을 따라가면 아시아의 강국이 되어 이윽고 세계무대에서 문명의 깃발을 휘날릴 수도 있다는 미래를, 신채호가 얼마나 실현 가능성 있는 것으로 전망했는지는 알 수 없다. 어쨌든 현실은 주권 잃은 나라의 백성으로의 전락이었다. 신채호처럼 명석하고 솔직한 사람에게

---

32 신일철, 『申采浩의 歷史思想研究』, 고려대학교출판부, 1983; 박찬승, 「韓末 申采浩의 歷史觀과 歷史學: 淸末 梁啓超와의 비교를 중심으로」, 『한국문화』 9, 1988 참조.

33 신채호, 「二十世紀新國民」.

국권상실이 자존감에 어떠한 상처를 주었는지 그 깊이를 헤아릴 수는 없을 것이다. 다만 그 억눌림을 어떻게 돌파하려고 했는지를 통해 그가 자존감을 회복하기 위해 얼마나 노력했는지 확인할 수는 있다.

신채호는 자신을 압박하고 가로막는 모든 것을 직시했다. 그 무엇보다 자신의 자존감을 짓누르는 것은 조국의 국권을 침탈한 일본이었다. 그는 누구보다 과격하게 일본에 항거했다. 그러나 온몸으로 민족주의적 항일운동을 하면서도 마음 한구석의 허탈함을 달랠 수가 없었다. 민족주의로 일본에 항거하는 것은 논리적으로 봤을 때 정글의 싸움일 수밖에 없었으며, 그 싸움 안에서는 강함과 약함만이 가치의 척도였다. 그 안에서 인간으로서의 존엄성은 어디에서 느껴야 되는 것인가? 강자가 되어 이긴다면 가질 수 있을까? 신채호가 강자의 입장이었다면 고뇌 없는 인간으로 살았을까?

설사 신채호가 강자의 입장이었다고 해도, 강함만으로는 자기존엄성을 경험하지 못했을 것이다. 그는 민족주의를 고취하지만 민족주의가 절대적 가치가 아니라는 것을 진작에 알아챘다. 그는 자신의 행위를 자각적으로 설명하고 도덕적으로 정당화해야 하는 사람이었다.

민족주의는 그에게 대증요법 같은 것이었다. 어떤 힘이든 그것이 타인의 생명을 위협하고 타인의 재산과 권리를 강탈하는 힘이라면, 그 힘에 항거해야 하는 것이 진리였다. '망국민의 도덕'을 요구하는 신채호의 입장은 그러했다. 그는 현 상황에서 민족의 생존이 왜 우선되어야 하는지를 명확한 언어로 밝혔다. 민족주의 노선을 확실하게 취하면서 그는 그 일들이 옳고 그름이 아니라 이해관계에 의한 것일 뿐임 역시 명확하게 표현했다. 이해관계에 의한 것이라는 말은 이해관계의 주체가 누구냐에 따라 이로운 것이 달라진다는 것이고, 나아가 이해관계는 진리와 무관하다는 것이다. 그에게 진리란 누구에게나 옳은 것이고 언제 어디서나 옳은 것이어야 했기 때문이다. 신채호는 자신의 행위가 진리와 다른 영역에서 실천되는 것임을 분명하게 밝히고 싶어 했다. 진리의 자리는 진리를 위해 간직해 두기 위해서였다.

그는 자신이 하는 일이 진리의 위계상 어느 지점인지 정확히 알고 있었다. 그것은 스스로 끊임없이 더 이상 의심할 수 없는 지고한 가치를 탐색했다는 뜻이기도 하다. 그리하여 그는 민중이 주체가 되는 직접 혁명만이 현실을 타개하는 동시에 진리에 위배되지 않는다고 결론 내린다. 즉 국가권력을 비롯한 모든 억압 기구를 비판하는 무정부주의를 선택함으로써 비로소 자신의 민족해방운동이 반(反)진리 반(反)가치가 되지 않는 그러한 지점을 찾게 된다.

그렇게 해서 해방된 조선은 조선정부가 일본제국으로부터 독립한 곳이 아니라 조선 민중이 자신들의 사회를 건설하는 곳으로 전망된다. 그러므로 조선의 문제는 민중 개개인의 자유의 문제이며 세계평화의 문제가 된다. 그 길은 민중의 생존뿐 아니라 자유평등의 가치를 얻는 길이며, 신채호 자신에게도 실제 노력과 가치 추구가 괴리되지 않는 길이었다. 즉 신채호는 근대 유럽이 발견해 낸 가치, 즉 자유와 평등이 지고의 진리임을 받아들이고, 그 진리를 추구하는 길 위에 올라섰다.

사회 활동의 초기에 신채호는 근대 국가의 국민에 관한 량치차오의 구상을 전폭적으로 수용하지만, 두 사람의 인생 전체를 두고 볼 때는 말할 것도 없고, 그 시기에서조차 실제로 두 사람 사이에는 거리가 있었다. 무엇보다 다른 점은, 우승열패의 시대에 조국이 강국으로 부상하는 것을 꿈꾸던 때조차 신채호는 민족주의와 제국주의가 지고의 가치가 아님을 알고 있었다. 그 점은 량치차오가 민족주의에서 민족제국주의로의 이행을 진화로 평가하며 중국 역시 그 길로 올라서야 한다고 단호하게 이야기하던 것과 달랐다. 량치차오는 민족주의가 가치임을 의심하지 않았으며 민족제국주의로 팽창하는 것에 대해서조차 어떤 자괴감도 없이 당위로 선언했다.[34]

량치차오의 「신민설」은 국민국가 시대 국민의 자격으로 덕을 요구했는데, 그 안에서 그가 구상했던 국가가 공화제였는지는 분명하지 않다. 그 자신이 분명한 언어로 밝히지 않기도 했지만, 무엇보다 그는 개인의 자유와 평등한 권리를 적극적으로 옹호한 적이 없다.[35] 그런데 비슷한 시기에 연재한 다른 글에서 그는 분명하게 혁명과 공화를 비판한다. 즉 『이태리건국삼걸전(意太利建國三傑傳)』이라는 글에서이다. 그런데 이 책을 신채호 역시 동명의 이름으로[36] 각색하고 번역했다.

「신민설」을 연재하기 시작한 1902년에 량치차오는 『이태리건국삼걸전』도 연재했다. 이 작품은 존 매리엇(John Marriott, 1859-1945)이

34 양계초 지음, 이혜경 주해, 『신민설』, 「제2절 오늘날 중국 제일의 급선무인 신민(新民)」 참조.

35 량치차오에게서 적극적으로 현대의 자유주의적 의미를 찾아내려는 일군의 학자들은 량치차오가 '공화'를 주장했다고 주장하기도 하나, 량치차오 자신이 이 시기의 글에서 '공화'나 '민주'를 직접 자신의 주장으로 피력한 적은 없다. 이러한 연구들이 실제로 전거로 삼은 것은 량치차오가 언급하는 '혁명'을 해석한 것인데, 이 시기 량치차오의 '혁명'은 '진화'와 거의 같은 의미로 사용되었다. 량치차오가 '공화'나 '민주'를 정치적 목표로 활동한 적은 없었던 것으로 보인다. 이에 대해서는 이혜경, 「양계초와 '혁명' 개념의 전변: 『청의보』·『신민총보』 시기를 전후하여」 참조.

36 신채호의 책에서는 이태리를 '伊太利'로 표기한다.

라는 영국인이 1889년에 영어로 쓴 것을 번역한 것이다.[37] 일본인 히라타 히사시(平田久, 1871-1923)는 원저가 출판된 지 3년 만에 이를 번역하고 각색해서 출간했다.[38] 량치차오의 것은 일본어 책을 다시 편집하고 번역한 것이다.[39] 즉 중역이면서 편저에 해당한다. 량치차오는 체제도 변형했고, 서론과 결론 부분에서는 자신의 글임을 표기하면서 자신의 의견을 삽입했다.[40] 신채호의 『이태리건국삼걸전』은 량치차오의 체제와 제목을 그대로 이어받았지만, 부분적으로 특정 내용을 삭제하고, 때때로 자신의 의견임을 표기하며 덧붙이기도 했다. 그리하여 량치차오와 신채호 각각의 『이태리건국삼걸전』은 두 사람의 차이를 드러내는 책이 되었다.[41]

이 책은 이탈리아 근대 국가의 건설에 기여한 세 사람, 즉 주세페 마치니(Giuseppe Mazzini, 1805-1872)와 주세페 가리발디(Giuseppe Garibaldi, 1807-1882), 카밀로 카보우르(Camille Cavour, 1810-1861)를 다루는데, 이 세 명의 이탈리아인을 평가하는 데서 두 사람의 차이가 확연히 드러난다. 량치차오는 가리발디를 견인불발의 군인으로 묘

---

37 John A. R. Marriott, *Makers of Modern Italy*, NY: Macmillan, 1889.

38 平田久, 『伊太利建国三傑』, 民友社, 1892.

39 량치차오는 최소한 두 종의 일본어본을 참고로 해서 역시 많은 부분을 변형해 중국어로 소개했다. 매리엇, 히라타, 량치차오, 신채호 역 사이의 체재의 변형, 가감 등의 차이에 대해서는 손성준, 「'이태리건국삼걸전'의 동아시아 수용양상과 그 성격」, 성균관대학교 대학원 석사학위논문, 2007 참조.

40 『신민총보』 9(1902. 6.)-22호(1902. 12.)에 연재했다.

41 이 책을 둘러싸고 량치차오와 신채호의 정치적 지향의 차이에 대해서 논한 논문으로 Vladimir Tikhonov & Yi, Hyegyung, "The Confucian Background of Modern Heroes in the Writings of Sin Ch'aeho: In Comparison with those of Liang Qichao," *ACTA KOREANA*, 17(1), 2014 참조.

사하고, 마치니를 거듭되는 실패에도 불구하고 혁명의 꿈을 꺾지 않은 이상가로 그린다.[42] 비슷한 시기의 다른 글에서 량치차오는 마치니를 '시대를 앞선 영웅'이라고 평가했다.[43] "혁명을 주창하고 공화를 주창"[44]하는 일을 시기상조라고 생각한 것이다. 그렇다면 시대에 응답하는 영웅은 누구인가? 량치차오는 카보우르가 그러한 영웅이라고 평가했다. 카보우르는 혁명을 반대하면서 공화가 아니라 입헌군주를 지향했다. 카보우르는 마치니가 주장하는 혁명과 공화는 빈말일 뿐 실행할 수 있는 것이 아니고 실행해 봤자 조국에 상처만 안길 뿐이라는 입장이라고[45] 량치차오는 카보우르에게 감정을 이입해서 그를 소개한다. 량치차오의 시각에서는, 카보우르가 이탈리아 건국의 주역이라면 마치니는 카보우르에 앞서 그 길을 닦아 준 조역에 불과했다. 카보우르에 관한 이러한 방향의 서술은 번역이 아니라 량치차오의 창작이었다.

량치차오는 마치니가 전쟁의 참혹함을 탄식하면서 마치 어쩔 수 없이 혁명에 나선 것처럼 묘사했다.[46] 또한 마치니를 "먼저 밭을 가는 자"로, 카보우르를 "수확하는 자"로 부르며,[47] 마치니를 주인공 카보

---

42 梁啓超, 「意大利建國三傑傳 第九節 革命後之形勢」, 『新民叢報』 제15호, 1902. 9. 2.; 『전집』 제11권, 24쪽.

43 梁啓超, 「南海康先生傳」, 『清議報』 제100책, 1901. 12. 21.; 『문집』 제6권, 57-89쪽.

44 梁啓超, 「意大利建國三傑傳 第九節 革命後之形勢」, 24쪽.

45 梁啓超, 「意大利建國三傑傳 第一節 三傑以前意大利之形勢及三傑之幼年」, 『新民叢報』 제10호, 1902. 6. 20.; 『전집』 제11권, 2-4쪽.

46 梁啓超, 「意大利建國三傑傳 第二節 瑪志尼創立少年意大利及上書撒的尼亞王」, 『新民叢報』 제10호, 1902. 6. 20.; 『전집』 제11권, 9쪽.

47 梁啓超, 「意大利建國三傑傳 第九節 革命後之形勢」, 24쪽.

우르를 돋보이게 하는 조연으로 묘사했다. 량치차오는 마치니의 공화주의 혁명의 실패에 대해 "이태리를 공화정치로 만들지 않으려는 하늘의 뜻"[48]이라는 논평까지 덧붙였다.

그러나 신채호에게 영웅은 카보우르가 아니라 마치니였다. 신채호는 량치차오가 마치니와 혁명, 공화 지향 등을 폄하하기 위해 각색하거나 논평한 부분들을 자신의 번역본에서 삭제했다. 이 번역본을 발표한 1907년의 시점에 신채호는 이미 공화와 혁명을 꿈꿨던 것이다.

그런데 정확하게 말하면 신채호는 마치니를 영웅으로 숭배한 것이 아니었다. 그는 마치니를 영웅이 아니라 조선 민중의 롤 모델로 받아들였다. 신채호는 이탈리아 혁명은 마치니라는 한 사람의 영웅이 아니라 "수백 수천 명의 마치니"가 가능하게 한 것이라고 평가했다. 공화란 소수의 영웅이나 엘리트에 의해서가 아니라 민중이 자각하고 힘을 발휘해서 성취해야 한다고 파악했던 것이다. 그는 조선의 민중에게도 '마치니를 따르라'가 아니라 '마치니처럼 되라'고 웅변했다.[49]

량치차오가 혁명과 공화를 받아들이지 못했던 이유가 한 가지는 아니겠지만, 그 무엇보다 큰 이유는 유학자로서의 엘리트 의식을 버리지 못했기 때문이다. 그는 초기부터 "군주입헌이 정체 가운데 가장 양호한 것"이라고 생각했으며,[50] 혁명파와의 논쟁 뒤에는 현재 중국

---

48 梁啓超, 「意大利建國三傑傳 第十節 撒的尼亞王之賢明及加富爾之入相」, 『新民叢報』 제15호, 1902. 9. 2.; 『전집』 제11권, 26쪽.

49 량치자오 지음, 신채호 옮김, 류준범·장문석 현대어 옮김(2001), 『이태리건국삼걸전』, 지식의풍경, 122쪽.

의 "국민은 공화국의 국민이 될 능력이 없는데", "공화정치는 법학박사 학위와 같은 것"이기 때문에 "특별한 속성법"으로 딸 수 있는 것도 아니라며,[51] 가까운 시일에 공화를 시행할 수 없다고 못을 박았다.

"국민 될 능력" 운운하며 정치적 주체에서 배제하는 것은 전형적인 유학자의 논리이다. 중국인 량치차오는 유학이 제공하는 지고선에 대한 믿음이 흔들린 시기가 있기는 했지만, 완전히 놓아 버린 적은 없었던 것으로 보인다. 「신민설」은 계몽사상가로서 그의 대표작으로 꼽히는데, 그 연재 글 안에서 이미 그는 혁명을 반대하고 공화는 시기상조라고 주장하며 소수 엘리트의 도덕적 능력에 의지한 전제를 꿈꾸었다. 엘리트의 도덕 함양을 책임질 것은 유학 가운데에도 간이직절(簡易直截)함을 특징으로 하는 양명학이었다.

유학에 대한 량치차오의 자부심과 기대는 제1차 세계대전 뒤에 보다 적극적으로 나타난다. 그는 제1차 세계대전을 근대 서구 문명의 몰락이라 해석하고, 근대 문명을 대신해서 세계의 질서를 제시해 줄 이념으로 유학을 제시한다. 그의 해석에 의하면, 공자로 상징되는 원시 유학은 자본주의와 사회주의의 장점만 갖춘 뛰어난 정치 이론이다. 그는 사회주의의 장점으로 이기심의 절제와 공동체 추구 의지를 인정하며, 자본주의의 장점으로 생산성의 증대 기능을 인정한다. 그러면서 유학은 이미 이러한 장점들을 갖고 있기 때문에 현대 사회에서도 그 역할을 다할 수 있다고 말한다.[52] 나아가 유학은 그 성격상

---

50 愛國者草議, 「立憲法議」, 『청의보』 제81책, 1901. 6. 7., 1-5쪽. 愛國者草議은 량치차오의 필명 가운데 하나이다.

51 飮氷, 「開明專制論」, 『신민총보』 제75호, 1906. 2. 23., 42-42쪽.

52 梁啓超, 『先秦政治思想史』; 『전집』 제50권, 1-182쪽.

근대 문명이 보여 준 폐해를 극복할 복안을 갖고 있다고 주장한다.

량치차오의 유학의 세계화 주장이 실현성이 있는지 여부는 일단 제쳐 두자. 량치차오가 유학적 세계관을 떠나지 않고, 결국에는 중화가 서구 사회까지 확장될 수 있는 보편이라고 주장할 수 있었다는 사실이 의미하는 것은 무엇인가? 사회진화론을 행동원리로 받아들이고 진화의 결과로서 유럽의 제국주의를 가치로 받아들일 때조차도, 량치차오는 윤리적 갈등을 보인 적이 없다. 제1차 세계대전 후 그때까지 추구해 왔던 국가주의가 전쟁의 원흉이라고 비판할 때도, 국가주의를 추구했던 자신의 과거를 처절하게 반성하는 일은 없었다. 그는 중화라는 가치를 잃어버린 적이 없었고, 이윽고 중화의 찬란한 미래까지 그릴 수 있었다.

그는 지고선의 상실을 경험한 적이 없다. 이상으로는 보편을 추구하면서 현실에서는 중화의 건재를 기약하고 나아가 중화문화를 세계로 팽창시킬 수 있는 야망을 갖는다면, 이는 과거의 중화가 변함없이 지속되는 일일 뿐이다. 보편주의 이념이란 중화주의가 민족주의와 팽창주의를 왕래했듯이, 실제로 반드시 보편주의로 작동하는 것은 아니다. 다만 지향해야 할 보편적 가치를 스스로 잃지 않았다고 생각하므로, 그것이 보편인지에 대한 반성도 하지 않을 것이다. 즉 중화주의의 주인이라는 사실은 달라진 현실에 대한 반성을 무디게 했으며, 그것은 진정한 보편에 대해 반성할 기회를 잃는 결과로 이어졌다고 생각한다.

신채호는 량치차오의 글을 읽고 그에게 교훈을 얻어 '국민의 덕'을 이야기하지만, 그 시점부터도 그는 량치차오와 달리 '공화'를 지향했다. 유학을 유일한 학문으로 학습했던 시기가 량치차오보다 짧기 때문만은 아니었을 것이다. 그에게는 최후의 진리, 최고의 선을 알고 추구하려는 인간으로서의 열망이 꺼지지 않고 타올랐으며, 그는 그러한 열망을 외면하지 않고 정면으로 마주하고 따르는 데서 자존감을 찾으려 한 인간이었다. 그리하여 그는 이전에는 머리에 들어온 적이 없었던 가치, 새롭게 알게 된 가치를 최고의 가치로 인정하고 그 가치를 성취하기 위해 몸과 마음을 전일하게 움직였다.

6. 량치차오와 중화, 진정한 보편주의에 대한 반성

량치차오는 무술변법 전까지 스승 캉유웨이의 그늘에 있었다. 천인합일을 꿈꾸는 자존감 강한 유학자였던 캉유웨이는 생존이라는 현실의 과제를 위해 타인을 적대하고 경쟁에 종사해야 하는 자신을 용납하기 어려웠다. 그의 삼세설은 그러한 쓰라린 현실이 대동세라는 지고선을 향한 일시적인 단계일 뿐이라고 위로해 주는 역할을 했다.[53] 캉유웨이의 다음 글은 "나라라는 문화[國文]"가 그의 도덕감에 얼마나 위협적이었는지 보여 준다.

> 일단 나라라는 문화가 생기자 저절로 경계가 생기고 그 해독은 극단적으로 크다. 사람으로 하여금 영원히 경쟁심을 갖게 하여 화목하지 못하게 하고, 영원히 사심(私心)을 갖게 하여 공적(公的)으로 되지 못하게 하였다. (…) 각 나라로 나뉘어 각각 존재하게 하고 각각의 나

53 이혜경, 『천하관과 근대화론: 양계초를 중심으로』, 「제5장 강유위(康有爲): 새로운 보편원리로서의 대동세(大同世)」 참조.

라에 사적(私的)으로 종사하게 되는 일은 현자도 면할 수 없는 일이다. 참으로 어떻게 할 수 없는 시세(時勢)이다.[54]

지금은 "시세"에 의해 국가 간 "전쟁을 갑자기 그치는 것은 불가능"하지만 "공리"의 관점에서는 모든 경쟁과 억압이 사라지는 "대동"에 도달할 것이라고, 캉유웨이는 경쟁에 종사하는 현실의 자신과 '공리'를 실현하는 도덕적 이상가로서의 자신을 양립시킨다.[55] 이 시기의 량치차오는 스승의 이론에 근거해 개혁을 선전하는 역할을 했다.

그러나 일본에 와서 견문을 넓힌 량치차오는 캉유웨이가 명분으로 내세운 대동주의 즉 "세계주의"가 중국이 가야 할 길이 아님을 깨닫는다. 당시는 "민족주의" 시대였고 나아가 "민족제국주의" 시대였다.[56] 그는 자신이 과거에는 "세계주의를 청담"했었다고 자아비판하면서,[57] 노골적으로 캉유웨이의 "세계주의"로는 "이 경쟁 세계에서 이길 수 있도록 국민을 단련할 수 없다"[58]라고 비판한다.

그리하여 일본에 망명한 직후 몇 년 동안 량치차오의 활동은 '국가주의'를 발양하는 일에 집중된다. 그가 바라본 근대 세계는 국가가 단위가 되어 '자유'와 '평등'이라는 가치를 성취하기 위해 강자가 되어야 하는 세상이었다. 그는 천부인권을 부정하면서, "세계에는 강권

---

54 康有爲, 錢定安校本, 『大同書』, 上海中華書局, 1935, 121쪽, 「乙部 第4章」.

55 같은 책, 103쪽, 「乙部 第1章」.

56 양계초 지음, 이혜경 주해, 『신민설』, 「제2절 오늘날 중국 제일의 급선무인 신민(新民)」 참조.

57 梁啓超, 「答客難」, 『淸議報』 제33책, 1899. 12. 23.; 『전집』 제2권, 39쪽.

58 梁啓超, 「南海康先生傳」, 『淸議報』 제100책, 1901. 12. 21.; 『문집』 제6권, 66쪽.

이 있을 뿐 그 밖에 다른 힘은 없다"[59]라며 다음과 같이 말한다.

> 강자가 언제나 약자를 제어하는 일은 참으로 진화의 최대 공리이다. 그리하여 자유권을 얻으려고 한다면 스스로 강자가 되는 길 외에 다른 방법은 없다. 자기 한 사람을 자유롭게 하려 한다면 자신을 강하게 해야 하며 한 나라를 자유롭게 하려 한다면 먼저 그 나라를 강하게 해야만 한다.[60]

캉유웨이가 괴로워했듯이 "강자"가 되기 위해 "약자를 제어하"려는 노력은 도덕적으로 떳떳한 일이 아니다. 그 일이 떳떳하지 않았기 때문에 캉유웨이는 실제로 '대동세'의 실현을 위해 노력하지 않으면서도 '대동세'를 필요로 했다. 량치차오는 어땠는가? 만약 량치차오가 여전히 유학자의 심성을 갖고 있었다면, 국가주의의 고취는 자각적으로 부도덕한 일을 하는 것이었다. 아니면 량치차오는 유학자임을 그만두었는가?

량치차오는 이 시기 「신민설」을 연재하면서 민족주의 시대에 처해 나라를 보존하고 나아가 민족제국주의로의 진화를 주도하기 위해, 중국인 각자가 "스스로 새로워지는 백성[新民]"이 되어 스스로 나라를 책임지는 주인의식을 가지라며 변화를 요구했다. 그런데 그가 변하기를 바란 것은 '도덕'이었다. 그가 그 시점에서 중국인에게 요구한 도덕은 '국가'의 생존과 번영에 이바지해야 하는 '의무'를 자각하

---

59 梁啓超, 「自由書·論强權」, 『淸議報』 제31책, 1899. 10. 25.; 『전집』 제2권, 31쪽.
60 같은 글, 31쪽.

고 그 의무를 다하기 위해 갖춰야 할 '덕(德)'이었다. "국가사상"을 위시해 "자유", "자치", "진보", "자존", "의무사상", "상무(尙武)" 등이 량치차오가 「신민설」에서 중국 인민들이 가져야 한다고 촉구한 것인데, 이 모든 것은 덕 가운데 "공덕(公德)" 안에 포괄되는 세목이었다. 량치차오는 "홀로 자신을 선하게 하는" '사덕(私德)'과 대비시켜 '공덕'은 "사회를 좋게 하는 것"이라고 설명했다.[61] "한두 사람의 영웅에 의해서가 아니라" "민족 전체의 힘"으로 웅비해야 하는 민족국가의 건설이 중국인 개개인의 '덕'에 달려 있다고 주장한 것이다.

정치 참여의 자격을 도덕적 자질에서 구하는 것은 유학의 구상이다. 이 시기 량치차오는 유학은 9할이 사덕이라며 '국가주의'의 고취에 무기력하다고 폄하했다. 그러한 상황에서도 그는 정치 참여의 자격으로 덕을 요구했다. 윤리와 정치를 분리해서 생각한 적이 없다는 점에서 량치차오는 시종 유학자였다. 실제로 그가 '공덕'의 발양을 촉구하면서 '사덕' 중심이라고 유학을 폄하한 시간은 2년이 채 되지 않았으며, 그는 곧 이기심을 억제하는 효용을 평가하며 유학과 사덕을 재평가했다.[62]

그가 윤리와 정치를 분리해서 생각한 적이 없는 사람이라면 국가주의의 고취는 그의 도덕감에 어떤 갈등도 유발하지 않았는가? 일단 글로 표현된 것은 발견할 수 없다. 그런데 그가 국가주의와 도덕을 다루는 데는 일정한 패턴이 있다.

"나라라는 문화"가 유학적 도덕감에 저촉되는 가장 큰 이유는 적

61 양계초 지음, 이혜경 주해, 『신민설』, 86쪽, 「제5절 공덕(公德)」.
62 같은 책, 「제18절 사덕(私德)」 참조.

대감과 전쟁이다. 량치차오가 신민의 덕으로 촉구하는 핵심 내용 역시 경쟁력이었다. 당시 전쟁은 일상사였다. 량치차오는 외국과의 전쟁에 지고 정복까지 당하면 국민들의 본성이 낙후하지만, 이기고 정복하면 국민성은 공명심, 적개심, 자각심 등의 좋은 방향으로 변한다고 주장하면서 "스스로 정복자가 되면 전쟁을 한 번 할 때마다 민덕은 한층 높아진다"[63]라고 말했다. 유학적 시각에서 보면 도덕적으로 정당화되기 어려운 전쟁을 논하면서 '덕'을 기준으로 평가하고, 나아가 승리는 "민덕"을 고양시킨다고 긍정하는 것이다.

전쟁은 외국과의 전쟁만 있는 것이 아니다. 그는 전쟁을 "외국전쟁(外國戰爭)"과 "본국내란(本國內亂)"으로 나누며 '외국전쟁'에 대해서는 위와 같이 민덕의 고양 기회로 받아들이는 반면 '본국내란'에 대해서는 다른 시각을 보여 준다. 그에 의하면, "내란은 가장 상서롭지 않은 것"이다. '외국전쟁'과 달리 "내란의 영향에 대해서는 승패를 따지지 않는"데, 그 이유는 "승리와 패배가 모두 그 민족에게 있기 때문이다." "내란이 빈번하게 일어나는 나라"에는 "뛰어나고 아름답고 순결한 백성이 없다"라며,[64] 량치차오는 시종일관 민덕의 차원에서 내란을 논한다.

중국의 내부를 향해서는 예전의 유학자처럼 도덕을 이야기하고, 외부는 중국과 생존을 걸고 다투는 경쟁자로 대하는 차이가 있는 듯 보이지만 '민덕'에 유리하고 불리함으로 사태를 평가하는 것은 일관된다. 국가 간 경쟁의 시대이므로 국가를 경계로 안과 밖을 나누어,

---

63 같은 책, 518쪽, 「제18절 사덕(私德)」.

64 같은 책, 515쪽, 「제18절 사덕(私德)」.

국가가 한 덩어리가 되어 외부에 적개심을 발휘하자고 하는 것이다. 적개심은 국가주의를 모토로 할 때 평가되는 심성일 수는 있어도, 유학적 가치관에서는 평가될 수는 없다. 더욱이 사람이 갖는 선한 자질을 의미하는 덕이 될 수는 없다.

량치차오는 적개심까지 덕으로 포장하면서 내면의 갈등이 없었는가? 량치차오의 대사회적 주장이 국가주의였든 세계주의였든, 개인으로서 량치차오는 도덕감의 변화를 경험한 것으로 보이지 않는다. 그에게는 중국의 안위와 번영이 가치의 중심이었고, 자기 개인의 영화를 뒤로하고 중국을 위해 헌신했다는 점에서 '사적(私的)'인 적이 없었다고 자부할 수 있을 것이다. 따라서 '중화'가 담지하는 '공'이 어떤 것인지는 예민하게 반성하지 않았을 가능성이 크다.

량치차오가 유학이 보편주의를 표방한다는 것을 잊지 않고 있었다는 것은 제1차 세계대전 후 유럽 문명을 과대평가하며 국가주의에 경도되었던 자신의 과거를 반성하고,[65] 다시 미래를 전망하면서 유학을 평가하는 것을 보면 확인할 수 있다. 량치차오는 전쟁 후 세계가 나아갈 방향은 세계주의, 평민주의, 사회주의라고 진단했다. 나아가 중국에서는 이미 선진 시대부터 독자적으로 세계주의, 평민주의, 사회주의가 싹트고 꽃피고 무르익어 왔으며, 특히 유학이 그러한 특징을 가진 중국 사상의 대표라고 내세웠다.[66] 나아가 "화이사상"은 경계가 고정된 것이 아니라 유동적인 것으로 이족을 형제처럼 대하는 "사해일가 만인평등(四海一家 萬人平等)"의 사상이라고 강조한다.[67]

---

65 梁啓超, 『歐遊心影錄節錄』, 1919; 『전집』 제23권, 9쪽.

66 이상 梁啓超, 『先秦政治思想史』, 1-2쪽.

실제로 중국이 중화의 중심으로서 보편주의의 실현을 표방한 적도 있겠지만, 종족의 위기 앞에서 종족주의를 표방한 경우도 적지 않았다. 역사적으로 중화주의는 종족주의와 문화주의를 오가며, 북방의 이민족에게 위협받을 때는 종족주의를 강조하며 내부의 단결을 꾀했고, 군사력이 받쳐 줄 때는 문화주의를 내세우며 외부로 팽창했다.[68] 보편주의를 표방할 때든 종족주의를 표방할 때든 중화의 중심에서 한족이 바라보는 실체적 '중국'은 달라지지 않는다.

중화 혹은 문명의 주변에 있음으로써 박은식이나 신채호가 느꼈던 진정한 보편에 대한 예민함을 량치차오에게 기대하기는 어렵다. 중화의 중심에 있음으로써 보편을 표방하며 자기중심주의를 취하는 것이 수월한 만큼, 진정한 보편에 대해 숙고하고 반성할 기회는 멀어진다는 것을 량치차오에게서 확인할 수 있다.

67 같은 책, 42쪽.

68 이혜경, 「청인(清人)이 만난 두 '보편' 문명: 중화와 시빌라이제이션」 참조.

제7장

결론

이 책은 지고선의 변화를 추적함으로써 근대 한국의 변화를 보여 주고자 했다. 이런 접근은 근대화 또는 민족주의 등을 지표로 세우고 한국의 근현대를 과도하게 단순화해 평가하는 것을 지양하기 위한 방법이라 생각한다. 격변의 시대에 따라 요동치는 정치적 입장들을 자기이해라는 시각을 통해 살펴봄으로써, 내면의 논리를 일관되게 조망할 수 있는 것도 장점이다.

지고선의 관점에서 보면 유길준은 유학적 세계관을 지닌 사람이었다는 것을 확인할 수 있고, 박은식은 세계관의 변화를 경험했다는 것을 알 수 있다. 이돈화의 새로운 세계관은 제국을 꿈꾸는 일본의 새로운 세계관을 복사했다는 점에서 미래를 예측하기 어려운 것이었다고 생각된다. 이들 가운데 변화를 가장 진솔하게 받아들인 신채호는 가장 선입견 없이 새로운 지고선을 선택한 인물로 보인다.

이 책은 주된 활동 시기가 40여 년으로 펼쳐져 있는 네 사람의 조선-한국인을 다룬다. 그 시기 변화의 마디마디를 형성하는 특징을 보여 준다고 생각되는 인물을 선택했다. 그러므로 그 특징이 실제로 그 시대를 대표하는 것인가 확인하기 위해 보다 넓은 범위를 다루는 작업은 숙제로 남겨 놓는다. 가령 현대 한국에 지대한 영향을 미치고 있는 기독교의 세계관에 대한 논의가 빠져 있고, 이 시기에 유의미한 세력을 형성하고 훗날 북한인민공화국으로 독립한 사회주의 역시 논하지 않았다. 또한 여기에서 다루는 시대 이후 현대에 이르기까지 그러한 특징들이 어떤 변화를 거쳐 현대에 어떤 모습으로 남아 있는지도 추적해야 할 과제로 남는다. 이 책의 작업은 그러한 작업 구상의 초석에 해당한다.

사회경제적 변화로 인해 달라진 것을 추구하는 자신을 도덕적으로 정당화하려는 움직임은 자기이해의 변화로 나타난다. 여기서 다룬 네 사람의 변주를 단지 시간상의 흐름이라고 할 수 없는 것은 현대의 우리 사회에도 여전히 그런 흐름들이 공존한다고 생각되기 때문이다. 현실은 정합적이지 않다. 여러 가지 가치기준이 모순되며 공존한다. 한 사회 안에서뿐만 아니라 한 개인에게도 그러하다. 그러나 그것들이 충돌할 때의 해결법은 마련해 둬야 한다. 그 의미에서 우리의 지고선을 확인할 필요가 있다.

가령 박은식은 잠깐 동안, 지식과 식산의 긴급함을 인정하면서 인의예지를 뒤로한 적이 있다. 박은식이 원하던 지식과 식산이 상당 부분 성취되었다고 할 수 있는 오늘날, 여기에 동반된 도덕질서는 어떤 것인가? 우리는 현재 어떤 도덕질서 속에서 사는가? 나는 어떤 개인인가? 나의 도덕질서는 명료한가?

이러한 질문에 여전히 명확하게 답변할 수 없는 것은 우리가 여전히 급격한 변화 속에 있기 때문일까? 사회경제적 변화가 급하게 이루어지고 그에 동반되는 도덕질서의 변화가 약간씩 시차를 두고 뒤따라간다고 해도, 스스로를 도덕적으로 이해해야만 하는 우리의 본성이 변하지 않는 한 우리는 자각적으로 스스로의 도덕질서를 계속 재정비해야 할 것이다.

근대 시기의 대표적인 몇 사람의 지고선에 대한 변화를 보았지만, 우리 사회의 도덕질서가 과연 무엇인가에 대해서는 여전히 대답하기 어렵다. 다만 이 연구를 통해 몇 가지 고찰해 볼 만한 화두는 얻었다고 생각된다.

먼저, 조선-한국인은 도덕 또는 윤리가 자신이 추구하는 물질에 따라 변화해야 한다는 생각을 하기가 어려웠다는 점이다. 많은 근대 조선-한국인들은 물질과 별개로 불변하는 도덕이 있다고 생각했고, 그 이유에서 서양에 없는 도덕을 조선-한국 사람들은 지키고 있다고 생각하기도 했다. 그들은 왜 도덕의 변화를 인정하는 데 어려움을 겪는가? 그것이 의미하는 것은 무엇인가?

그 이유가 무엇이든, 그러한 태도는 도덕질서를 현실과 괴리된 것으로 만든다. 가치와 현실이 양자택일의 문제처럼 되어 버릴 위험을 초래한다. 신자유주의 사조의 가장 앞에 서 있는 듯한 현대 한국 사회에서 당연히 이윤 추구를 최고 가치로 여기면서도, 그것을 도덕과 연결시키지 못하는 경향은 여전한 듯하다. 이는 우리 사회에서 도덕이 어느 시점부터 이미 현실과 유리되어 있었기 때문 아닐까? 자신의 행위를 도덕적으로 정당화하지 못한다면 위선적 행위를 연출할 가능성이 부수되기 마련이다.

그러한 상황의 극단을 이돈화에게서 보았다. 그에게 도덕은 현실에서 도출된 것이 아니라 현실과 몰교섭의 관념적인 것이었다. 정신 승리는 가능했지만, 개인의 삶과 연결되지 않은 전체라는 가치는 개인의 생활을 불건전하게 할 것이다.

그렇다면 조선인들이 이해에 따라 행동해야 할 때도 그것을 자각하고 이해에 집중하는 대신에 남들이 내세우는 가치를 맹종한다고 하는 신채호의 비판을 어떻게 받아들여야 하는가? 한쪽은 이해에 따라 행동하고 한쪽은 이해에 따라 행동하지 않는다는 차이가 있지만, 두 경우 모두 현실과 가치가 괴리되는 행동양식을 보인다는 점에서는 같다. 이는 도덕의 내용을 돌아보지 않고 스스로를 도덕적인 민족이라고 자찬하는 것과 같은 결과를 낳는다. 결과적으로는 실제에 부합하는 가치를 정립하는 대신에 추상적 가치에 약해지는 것이다. 원류를 찾자면, '리일(理一)'이라는 공(公)의 가치가 확고했던 성리학적 세계관 속에서 오래 살았기 때문일 것이다.

그러나 그처럼 고차의 가치 추구에 예민한 성향은 신채호처럼 자신의 삶을 가치 계열에서 투명하게 하려는 방향으로 발현되기도 한다. 스스로 가치를 추구하는 사람으로 살고자 하는 욕망이다. 보다 높은 가치에 예민한 것 역시 성리학의 유산일 것이다.

맹자는 자연적이든 인위적이든 견디기 힘든 열악한 환경에 처했을 때, 그것을 자신을 크게 키우기 위한 하늘의 뜻으로 받아들이고 자신을 단련하라고 말했다.[1] 중화의 주변이며 문명의 주변인 작은 나라 조선-한국은 맹자의 기준에서 보면 성장할 기회가 많은 곳이다. 중화나 문명의 중앙에서 보편이라고 외치며 자행하는 자기중심주의에 빠질 일은 없을 것이다. 이러한 위치는 "무고한 양민들의 인권보호와 강자들의 물질적 착취를 동시에 정당화하는" 자신들의 보편적

1 『맹자』, 「告子下」: "天將降大任於是人也, 必先苦其心志, 勞其筋骨, 餓其體膚, 空乏其身, 行拂亂其所爲, 所以動心忍性, 曾益其所不能."

가치를 주장하는 범죄를 예민하게 알아차리고, "우리에게 주어지는 것이 아니라 우리가 창조하는" 전 지구적인 보편적 가치를 찾아 나서게 할 수 있는 자원이다.[2]

> 보편적 보편주의는 사회현실에 대한 본질주의적인 성격 부여를 거부하고, 보편적인 것과 특수한 것 모두를 역사화하며, 과학적인 것과 인문학적인 것을 단일한 인식론으로 재통합하고, 약자에 대한 강자의 개입을 위한 정당화 근거를 객관적이고 회의적인 시선으로 바라볼 수 있도록 해준다.[3]

---

2 이매뉴얼 월러스틴, 『유럽적 보편주의: 권력의 레토릭』, 56-57쪽.

3 같은 책, 138쪽.

❁ 참고문헌

구스모토 마사쓰구 지음, 김병화·이혜경 옮김, 2005, 『송명유학사상사』, 예문서원.

김기승, 1987, 「白巖 朴殷植의 思想的 變遷過程: 대동사상을 중심으로」, 『역사학보』 114.

김도형, 2001, 「1910년대 박은식의 사상 변화와 역사인식: 새로 발굴된 자료를 중심으로」, 『동방학지』 114.

김봉진, 2009, 「서구 '권리' 관념의 수용과 변용: 유길준과 후쿠자와 유키치의 비교 고찰」, 『동방학지』 145.

김영작, 2008, 「한·일 양국의 서양수용에 관한 비교연구」, 『한국·일본·'서양'』, 고려대학교 아세아문제연구소.

김영호, 2014, 「年譜」, 『朴殷植全書, 下』, 단국대학교출판부.

김정인, 1996, 「친일 인물 소개: 천도교의 친일 논객 이돈화(李敦化)」, 『민족문제연구』 13.

김종학, 2007, 「신채호와 민중적 민족주의의 기원」, 『세계정치』 7.

김태준, 2004, 「유길준의 『서유견문』에 대하여」, 『한힌샘주시경연구』 17.

김현우, 2014, 「『학규신론』에 나타난 박은식의 경학관 연구: 『논어』 인용 지문들의 해석을 중심으로」, 『민족문화』 43.

김현철, 2000, 「권리에 대한 법철학적 연구: 권리 개념의 재구성을 중심으로」, 서울대학교 대학원 박사학위논문.

나카무라 슌사쿠, 2009, 「근대일본의 學知와 유교의 개편: 근대 '知'로서의 '哲學史'의 성립」, 『사림』 22.

노관범, 2000, 「1875-1904년 朴殷植의 朱子學 이해와 教育自强論」, 『한국사론』 43.

노르베르트 엘리아스 지음, 박미애 옮김, 1996, 『문명화과정』, 한길사.

단재신채호전집편찬위원회, 2008, 『단재신채호전집』, 독립기념관 한국독립운동사연구소.

량치차오 지음, 신채호 옮김, 류준범·장문석 현대어 옮김, 2001, 『이태리건국삼걸전』, 지식의풍경.

마키노 에이지, 2014, 「일본 칸트 연구의 역사와 오늘날의 과제 1862-1945」, 백종현 편저, 『동아시아의 칸트철학』, 아카넷.
문일평, 1907, 「韓國의 將來文明을 論흠」, 『태극학보』 12, 1907. 7. 24.
박구용, 2004, 「윤리적 다원주의와 도덕적 보편주의」, 『사회와 철학』 8.
박양신, 2008, 「근대 초기 일본의 문명 개념 수용과 그 세속화」, 『개념과 소통』 2.
박은식, 1906a, 「教育이 不興이면 生存을 不得」, 『서우』 제1호, 1906. 12. 1.
______, 1906b, 「大韓精神」, 『대한자강회월보』 제1호, 1906. 7. 31.
______, 1906c, 「本會趣旨書」, 『서우』 제1호, 1906. 12. 1.
______, 1907a, 「舊習改良論」, 『서우』 제2호, 1907. 1. 1.
______, 1907b, 「人民의 生活上 自立으로 國家가 自立을 成흠」, 『서우』 제8호, 1907. 7. 1.
______, 1907c, 「祝義務教育實施」, 『서우』 제7호, 1907. 6. 1.
______, 1908a, 「勞動同胞의 夜學」, 『서우』 제15호, 1908. 2. 1.
______, 1908b, 「社說」, 『서우』 제15호, 1908. 2. 1.
______, 1909a, 「東洋의 道學源流」, 『서북학회월보』 제16호, 1909. 10. 1.
______, 1909b, 「儒教求新論」, 『서북학회월보』 제10호, 1909. 3. 1.
______, 1910, 『王陽明先生實記』; 『朴殷植全書, 中』, 단국대학교출판부, 1975.
박정심, 2003, 「박은식의 근대적 대동사상에 관한 연구」, 『양명학』 10.
박정하, 2003, 『칸트 『실천이성비판』』; 『철학사상』 별책, 제2권 제6호.
박찬승, 1988, 「韓末 申采浩의 歷史觀과 歷史學: 清末 梁啓超와의 비교를 중심으로」, 『한국문화』 9.
배경한, 2003, 「中國亡命시기(1910-1925) 朴殷植의 언론활동과 중국인식: 『香江雜誌』, 『國是報』, 『四民報』의 분석」, 『동방잡지』 121.
배용일, 2002, 『박은식과 신채호 사상의 비교연구』, 경인문화사.
백암박은식선생전집편찬위원회 편, 2002, 『白巖朴殷植全集』, 동방미디어.
손성준, 2007, 「'이태리건국삼걸전'의 동아시아 수용양상과 그 성격」, 성균관대학교 대학원 석사학위논문.
신용하, 1982, 『朴殷植의 社會思想研究』, 서울대학교출판부.
______, 1984, 『申采浩의 社會思想 研究』, 한길사.
신일철, 1983, 『申采浩의 歷史思想研究』, 고려대학교출판부.
안외순, 2006, 「유길준의 해외체험과 민주주의의 유교적 수용: 전통과 근대의 융합」, 『한국문화연구』 11.
______, 2008, 「백암 박은식의 '유교구신론'과 세계화시대 대안적 민주주의의 일 모색」, 『동양고전연구』 31.
앨버트 O. 허시먼 지음, 김승현 옮김, 1994, 『열정과 이해관계』, 나남출판.

야스마루 요시오 지음, 이희복 옮김, 2021, 『일본의 근대화와 민중사상』, 논형.
양계초 지음, 이혜경 주해, 2014, 『신민설』, 서울대학교출판문화원.
우남숙, 2000, 「愛國啓蒙運動의 철학적 기반: 박은식과 장지연을 중심으로」, 『동양철학연구』 22.
우림걸, 2002, 『한국개화기문학과 양계초』, 박이정.
유길준, 1895, 『西遊見聞』; 유길준전서편찬위원회 엮음, 1971, 『兪吉濬全書』 제1권, 일조각.
유길준 지음, 조윤정 옮김, 2012, 『노동야학독본』, 경진.
유영익, 1990, 『甲午更張硏究』, 일조각.
윤병희, 1998, 『兪吉濬硏究』, 국학자료원.
이돈화, 1931, 『新人哲學』, 천도교중앙종리원신도관.
이돈화 지음, 조남현 편저, 2006, 『시대정신에 합일된 사람성性 주의(외)』, 범우.
이만열, 1990, 『단재 신채호의 역사학 연구』, 문학과지성사.
이매뉴얼 월러스틴 지음, 김재오 옮김, 2008, 『유럽적 보편주의: 권력의 레토릭』, 창비.
李明輝, 2014, 「1949년 이전 중국의 칸트 연구왕국유와 칸트철학」, 백종현 편저, 『동아시아의 칸트철학』, 아카넷.
이소마에 준이치 지음, 제점숙 옮김, 2016, 『근대일본의 종교담론과 계보』, 논형.
이재룡, 2000, 「조선 시대의 법 제도와 유교적 민본주의」, 『동양사회사상』 3.
이춘식, 1997, 『사대주의』, 고려대학교출판부.
이헌창, 2003, 「경제: 유학 경제사상의 체계적 정립을 위한 시론」, 『국학연구』 3.
이현옥, 2001, 「三論 体用中假論의 형성배경과 그 의의」, 『한국불교학』 28.
이혜경, 2002, 『천하관과 근대화론: 양계초를 중심으로』, 문학과지성사.
______, 2009, 「청인(清人)이 만난 두 '보편' 문명: 중화와 시빌라이제이션」, 『철학사상』 32.
______, 2012, 「공화주의의 시민적 덕의 관점에서 본 양계초(梁啓超)의 '공덕(公德)'」, 『철학사상』 46.
______, 2015a, 「박은식의 사상전변: 생존과 자존 모색의 도정」, 『철학사상』 58.
______, 2015b, 「박은식의 양명학 해석: 다카세 다케지로와의 차이를 중심으로」, 『철학사상』 55.
______, 2015c, 「양계초와 '혁명' 개념의 전변: 『청의보』·『신민총보』 시기를 전후하여」, 『인문논총』 72(2).
______, 2019, 「식민지근대에 복권된 양명학: 정인보의 『양명학연론』은 다카하시의 조선유학사에 대한 대항인가?」, 『인문논총』 76.
______, 2020, 「'직분' 개념으로 보는 유길준의 주권의 원천: 후쿠자와 유키치와의 비교를 통해」, 『동양철학연구』 101.

______, 2021, 「주자학이 전근대의 대표이념이 되기까지: 후쿠자와 유키치와 이노우에 데쓰지로의 유학을 둘러싼 공방」, 『동양철학연구』 108.
______, 2022, 「이노우에 데쓰지로의 종교 편력: 민심통합의 도구를 찾아서」, 『한국동양정치사상사연구』 21(2).
______, 2023, 「이노우에 데쓰지로와 현상즉실재론: 「내 세계관의 먼지 한 톨」을 중심으로」, 『개념과 소통』 31.
이호룡, 2001, 『한국의 아나키즘: 사상편』, 지식산업사.
임미원, 2016, 「윤리적 개념으로서의 자율성: 칸트의 자율성 개념을 중심으로」, 『법학논총』 33(3).
우남숙, 1992, 「박은식의 자강사상연구」, 『역사와사회』 8.
저자 미상, 1908, 「物質의 文明이 爲富強之基礎」, 『황성신문』, 1908. 9. 27.
전봉덕, 1979, 「한국법학 30년 심포지움: 傳統的 社會와 法思想」, 『서울대학교법학』, 19-1.
정옥자, 1998, 『조선후기 조선중화사상연구』, 일지사.
조규태, 1998, 『獨立運動思想 硏究: 朴殷植의 生涯와 思想』, 국가보훈처 보훈연수원.
존 스튜어트 밀 지음, 서병훈 옮김, 2005, 『자유론』, 책세상.
찰스 테일러 지음, 이상길 옮김, 2010, 『근대의 사회적 상상』, 이음.
______ 지음, 권기돈·하주영 옮김, 2015, 『자아의 원천들』, 새물결.
최덕수, 2013, 「서거 100주년 유길준 연구의 현황과 과제」, 『한국사학보』 53.
최동희, 1970, 「韓國東學 및 天道敎史」, 『한국문화사대계』 6, 고려대민족문화연구소.
최홍규, 1983, 『신채호의 민족주의 사상: 생애와 사상』, 형설출판사.
토머스 헉슬리 지음, 김기윤 옮김, 2009, 『진화와 윤리』, 지식을만드는지식.
프란츠 파농 지음, 노서경 옮김(전자책), 2022, 『검은 피부, 하얀 가면』, 문학동네.
한기철, 2003, 「Jürgen Habermas의 보편주의적 도덕성 개념」, 『아시아교육연구』 4(3).
허경진, 2004, 「『서유견문』에 대하여」, 유길준 지음, 허경진 옮김, 『서유견문』, 서해문집.
허수, 2011, 『이돈화 연구』, 역사비평사.
허태구, 2009, 「丙子胡亂의 정치·군사사적 연구」, 서울대학교 대학원 박사학위논문.

康有爲, 錢定安校本, 1935, 『大同書』, 上海中華書局.
關口すみ子, 2007, 『國民道德とジエンダー』, 東京大學出版會.
渡部清, 2005, 「日本近代哲學における一元論の系譜」, 『哲学科紀要』 31.
福澤諭吉, 2002-2003, 『福澤諭吉著作集』, 慶應義塾大學出版會.
______, 1959, 『福澤諭吉全集』, 第4卷, 岩波書店.
比較思想史研究會, 1975, 『明治思想家の宗教觀』, 大藏出版株式會社.
濱久雄, 2014, 「康有爲の公羊學と孟子觀」, 『中國思想論攷: 公羊學とその周邊』, 明德出版社.
桑木 嚴翼, 1920,『文化主義と社會問題』, 至善堂書店.
船山信一, 1959,『明治哲學史研究』, ミネルヴァ書房.
梁啓超, 1897,「論君政民政相嬗之理」,『時務報』 제41책, 1897. 4. 10.
______, 1898,「變法通議」,『飮冰室文集』 제1권, 北京: 中華書局.
______, 1899a,「讀春秋界說」,『清儀報』 제6책/제8책, 1899. 2/3.
______, 1899b,「讀孟子界說」,『清儀報』 제21책/22책, 1899. 7. 18/28.
______, 1899c,「自由書·論强權」,『清議報』 제31책, 1899. 10. 25;『飮冰室專集』 2.
______, 1899d,「答客難」,『清議報』 제33책, 1899. 12. 23:『飮冰室專集』 2.
______, 1901,「南海康先生傳」,『清議報』 제100책, 1901. 12. 21.
______(愛國者草議), 1901,「立憲法議」,『清議報』 제81책, 1901. 6. 7.
______, 1902,「意大利建國三傑傳 第九節 革命後之形勢」,『新民叢報』 제15호, 1902. 9. 2;『飮冰室專集』 제11권.
______, 1902~1907,「新民說」,『新民叢報』;『飮氷室專集』 4권 /林志均 편,『飮氷室合集』, 上海: 中華書局, 1932 수록.
______(飮氷), 1905,「開明專制論」,『신민총보』 제75호, 1906. 2. 23.
______, 1920,『歐游心影録節錄』;『飮冰室專集』 제23권.
______, 1922,『先秦政治思想史』;『飮冰室專集』 제50권.
王守仁, 1992,『王陽明全集』, 上海古籍出版社.
熊谷開作, 1978,「權利という語葉について」,『學習院大學校法學部研究年報』 14.
月脚達彦, 2009,『朝鮮開化思想とナショナリズム』, 東京大學出版會.
任展慧, 1994,『日本における朝鮮人の文學の歷史』, 日本: 法政大學出版局.
蔣建平·柳恩維·朱堅貞·曾謇豊 編著, 1990,『中國商業經濟思想史』, 中國財政經濟出版局.
井上克人, 2006,「明治アカデミー哲学の系譜: '現象即実在論'をめぐって」,『關西大學文學論集』 55-4.
井上哲次郎, 1883a,『西洋哲學講義』;『井上哲次郎集』 제1권, クレス出版, 2003.
______, 1883b,『倫理新説』;『井上哲次郎集』 제1권.
______, 1890,「井上哲次郎氏の宗教論」,『國教』 제2호;『井上哲次郎集』 제9권.
______, 1891,「性善惡論」,『哲學會雜志』 4(47)-4(48);『井上哲次郎集』 제9권.
______, 1898,「宗教の将来に関する意見」,『哲学雜誌』.
______, 1903,「宗教革新の前途」,『巽軒講話集第二篇』, 博文館.
______, 1910,「哲學上より見たる進化論」;『哲學と宗教』;『井上哲次郎集』 제5권.
______, 1915,「唯物論と唯心論とに對する實在論の哲學的價値」,『哲學と宗教』;『井上哲次郎集』 제5권.

______, 1932, 『明治哲学界の回顧』; 下村寅太郎·古田光 編, 1965, 『哲學思想』(現代日本思想大系 24), 筑摩書房.

秋山悟庵編, 1902, 『巽軒博士倫理的宗教論集』, 金港堂書籍.

平田久, 1892, 『伊太利建国三傑』, 民友社.

胡適, 1973, 「序」, 汪孟鄒 編, 『科學與人生觀之論戰』, 香港中文大學近代史料出版組.

後藤延子, 1973, 「康有爲と孔教: その思想史的意義」, 『日本中國學會報』 25.

Baker, Don, 2010, "A Slippery, Changing Concept: How Korean New Religions Define Religion", *Journal of Korean Religions* 1(1/2).

Fairbank, John F., 1968, *Chinese World Order*, Harvard University Press.

Habermas, Jürgen, 1994, *Justification and Application: Remarks on Discourse Ethics*, trans. by Ciaran Cronin, Cambridge: The MIT Press.

Marriott, John A. R., 1889, *Makers of Modern Italy*, NY: Macmillan.

Spencer, Herbert, 1897, "Every man is free to do that which he wils, provided he infringes not the equal freedom of any other man", Ch. 6, The Formula of Justice, Part IV: The Ethics of Social Life: Justice, *The Principles of Ethics*, NY: D. Appleton and Company.

Trescott, Paul B., 1989, "Scottish political economy comes to the Far East: the Burton-Chambers *Political Economy* and the introduction of Western economic ideas into Japan and China", *History of Political Economy* 21(3).

Yi, Hye Gyung, 2011, "Changes in the Concept of Yulli during the Enlightenment Period in Korea", *Seoul Journal of Korean Studies* 24(2).

Tikhonov, Vladimir & Yi, Hyegyung, 2014, "The Confucian Background of Modern Heroes in the Writings of Sin Ch'aeho-In Comparison with those of Liang Qichao", *ACTA KOREANA* 17(1).

❁ 찾아보기

[ㅇ]

❁ 문명총서 발간사

서울대학교 인문학연구원은 2007년 11월 한국연구재단의 인문한국(HK) 사업을 수탁하여 HK문명연구사업단을 출범시켰다. 한국과 아시아, 세계를 향한 문명연구의 허브를 구축하기 위해 '한국 인문학'의 정립을 목표로 인문학 제 분야는 물론 인근 분야의 전공자들까지 한 지붕 아래 모였다.

인문학연구원이 한국 인문학의 도약을 위해 핵심 과제로 주목한 것은 문명에 대한 새로운 이해이다. 문명이란 장구한 세월 동안 인류가 일구어 낸 정신적·물질적 성과들의 종합이며, 타 문명들과 서로 영향을 주고받으며 진화해온 복합적 실체이다. 이에 대한 심층적인 이해가 선행되지 않는다면, 현재와 미래에 대한 유효적절한 준비와 대응은 불가능하다.

'문명텍스트총서'는 인문학 안팎의 다양한 전공을 가진 우리 연구원의 연구자들이 자신의 영역에서, 과거와 현재 문명의 정수와 그에 대한 인식을 담은 중요한 텍스트를 선정하여 번역하고 주해한 결과물이다. 이는 긴 시간의 노동을 요하면서도 성취가 단기간에 가시화되지 않는 우직한 작업이지만, 인류의 유산을 한국화하는 이 같은 작업이 주체적으로 세계문명을 사유하고 새로운 문명을 개척하는 데 발판이 되리라고 믿는다. 문명텍스트총서가 현재와 과거를 엮는 씨줄 놓기 작업이라면, 문명공동연구총서는 인간과 세계를 총체적으로 이해하려는 날줄 얽기라고 할 수 있다. 오랫동안 자신의 분야에서 전문화를 추구했기에 공동연구가 쉬운 일은 아니지만, 문명 이해의 융합적 시각뿐만 아니라 한국 인문학의 새로운 전망을 써 내려가는 방법론을 제시할 수 있기를 희망한 결과물이다. 또한 문명지평총서는 연구원 안팎의 연구자들이 참여한 연구서와 교양서를 아우르고 있다.

아무쪼록 문명총서 시리즈가 동서고금의 문명을 더 깊고 더 넓게 이해하는 창발의 효과를 가져오길 기대하며, 국내외의 학자들이 참여하고 교류하는 열린 연구공간이 되길 바란다.

2014년 4월

서울대학교 인문학연구원 원장